Dieu mon refuge

Éléonore van Haaften

Traduit de l'anglais par Sabine Bastin

farel
EDITIONS

19, rue Georges Bidault, Bât F, Croissy Beaubourg
77435 MARNE-LA-VALLÉE CEDEX 2, FRANCE

Originally published in the Netherlands under the title:
Een woning voor mijn hart

Titre en hollandais: **Een woning voor mijn hart**
Publié en Hollande par Uitgeverij Voorhoeve - Kampen

Édition française :

Sauf mention contraire, les citations bibliques sont tirées de la Bible du Semeur

1ère édition : mars 2009
Traduction: Sabine Bastin
Couverture : Jacques Maré – IOTA
Composition : Éditions Farel

Impression : IMÉAF, 26160 La Bégude de Mazenc, France
Dépôt légal : mars 2009 – N° d'impression : 08.0932
ISBN : 978-286314-376-6

Préface

Il est parfois heureux que certaines causes produisent certains effets, j'en veux pour preuve ce livre que vous venez d'acquérir et dont vous n'auriez pas eu la traduction en français de sitôt, n'aurait été l'organisation d'une journée *Femmes 2000*... en Alsace. Je m'explique: nos amies alsaciennes ont eu à cœur d'inviter entre autres, à leur journée 2009, Éléonore van Haaften qui, en plus de ses dons d'oratrice, est écrivain.

Ainsi, l'idée a germé qu'il serait tout à fait judicieux de permettre au public francophone (hommes et femmes!) de découvrir un écrit de notre oratrice hollandaise en le traduisant pour cette occasion.

Merci beaucoup à nos Alsaciennes et merci aux Éditions Farel qui, très vite, ont réagi positivement à leur demande.

En parcourant ces lignes me vient à l'esprit le texte de l'épître aux Hébreux, au chapitre 13 et au verset 7: « Souvenez-vous de vos conducteurs... considérez l'issue de leur vie (ou bien: le résultat de leur conduite) et imitez leur foi. »

Ce verset nous parle certes de nos conducteurs, alors qu'ici les personnages concernés, Noémi, Ruth, Joseph, Léa, David et tous les autres exemples cités, bibliques ou contemporains, ne sont pas forcément des conducteurs dans le sens où l'entend le verset cité, mais plutôt de simples «héros de la foi et de la même nature que nous» (selon Hébreux 11). Et surtout nous ne sommes pas invités à considérer l'issue de leur vie, mais à entrer dans le vif de leurs circonstances, adverses, douloureuses, à considérer face à leur combat, leurs doutes et autres échecs et victoires, l'action puissante, fidèle, précise et pleine de grâce, de Dieu dans chaque situation, ainsi que leur manière d'y collaborer.

Dieu n'est dépassé ni par l'Histoire avec un H majuscule, ni par chaque histoire individuelle de ceux qui veulent bien le reconnaître et trouver leur refuge en lui.

Il est, et reste, Maître Souverain de sa création tout entière et de l'homme en particulier, mais aussi pleinement respectueux de sa liberté.

Puisse le Seigneur bénir beaucoup de lecteurs, les encourageant à persévérer envers et contre tout, à l'exemple de nos héros de la foi, qui jalonnent ces pages, sans oublier l'auteure elle-même, et dont les vies sont pour nous des poteaux indicateurs.

Éliane Lack et Édith Grandjean

Femmes 2000...

À ma mère, Johanna Struik Dalm
De plus en plus plongée dans le passé, elle sait que Dieu garde son présent et son avenir dans sa main.

Le Dieu d'éternité est un refuge,
il est depuis toujours un soutien ici-bas.
Deutéronome 33.27

Je voudrais demeurer pour toujours dans ta tente,
m'y cacher sous tes ailes.
Psaumes 61.4

Préface

(à l'édition anglaise)

J'ai connu un homme qui avait été victime d'une crise cardiaque si grave que son cœur a failli démissionner. Pour assurer son rétablissement après l'intervention chirurgicale, il a fallu combiner plusieurs médicaments et modifier sensiblement son régime alimentaire. Ces traitements additionnés ont contribué à sa guérison et son bien-être. Aujourd'hui, il est reconnaissant envers les ressources de la médecine moderne.

Les Écritures parlent souvent du cœur, en désignant la plupart du temps non pas l'organe vital, mais bien ce qu'il symbolise, à savoir le centre dynamique de notre personnalité unique, le lieu où naissent nos actes, nos réactions, notre conscience, nos pensées, notre compréhension des êtres et des choses, notre discernement, nos désirs et émotions ; où siègent l'égocentrisme, la volonté et la folie. C'est donc sur lui que se concentre la connaissance divine de l'être humain : « L'Éternel regarde au cœur» (1 Samuel 16.7); «Moi, l'Éternel, moi, je sonde les cœurs» (Jérémie 17.10).

Le cœur de l'homme déchu est mauvais et en proie à la mort spirituelle, mais la chirurgie cardiaque opérée par le Saint-Esprit de Dieu, libératrice et vivifiante, aboutit avec bonheur à l'union régénératrice avec le Christ ressuscité qui fait de nous des chrétiens. Suite à cette intervention, notre nouveau cœur devient la source et le noyau de notre identité chrétienne, le véritable centre de notre transformation continue à l'image de notre Sauveur. La moindre facette de notre vie dans la foi devrait donc exprimer, préserver et renforcer les objectifs, les valeurs, les désirs et les convictions dont notre cœur est désormais le foyer. Cette voie est celle de la sainteté, comme le sait et le montre l'auteure de ce livre.

Un refuge est un lieu sûr qui offre un abri contre des forces destructrices; il permet aussi le repos nécessaire pour reprendre son souffle et retrouver la vigueur de poursuivre le combat. Éléonore van Haaften explore avec beaucoup de sensibilité les circonstances et les expériences diverses qui amènent le cœur du chrétien à rechercher un abri. Elle décrit la démarche qui consiste à se refugier en Dieu et elle expose les sources d'espoir et d'aide disponibles auprès du Seigneur, qui se combinent pour garantir la guérison des blessures infligées à notre cœur. Tous les remèdes s'inscrivent harmonieusement dans une stratégie curative globale et chacun aura une efficacité particulière selon les cas. Il s'agit d'un livre profond pour lecteurs réfléchis.

Pour démontrer son propos, l'auteure dresse notamment le portrait de Noémi, la veuve au cœur amer, de Joseph, l'esclave au cœur meurtri, de Léa, l'épouse envieuse et humiliée, et du roi David dont la moitié de la vie a été gâchée par sa légèreté et sa sensibilité. Son amour des êtres humains lui permet de diagnostiquer les maux de cœur avec tact et profondeur dans ces divers parcours. Elle décrit ensuite comment Dieu le Père et Dieu le Fils se proposent d'être des refuges pour nous et comment les événements que nous pouvons qualifier de « cardiaques » (pour appliquer un terme médical aux propos de van Haaften) devraient nous apprendre que, dans la famille de Dieu, être importe davantage que faire, et que la relation qui unit le protégé à son Dieu (confiance et dépendance) est la réalité la plus capitale de toutes. La communication entre l'auteure et ses lecteurs s'effectue à un niveau profond, de cœur à cœur, car Éléonore van Haaften nous montre comment mieux connaître Dieu et nous laisse avec le désir ardent d'adopter ce nouveau « régime alimentaire ». La lecture de ces pages m'a fait du bien et je pense qu'elles produiront le même effet sur vous. Notre cœur a constamment besoin d'une restauration et je ne peux imaginer de vie chrétienne qui ne soit enrichie par ce livre. Je le recommande avec un enthousiasme réel et reconnaissant.

J. I. Packer

Avant-propos

Je ne me rappelle plus quand et comment a débuté ma fascination pour la vie de Ruth et Noémi, ces deux femmes de l'Ancien Testament. Et je n'en ai pas encore terminé avec elles ! La plupart se souviendront de leur histoire comme d'un récit où les tragédies de la vie sont dominées par l'amour et se soldent par un épilogue heureux : la jeune veuve Ruth se remarie et sa seconde union est bénie par l'arrivée d'un fils. Sa belle-mère Noémi, autrefois amère et désabusée, prend part au bonheur du jeune couple et de leur bébé, qui sera l'un des ancêtres de Jésus-Christ.

Personnellement, ce n'est pas tant la fin de l'histoire qui me fascine, même si elle est enthousiasmante, que les événements qui la précèdent. Nous rencontrons Ruth et Noémi, toutes deux veuves, sur la route de Bethléhem. Comment expliquer que ces deux femmes réagissent de façon si différente à la détresse ? Pourquoi Noémi rend-elle l'Éternel responsable de sa souffrance alors que Ruth cherche refuge en lui, montrant par là qu'il conserve toute sa confiance ? Et que signifie vraiment « s'abriter sous les ailes de l'Éternel » (Ruth 2.12) ?

Nous traversons tous des moments dans la vie où notre univers paraît s'écrouler et où tout semble aller mal. Comment réagissons-nous aux blessures et aux désillusions ? Certains tentent de rétablir les choses, quel qu'en soit le coût. Incapables d'accepter leur lot, ils deviennent amers et se mettent à douter de Dieu. D'autres, en revanche, voient leur foi et leur relation avec Dieu s'approfondir au cœur même de l'adversité. Certains semblent paralysés tandis que d'autres continuent à vivre, désormais aguerris dans ce processus qui consiste à pouvoir affronter la souffrance.

Dans ce livre, nous nous intéresserons à cinq personnages bibliques qui ont connu des hauts et des bas, des peines et des joies semblables aux nôtres. Si eux ont été déroutés par les événements de leur vie, nous avons le privilège de pouvoir envisager leur situation dans une perspective plus large parce que les Écritures nous offrent une vue d'ensemble fascinante. Elles lèvent un coin du voile sur la façon dont Dieu interagit avec son peuple et donnent un aperçu bouleversant de sa sainteté et de sa fidélité.

Les hommes et les femmes dont nous étudierons la vie se sont retrouvés dépouillés pour diverses raisons. Nous pourrons facilement nous identifier aux situations qu'ils ont endurées. Il sera donc intéressant pour nous de sonder leurs réactions et de les comparer à notre propre parcours, en nous demandant comment nous réagissons à l'adversité. La façon dont nous gérons nos déceptions est étroitement liée au choix de traverser ces moments de désespoir avec ou sans Dieu.

La vie est ainsi faite que nous nous retrouverons parfois les mains vides, mais chaque fois, nous constaterons que le Seigneur les remplit à nouveau, quelle que soit la cause de nos malheurs. Il agit ainsi en son temps et à sa manière, qui ne correspondent pas forcément aux solutions que nous imaginions ! Pourtant, si nous examinons la vie de Noémi, Ruth, Joseph, Léa et David, nous reconnaissons la main de Dieu, même dans des circonstances complexes. Il garde, il guide et il bénit son peuple et révèle à travers l'histoire biblique sa toute-puissance et sa fiabilité absolue. Il se révèle aussi comme un refuge pour ceux qui le cherchent, il traverse à leurs côtés les vallées de la vie. David dira : « Mon cœur est tranquille, ô mon Dieu [...] ton amour s'élève plus haut que les cieux, ta fidélité jusqu'aux nues ! » (Psaumes 108.1, 5). Son expérience, et celle de nombreux autres croyants, peut nous encourager.

Reconnaître en Dieu le Tout-Puissant est une chose, apprendre à se réfugier en lui en est une autre. La première démarche dépend essentiellement de notre volonté et se joue au niveau de nos pensées. La seconde s'enracine dans le cœur et se situe dans le champ relationnel. Le Tout-Puissant devient aussi *Abba*, Père. La reconnaissance débouche sur la connaissance. Connaître Dieu signifie se trouver en sécurité dans ce monde, où l'adversité ne nous épargne pas. Nous pouvons choisir de poursuivre au lieu de nous arrêter, nous pouvons opter pour la paix au lieu de l'angoisse. Ruth a choisi la meilleure part et, en se réfugiant en Dieu, elle a montré sa foi en sa bonté et sa souveraineté, une foi qui fut plus forte que sa douleur. En s'abandonnant à Dieu, son cœur a trouvé la paix, et un foyer où il puisse se reposer.

Que signifie se réfugier en Dieu ? Ce sera l'objet des cinq derniers chapitres de ce livre. Se réfugier en Dieu est l'une des démarches les plus difficiles et pourtant les plus utiles que nous puissions expérimenter. Elle est difficile parce que nous sommes constamment tentés de penser que nous pouvons nous en sortir par nos propres moyens. Nous trouvons plus facile de placer notre confiance en nous-mêmes, en d'autres ou même dans les circonstances, plutôt qu'en Dieu. La démarche est difficile parce que notre communion avec Dieu est souvent défaillante. Notre existence effrénée nous accapare tellement par des considérations matérielles que nous nous éloignons du ciel. En outre, accorder une confiance enfantine au Père céleste semble contredire tout ce que nous connaissons ou croyons connaître.

C'est peut-être la raison pour laquelle nous devons traverser des moments où la vie nous dépouille en quelque sorte de nos certitudes, à travers la perte d'êtres chers, du cadre familier ou d'habitudes rassurantes. Des moments qui nous laissent impuissants et les mains vides. Des moments où nous aspirons à la sécurité, à la consolation et à la restauration. Ce sont souvent les vallées sombres de la vie qui nous amènent dans les bras de Dieu. Nous constatons alors que les pires expériences peuvent devenir les plus profondes lorsque, réfugiés en Dieu, nous trouvons la sécurité, la guérison et des forces renouvelées. Sous les ailes du Tout-Puissant, nous goûterons à l'amour de Dieu, dont David a dit qu'il « vaut bien mieux que la vie » (Psaumes 63.4).

L'essentiel de ce livre a été rédigé en Autriche, le pays où j'ai fait mes pas de foi à l'âge de dix-huit ans. J'ai assisté à des conférences internationales, à l'écoute de grands spécialistes des Écritures, qui m'ont enseigné, ainsi qu'à d'autres, les principes de la Parole de Dieu, en illustrant personnellement par leur vie ce que signifiait « marcher » avec le Seigneur. Plus tard, j'ai passé sept ans en Autriche au service de l'Union internationale des groupes bibliques universitaires (IFES) pendant la période enthousiasmante qui a vu la création du mouvement estudiantin là-bas. De nombreuses années se sont écoulées depuis : des années de croissance chrétienne (avec ses échecs et ses succès), des années d'implication active dans le ministère auprès des jeunes et des étudiants, parmi les femmes, dans le cadre de conférences et de travaux d'écriture en collaboration avec les médias. Début 1995, plus de vingt-cinq ans après ma conversion, je suis retournée là où tout avait commencé pour une brève période de repos. Entourée des Alpes majestueuses, qui illustrent avec une telle évidence la grandeur et la souveraineté de Dieu, j'ai commencé à travailler sur ce livre dans lequel j'aimerais me joindre aux héros bibliques pour témoigner de la fidélité et de la bonté de Dieu dans la vie de ses enfants. J'espère sincèrement qu'avec David, nous pourrons dire : « Goûtez et constatez que l'Éternel est bon ! Oui, heureux l'homme qui trouve son refuge en lui. » (Psaumes 34.9).

Je suis très reconnaissante aux amis qui ont accepté de lire et de commenter le manuscrit. Parmi eux se trouvent Paul van der Laan (historien de l'Église) et Wil Doornenbal (psychologue), qui ont formulé des remarques et des suggestions précieuses dans leurs domaines de compétence respectifs. Carl Armerding (spécialiste de l'Ancien Testament) a contribué à mes recherches en me fournissant du matériel d'études pertinent. Ma sœur, Mariette Woods, a consacré de nombreuses heures à traduire la majeure partie de ce livre en anglais, tandis qu'Anne Roberts a minutieusement vérifié le vocabulaire, l'orthographe et la grammaire, replongeant ainsi dans sa propre langue maternelle après avoir vécu des années à l'étranger ! Je leur adresse mes plus sincères remerciements ainsi qu'aux nombreux hommes et femmes de sagesse qui m'ont amenée par le passé à me remettre en question et qui m'ont enseigné les merveilles de Dieu à travers leurs témoignages, leurs livres et leur vie.

Première partie

Chapitre 1

Les mains vides

Tant que nous vivrons sur cette terre, nous connaîtrons la déception et la souffrance car les expériences douloureuses sont inévitables dans un monde brisé, peuplé d'hommes et de femmes imparfaits. Sans cesse, les événements prendront une tournure différente de celle que nous espérions. En dépit de leur bien-fondé, toutes nos attentes ne seront pas satisfaites et nous serons forcés de nous adapter, de trouver le moyen de continuer. Or, nous ne sommes pas égaux devant cette nécessité. Certains sont dotés d'une capacité d'adaptation formidable alors que d'autres en sont pratiquement dépourvus. Quand d'aucuns se débattent avec des questions de foi, plusieurs expérimentent que c'est précisément leur foi qui leur permet de trouver la paix, indépendamment des circonstances. Quelques-uns trouvent Dieu très lointain dans leur épreuve, d'autres, par contre, le sentent plus proche que jamais.

Nos particularités d'individus uniques font que nous ne pouvons pas apprécier réellement les difficultés ou les souffrances d'autrui et compatir vraiment à ce qu'il traverse. Nous croyons saisir ce qu'il vit ou éprouve, simplement parce que son expérience ressemble à une situation vécue par nous ou notre entourage. Mais, en dépit des éventuelles similitudes et de notre capacité (plus ou moins grande) de nous identifier à l'autre, nous devons comprendre que chaque être et chaque expérience sont uniques.

Il est parfois impossible d'isoler la cause exacte de certains événements douloureux de la vie. La maladie, le handicap, la perte d'un enfant, les maux liés à l'âge ou la mort elle-même sont autant de tragédies qui laissent leurs victimes les mains vides. De même que les catastrophes naturelles (que les compagnies d'assurances appellent de façon intéressante des « actes divins »), qui nous dépouillent, ces situations personnelles nous submergent, nous laissant sans ressource pour influencer le cours des événements.

Dans les trois premiers chapitres, nous nous intéresserons à Noémi et à ses deux belles-filles Ruth et Orpa, qui furent confrontées à la mort de leurs bien-aimés et à l'absence d'enfant. Ensuite, dans les chapitres 4 à 9, nous suivrons le parcours de Joseph, Léa et David, qui souffrirent à cause de leur propre comportement, à cause des autres, ou en raison de leur obéissance à Dieu. Dans tous les cas, nous nous attarderons sur des situations complexes et douloureuses et nous tenterons d'examiner comment les personnes impliquées les ont affrontées et comment Dieu est intervenu.

Noémi, Ruth et Orpa

Le parcours de ces trois femmes nous est rapporté dans l'Ancien Testament, dans le livre de Ruth, qui décrit les principaux événements de leur vie en quatre chapitres seulement — on pourrait aussi les intituler « Tragédies et amours dans la vie de gens ordinaires ». L'histoire commence par une grande famine à Juda, qui pousse Élimélek à émigrer vers le pays de Moab avec sa femme et ses deux fils. Après leur installation sur cette terre étrangère, Élimélek meurt et les deux fils prennent des épouses moabites (*i.e.* païennes). Les deux unions restent sans enfant et les deux jeunes femmes deviennent veuves après une dizaine d'années de mariage. L'auteur du livre de Ruth parvient à compiler tous ces événements capitaux en cinq versets[1]. Au terme de ces bouleversements, il ne reste plus qu'un foyer exclusivement féminin, composé de Noémi et de ses deux belles-filles non juives, Ruth et Orpa. À deux reprises, il est dit de Noémi qu'elle « resta seule », d'abord après le décès de son mari (« elle resta seule avec ses deux fils », Ruth 1.3), puis après la mort de ses enfants (« Mahlôn et Kilyôn moururent à leur tour, et Noémi resta seule, privée à la fois de ses deux fils et de son mari », Ruth 1.5). Ces trois mots « elle resta seule » sont chargés d'émotion et expriment tant la désillusion qu'un immense chagrin et un traumatisme profond. On peut aisément imaginer à quel point elle s'est sentie désespérée et abandonnée dans ce pays étranger, démunie de tout ce qui lui était familier et rassurant.

Il est évident que les belles-filles de Noémi furent elles aussi profondément affectées par les événements, même si leur désarroi n'est pas mentionné spécifiquement. Leur mariage avec des étrangers avait peut-être fait d'elles des parias dans leur propre pays. Désormais veuves et sans enfant après dix années de mariage, elles se retrouvaient livrées à elles-mêmes, dépouillées de leur identité et d'un avenir qui leur avait paru sûr. Dans une telle situation, à quoi raccrocher son existence, sur quelle base reconstruire et auprès de qui trouver de l'aide ? Les trois femmes étaient « les mains vides » ; c'est en ces termes que Noémi l'exprime à son retour à Bethléhem : « Je suis partie d'ici comblée, et l'Éternel m'y fait revenir les mains vides[2] ».

Les « pourquoi » de la vie

Quiconque est confronté à une tragédie personnelle se pose des questions sur ses raisons. Nous éprouvons le besoin impérieux de comprendre, la sensation que si nous pouvions inscrire les événements dans un cadre, nous pourrions mieux les supporter. Il est exact, en effet, que plus nous cernons le contexte d'un traumatisme, plus nous sommes en mesure d'identifier les moyens d'avancer vers une résolution ou un apaisement des circonstances et de notre souffrance. Il se trouve cependant que la cause de grands drames comme la mort ou la stérilité (précisément les tragédies auxquelles Noémi et ses belles-filles étaient confrontées) n'est pas toujours claire. En réalité, le plus souvent, elle n'est pas du tout manifeste. Dans nos efforts pour trouver une réponse satisfaisante, il arrive que nous poursuivions la réflexion si longtemps et si loin que notre quête devient malsaine et engendre des problèmes à la fois superflus et pesants. C'est le cas si, après avoir épuisé toutes les autres possibilités, nous nous replions sur nous-mêmes, à la recherche d'une faute personnelle qui aurait appelé la colère de Dieu sur nous.

Il est utile d'examiner notre conduite et de méditer sur notre parcours, pour autant que nous procédions de façon saine, en tenant compte des causes externes autant que de notre rôle personnel, et sans chercher indéfiniment des éléments imaginaires. Nous devons être conscients que, dans la majorité des cas, nous ne trouverons pas toutes les réponses (ni toutes les solutions) souhaitées et que certains « pourquoi » nous accompagneront à jamais — bien qu'ils puissent perdre de leur intensité et de leur urgence avec le temps...

Le livre de Ruth ne précise pas si Noémi s'est jamais demandée — ou si elle a demandé à Dieu ! — ce qu'elle avait bien pu faire pour mériter de perdre ainsi tous les hommes de sa vie (et, avec eux, la moindre possibilité d'une descendance). Certains commentateurs affirment qu'en leur qualité d'enfants de Dieu, Noémi et Élimélek n'auraient jamais dû émigrer dans un pays païen aux pratiques idolâtres. Cette décision aurait marqué le début de leur chute et de leurs malheurs, qui ne seraient rien de moins que le châtiment divin. Nous ignorons si des proches de Noémi lui ont adressé ce genre de propos ou si elle a elle-même envisagé les événements sous ce jour. A-t-elle remis en cause la pertinence de leur décision de quitter Bethléhem pour se rendre en Moab ? A-t-elle regretté rétrospectivement le mariage de ses deux fils avec des païennes ? A-t-elle vu dans la disparition de son mari et de ses fils et la stérilité de ses deux belles-filles le châtiment de Dieu pour les erreurs du passé ? Les questionnements de Noémi ne sont pas mentionnés, mais nous savons que ce type de raisonnement n'est pas rare. Face à une épreuve inexplicable, il est tentant et même naturel de se mettre à réfléchir et à débattre en termes de culpabilité et de reproches personnels ; c'est la réaction qui semble encore plausible lorsque toutes les autres possibilités ont été écartées. Il est bon de faire le point sur nos difficultés pour prendre du recul, et l'examen personnel s'inscrit dans cette démarche mais, ce faisant, nous pouvons aussi perdre le contrôle de nos pensées et nous débattre à tort avec des « si seulement ». Et malheureusement, même si nous-mêmes évitons de tomber dans ce piège, d'autres se chargent toujours de souligner le lien possible (ou probable) entre nos fautes et la catastrophe qui nous frappe. Il faut donc être conscient que l'examen personnel est à double tranchant : il peut avoir son utilité, mais peut aussi s'avérer destructeur.

Quand Job a perdu son foyer, ses enfants et ses biens, ses amis ont d'abord passé sept jours et sept nuits à ses côtés sans dire un mot[3]. Ils n'ont pas tenté de trouver des paroles de consolation ni des explications pour l'aider à mieux supporter son drame. Chapeau bas pour leur sagesse ! Cependant, comme la tragédie durait sans qu'aucune réponse ni solution ne soit apportée, ils ont exprimé des conseils et des opinions certes bien intentionnés, mais dont Job dit qu'ils l'ont « tourmenté » et « accablé [4] ». Ses amis ont suggéré qu'il avait péché et lui ont conseillé de se soumettre à Dieu et de se repentir [5]. De telles paroles sont souvent le fruit de l'impuissance. Nous voulons être en mesure d'expliquer les choses et nous pensons devoir apporter des réponses pour aider nos amis en souffrance ; mais nous devons comprendre que garder le silence et poser un bras sur l'épaule de l'autre est une bénédiction bien plus grande que prononcer un jugement rude et maladroit.

La foi et la confiance

Devant l'impossibilité d'identifier clairement la cause de notre souffrance, les « pourquoi » qui nous oppressent peuvent influencer non seulement notre vision de nous-mêmes (par la dépression ou l'amertume), mais aussi notre vision de Dieu et, par conséquent, notre foi. Dans notre détresse, il nous arrive de rendre Dieu responsable de notre peine.

Ainsi réagit Noémi après le décès de son mari et de ses deux fils. Dans Ruth 1.13, elle dit : « L'Éternel est intervenu contre moi » ; au verset 20 : « Le Tout-Puissant m'a beaucoup affligée » ; et au verset 21 : « L'Éternel m'y fait revenir les mains vides [...] l'Éternel s'est prononcé contre moi [...] le Tout-Puissant m'a plongée dans l'affliction. » À travers son questionnement, Noémi semblait avoir atteint le stade où la confiance en la bonté de Dieu vacille. Elle voyait désormais en lui celui qui non seulement permet le mal dans notre vie, mais aussi en décide et nous l'inflige délibérément. Mais elle ne discernait pas que, grâce à la souveraineté de Dieu, les mauvaises choses peuvent en dissimuler de bonnes ; il est difficile de le percevoir au sein de la douleur.

Noémi accordait-elle encore sa confiance au Dieu d'Israël ? Notons qu'elle a continué à l'appeler « Éternel » et « Tout-Puissant », tout en le rendant responsable de ses malheurs. On peut en conclure qu'elle croyait en l'existence et en la souveraineté de Dieu, mais qu'elle avait perdu foi en sa bonté, du moins envers elle. Dans Ruth 1.8-9, Noémi dit à ses belles-filles : « Que l'Éternel soit bon pour vous […] Qu'il vous donne à chacune de trouver le bonheur dans un nouveau foyer. » Quant à elle à et à son propre avenir, le Tout-Puissant l'avait rendue amère et s'était détourné d'elle. L'exemple de Noémi montre qu'il semble possible de garder la foi concernant quelqu'un d'autre, même si nous avons perdu tout espoir pour nous-mêmes. On peut dire alors que nous avons laissé nos circonstances façonner notre vision de Dieu. À nos yeux, il est devenu un être incohérent, bon envers certains de ses enfants et cruel envers d'autres. Cette vision nous amène à penser, quand nous sommes dans l'adversité, que le Seigneur ne nous aime plus et qu'il serait utopique d'attendre la moindre bonté de sa part. La vérité est qu'en adoptant cette attitude, nous mettons une distance entre Dieu et nous.

Nous observons deux attitudes chez Noémi. Dans Ruth 1.13, elle compare sa peine à celle de ses deux belles-filles et en conclut que son chagrin est plus grand : « Je suis bien plus affligée que vous, car l'Éternel est intervenu contre moi. » Elle avait non seulement perdu son mari et ses fils, mais elle était convaincue, en outre, que le Seigneur lui en voulait. Incapable de porter le regard au-delà de ce double chagrin, Noémi se replie sur elle-même et verse dans l'apitoiement. Elle devient aussi amère et furieuse, en particulier contre Dieu. Quand notre douleur est tout simplement écrasante et que nos « pourquoi » restent trop longtemps sans réponse, ils peuvent se transformer en reproches et puis en négativisme destructeur, comme nous l'observons ici. À son arrivée à Bethléhem, Noémi dit : « Appelez-moi Mara (L'affligée), car le Tout-Puissant m'a beaucoup affligée[6]. ». Mara signifie « amertume » tandis que son prénom, Noémi, signifie « bienheureuse » ; ce bonheur n'était plus manifeste, car elle était devenue une femme désespérée et misérable. L'amertume laisse son empreinte ; les gens ne reconnaissaient plus Noémi tant elle avait changé[7].

Se réfugier en Dieu

Comment Ruth était-elle affectée par ces épreuves ? Son comportement a été assez différent de celui de Noémi. Lorsqu'elle a décidé d'accompagner sa belle-mère à Bethléhem, elle a affirmé très clairement : « Ton Dieu sera mon Dieu. » (1.16). Puis, en 2.12, nous apprenons qu'elle a trouvé refuge sous les ailes du Tout-Puissant — un concept magnifique qui fournit son thème à ce livre. Le fait même d'avoir découvert que l'Éternel pouvait être son abri et qu'elle pouvait se blottir sous ses ailes montre que, contrairement à sa belle-mère, elle avait foi en la bonté de Dieu et était décidée à lui faire confiance. En se tournant vers lui dans le besoin, elle n'exprimait rien de moins que sa foi, qui lui a permis de s'abandonner à lui et de déposer sa peine à ses pieds. C'était là le début d'une relation personnelle et intime. Se réfugier en Dieu, en effet, ne consiste pas seulement à reconnaître son existence. Il est tout à fait possible de l'appeler le Tout-Puissant, sans jamais lui confier notre vie ni entrer dans l'amitié précieuse qu'il désire entretenir avec ses enfants, et ce refus suffit à expliquer que nos mains restent vides.

Chaque fois que je lis comment Ruth s'est réfugiée sous les ailes du Seigneur, je suis émue par l'implication de ce verset. Il évoque un mystère merveilleux qui n'est pas toujours bien compris.

Plutôt que de laisser les événements douloureux nous submerger, et nous faire perdre confiance dans les hommes, en nous-mêmes et en Dieu, nous pouvons venir à Dieu et jouir de cette proximité merveilleuse que les mots ne peuvent décrire. Dans ce cas, nous choisissons de répondre à son accueil inconditionnel ; il aspire à déployer ses ailes pour nous couvrir entièrement, avec notre souffrance, nos questions et tout le reste !

L'image employée renvoie à l'enfant qui se blottit dans les bras de son père, à la recherche de chaleur et de réconfort, dans la sécurité du foyer. Elle exprime à la fois la confiance de l'enfant et la fiabilité du Père. Trouver refuge en Dieu ne résulte pas forcément d'un choix conscient. Dans notre détresse, c'est le seul chemin à emprunter, le seul espoir à nourrir. Notre quête de Dieu commence souvent dans les difficultés, puis se mue en un processus de croissance dans lequel notre relation avec lui s'approfondit et où nous apprenons de plus en plus à nous appuyer sur lui.

Nous savons tous à quel point il peut s'avérer douloureux et épuisant de se débattre avec des «pourquoi». Si nous ne les affrontons pas, les questions sont susceptibles de prendre possession de nous et de nous tourmenter au point que nous soyons incapables de trouver une solution, de nous détendre ou de dormir. Notre esprit, mais aussi notre cœur et notre être tout entier, sont bouleversés. Nous savons que nous pouvons nous décharger de nos soucis sur Dieu, mais nous paraissons parfois ignorer comment procéder. Comment le chercher alors que nous sommes plongés dans une profonde affliction?

La façon dont nous communiquons nos questions douloureuses à Dieu est très révélatrice de la nature de notre relation avec lui. Il en va de même dans l'amitié: je peux confier certains faits de mon quotidien à une personne de mon entourage en veillant toutefois à dissimuler mes émotions. Auprès d'un ami proche, par contre, j'ose me laisser aller et lui confier non seulement mes problèmes, mais aussi mes sentiments et mes larmes. Au lieu de me contenter de lui présenter les faits, je m'expose personnellement et je me dévoile assez pour lui permettre de deviner ma douleur. De même, si j'entretiens avec Dieu une relation plutôt formelle, je me contenterai de lui dire ce qui se passe dans ma vie, en déposant mes besoins et mes questions sur le seuil de sa porte. Peut-être même irai-je jusqu'à agiter furieusement le poing vers lui pour manifester mon indignation et mon incompréhension des événements, mais je ne lui exprimerai pas la confusion et la douleur beaucoup plus profondes qui m'assaillent et je ne m'approcherai pas suffisamment pour lui permettre d'y accéder. Si nous voyons Dieu comme distant, nous aurons de la peine à faire un pas vers lui. Tel le fils aîné de la parabole du « Fils prodigue », nous nous retrouverons derrière la porte, bouleversés, mais totalement rebutés par l'idée d'entrer ou de parler à notre Père. En revanche, si nous connaissons Dieu comme notre Père et notre Ami, nous entamerons avec lui une conversation privée au cours de laquelle nous lui présenterons non seulement nos « pourquoi », mais aussi notre être entier. Nous nous approcherons suffisamment (et nous resterons en sa présence assez longtemps) pour nous laisser toucher par lui. Voilà l'un des bénéfices de se réfugier en Dieu et, si nous apprenons à venir à lui de cette façon, nous expérimenterons ce que l'auteur du Psaume 94 décrit au verset 19 : « Quand j'ai la tête pleine de soucis, tu m'encourages, et mon cœur est tout joyeux ». Le psalmiste ne dit pas que ses questions ont trouvé des réponses ni que ses problèmes ont été résolus, mais il témoigne que Dieu s'est approché de lui pour le consoler d'une façon si profonde (touchant son âme ou son cœur même) que son fardeau lui est apparu plus léger et qu'il est passé d'une grande angoisse à la joie.

De façon très intéressante, le mot hébreu traduit par « cœur » décrit bien plus que le centre de nos émotions. Il s'agit d'un concept qui renvoie à notre être entier : nos sentiments, nos pensées et notre être physique ! La consolation évoquée dans le Psaume 94 est donc totale, car elle apporte la paix à la fois dans les pensées et dans les sentiments. Le verset 19 témoigne que l'auteur est passé de raisonnements incessants et stériles à une oasis de repos et de rafraîchissement où il puise la force de poursuivre son chemin. La restauration ne réside pas tant dans la solution que dans la présence même de Dieu. Comme le dit le psalmiste : « dans ton amour, Éternel, tu m'as soutenu » (verset 18).

Nous retrouvons la même idée dans la lettre de Paul aux Philippiens. Dans Philippiens 4.7, Paul écrit : « la paix de Dieu, qui surpasse tout ce qu'on peut concevoir, gardera votre cœur et votre pensée sous la protection de Jésus-Christ. » Lorsque nous nous présentons à Dieu avec les pensées et les questions qui nous taraudent, à notre grande surprise, il se préoccupe moins de satisfaire notre esprit que de consoler notre cœur. Ce faisant, il touche le centre de notre problème, car notre angoisse concerne bien plus que nos seules pensées (en témoigne l'expression « vider son cœur », c'est-à-dire son être entier). Dieu désire atteindre ce niveau de profondeur en l'homme et y déverser sa paix qui dépasse la compréhension humaine. Il opère ce prodige dans le lieu secret, au cours d'une rencontre privée et intime. Dans cet espace intérieur, nous constatons que nos questions sont éclipsées par la consolation et le réconfort que le Seigneur met dans notre cœur (ou dans notre âme). David l'exprime en ces termes dans le Psaume 131 : « je suis resté tranquille et dans le calme. Je me sentais comme un nourrisson rassasié dans les bras de sa mère, comme un nourrisson apaisé. » (verset 2).

L'importance de l'acceptation

Naturellement, confrontés à la douleur, nous soupirons après un renversement de situation : que tout redevienne comme avant. Or, certaines choses sont irrévocables et ne peuvent être inversées, tandis que d'autres ne peuvent être que partiellement restaurées. Lorsqu'un bien-aimé perd la vie, lorsqu'un bébé naît avec un handicap lourd, nous ne pouvons rien faire pour diminuer le drame. La seule option consiste à trouver sa voie dans la situation nouvelle. Les mesures que nous devons prendre pour y parvenir consistent, premièrement, à reconnaître et, deuxièmement, à accepter les faits. À moins de parvenir à ce second stade, nous ne pourrons pas vraiment progresser. Au contraire, comme Noémi, nous nous débattrons indéfiniment avec nos questions et nous resterons amers et prisonniers de la situation.

Si nous reconnaissons notre incapacité de changer les circonstances, ce n'est pas pour autant que nous l'acceptons. Il est possible que les faits reconnus vrais par notre esprit soient fermement repoussés au seuil de notre cœur et de nos émotions, auquel cas nous continuerons pendant des lustres à nous battre pour changer la situation, en nous accrochant à des rêves irréalisables. Tant que nous persisterons dans cette attitude, la douleur restera aiguë et nous constaterons qu'il n'y a rien de plus épuisant que s'obstiner à lutter alors qu'au plus profond de nous, nous savons que nos efforts sont vains. Mais si nous parvenons à l'acceptation, nous trouverons la paix intérieure, et davantage. Libérés d'une lutte amère contre l'indésirable, nous pourrons découvrir les possibilités (au lieu des impossibilités) qui s'offrent à nous. Ce nouveau point de vue nous permettra de mieux gérer la situation. Nous observerons que, si nous étions privés de toute énergie auparavant, nous retrouvons désormais une force et un courage que nous n'imaginions plus avoir.

Un jour, j'ai rencontré un homme dont l'épouse souffrait de la maladie d'Alzheimer. Les symptômes se manifestaient depuis un certain temps déjà et les médecins avaient fini par confirmer leurs craintes. Pendant les premiers mois qui ont suivi le diagnostic, cet homme a tout fait pour inverser le cours des choses. Il signalait systématiquement à sa femme tous ses moments d'absence, corrigeait la moindre de ses erreurs. Il rassemblait aussi toutes les informations disponibles sur les découvertes médicales récentes, espérant trouver un élément qui lui serait utile. La situation était pénible et tendue pour toutes les personnes impliquées. Le mari cherchait désespérément un moyen de changer les circonstances, sachant depuis le début que c'était impossible. C'était ainsi qu'il luttait contre sa propre impuissance et contre son chagrin de perdre la partenaire avec qui il devenait de plus en plus difficile de communiquer. Peu à peu, il s'isolait socialement. Les gens se mettaient à l'éviter car les visites se transformaient inévitablement en confrontations et aggravaient encore les tensions.

Cet homme avait besoin d'opérer un demi-tour complet dans sa réflexion et d'accepter la réalité de la maladie de son épouse, quel qu'en soit le déchirement pour lui. Dès le moment où il y parvint, il put aller de l'avant. Il reconnut que la maladie d'Alzheimer avait bien été diagnostiquée, que le diagnostic était correct et que les troubles évoluaient. L'acceptation des faits lui permit d'affronter leurs implications, également terribles : sa femme bien-aimée deviendrait de plus en plus confuse et dépendante, elle s'affaiblirait tant mentalement que physiquement. Par conséquent, leur relation allait changer : de mari et amant, il deviendrait progressivement son infirmier et il aurait besoin d'aide pour prendre soin d'elle. En acceptant les faits, cet homme a été libéré et il a trouvé la force de tenir jour après jour, au lieu de s'écrouler sous le poids des difficultés. Les circonstances n'ont pas changé. Lui, oui. Auparavant, il se concentrait sur la dégradation de l'état de sa femme et il était prisonnier de ses propres frustrations et craintes. À présent, il parvenait à se détendre davantage et à s'intéresser à d'autres sujets. Après avoir trouvé une aide à domicile, il recommença à passer du temps avec des amis et à avoir une vie sociale, ce qui contribua beaucoup à améliorer la situation.

De par sa nature, l'acceptation est rarement une décision instantanée, mais plutôt le fruit de l'évolution progressive de nos pensées et de nos sentiments. Il ne faut pas la confondre avec la résignation qui implique un certain désespoir et, en quelque sorte, l'obligation de renoncer. L'une des caractéristiques de la véritable acceptation est qu'elle est volontaire, ce qui explique son effet libérateur. Quand elle est contrainte, elle se mêle de réticence, donnant lieu à une situation où nous faisons à peine plus que survivre. Il est bon de comprendre ces mécanismes et de prendre le temps d'affronter notre douleur pour résoudre nos difficultés du mieux possible et trouver la liberté.

La confrontation à la souffrance engendre forcément du chagrin, qu'il faut regarder en face. Un processus de deuil s'installe alors, pas seulement après la mort d'un être proche, mais aussi suite à des pertes telles que celle de notre santé, de notre statut social, de notre réputation, de notre sécurité financière, d'une relation ou de projets d'avenir. Dans chaque cas, il faut franchir différentes étapes avant de parvenir à l'acceptation. Nous pouvons être aux prises avec l'incrédulité, le déni et la colère—autant de réactions normales à la souffrance et aux questionnements sans réponse. Une fois que nous aurons accepté la situation (avec l'aide affectueuse de notre entourage), nous réussissons à surmonter ces émotions négatives, nous serons de plus en plus en mesure de nous détacher du passé, y compris des rêves d'avenir que nous nourrissions, et nous serons libres d'aller de l'avant. À ce stade, nous serons conscients d'avancer les mains vides, mais nous pourrons à nouveau les lever vers le ciel, prêts à recevoir une bénédiction (inattendue). Ce genre d'acceptation élimine le fatalisme.

Revenons à Noémi, Orpa et Ruth. Que se passe-t-il après le décès des hommes de la famille ? Orpa décide de retourner parmi les siens dans le pays de Moab. Nous ignorons comment elle a réagi exactement et quel a été son parcours par la suite car le texte ne la mentionne plus. Noémi et Ruth, elles, restent ensemble et décident de laisser le passé derrière elles en partant tout recommencer à zéro à Bethléhem. Leur décision marque la fin d'une certaine période de leur vie. Pour Noémi, la mort de son mari et de ses fils reste une réalité : elle doit poursuivre sa vie seule et décide de le faire dans son propre pays. Les choses sont assez similaires pour sa belle-fille, Ruth, excepté qu'elle ne retourne pas dans un contexte familier ; elle choisit une nouvelle direction et, ce faisant, elle accomplit un grand pas de foi.

Noémi et Ruth ont toutes deux reconnu qu'elles devaient trouver le moyen de continuer à vivre. Leur attitude est toutefois très différente. Noémi se replie sur elle-même. Elle s'enfonce dans l'apitoiement et l'amertume tandis que Ruth, en choisissant de se réfugier en Dieu, trouve la liberté. L'une est agitée, l'autre animée d'une assurance paisible au milieu de la tempête. L'aînée n'accepte les événements qu'à contrecœur et elle ploie sous le poids de sa déception et de son chagrin.

La plus jeune semble avoir remis ses angoisses et sa peine au Seigneur en qui elle a trouvé un abri. Elle est en mesure de se tenir debout et d'avancer avec espoir. Dans le livre de Ruth, nous observons comment la jeune femme a pris des initiatives et a persévéré. Son entrain et son courage ont été une stimulation et un soutien pour sa belle-mère. Il semble qu'en se réfugiant en Dieu, elle ait puisé la force dont elle avait besoin pour avancer positivement. Elle a accepté ce qui lui était arrivé et son acceptation l'a libérée. En Dieu et avec son aide, elle a reçu un nouvel espoir pour l'avenir.

La souffrance est capable de nous emmener dans deux directions opposées. Il est triste de constater que dans le même temps certains plongent dans la dépression et la rébellion, et s'éloignent de Dieu, tandis que d'autres trouvent la paix et, en vertu d'une sorte de mystère, sont attirés vers lui. L'Éternel, pourtant, reste le même dans toutes les circonstances. À travers l'histoire de Ruth et de Noémi, nous voyons qu'il est là, jamais démuni ni pris au dépourvu, même lorsque ses enfants souffrent. En outre, sa présence n'est pas passive, il prend les choses en main, il maîtrise, supervise et dirige la situation. Au fil de l'histoire, nous constatons que les voies de Dieu pour ses enfants sont merveilleuses, c'est-à-dire à la fois belles et extraordinaires (en ce sens que nous ne serons pas toujours en mesure de sonder ou de comprendre ce qui nous arrive). Ce constat devrait nous rendre prudents et nous apprendre à ne pas nous hâter d'apporter des réponses et des solutions (ou d'accuser Dieu !) lorsque nous sommes confrontés à des événements que nous ne pouvons pas cataloguer. Acceptons qu'ils nous dépassent, tout simplement.

En réalité, nous ignorons pratiquement tout de ce qui se passe en coulisses. Si nous sommes chrétiens, nous savons par contre que quelqu'un garde les yeux sur nous, parfois de façon visible, mais le plus souvent à notre insu. Dieu tient notre vie dans ses mains et la dirige avec assurance. Dès le moment où nous nous réfugions en lui, nos mains vides commencent à se remplir à nouveau. L'émerveillement suscité par la présence de Dieu nous comble et nous restaure. Il fortifie nos jambes tremblantes de sorte que nous pouvons reprendre la route sur le chemin qu'il a tracé devant nous. Ruth a trouvé la paix et une énergie nouvelle, pas seulement pour elle-même mais aussi pour Noémi. Elle n'a pas abandonné sa belle-mère. Au contraire, elle est devenue un soutien précieux et une grande consolation pour elle. En vérité, si nous nous réfugions en Dieu, nous serons en mesure de devenir une bénédiction pour les autres, même si nous traversons personnellement une période difficile.

La prière de la sérénité

Mon Dieu, donnez-moi la sérénité
D'accepter ce que je ne peux changer,
Le courage de changer
les choses que je peux changer
Et la sagesse d'en connaître la différence.

De vivre un jour à la fois,
D'apprécier un moment à la fois,
D'accepter les épreuves comme le chemin vers la paix,

D'accepter, comme Jésus
l'a fait, ce monde comme il est,
Et non comme je voudrais qu'il soit,

De croire que Vous allez prendre
soin de tout si je capitule
Et si je m'en remets à votre volonté,

Que je peux être raisonnablement heureux
dans cette vie
Et suprêmement heureux avec Vous,
pour toujours dans le futur.

Reinhold Niebuhr[8]

Chapitre 2

Continuer

Quand la tragédie a vidé nos mains, le temps vient inévitablement où des choix doivent être posés sur la manière de continuer, mais, chaque individu et chaque expérience étant uniques, il est impossible de définir des règles et des principes applicables en général.

Rappelons la situation de Noémi, Ruth et Orpa. Elles étaient toutes trois dans le même bateau. Leurs vies étaient entremêlées depuis plusieurs années puisqu'elles étaient apparentées et liées par les hommes qu'elles avaient aimés et épousés, qui étaient frères. Les deux jeunes femmes avaient aussi quelques points communs : elles avaient probablement à peu près le même âge et partageaient la même culture puisqu'elles avaient toutes deux grandi dans le pays de Moab. Leurs époux ne leur avaient pas donné d'enfant. Noémi, elle, était plus âgée. Elle était juive et avait grandi en Juda, avant d'émigrer avec sa famille. À la mort de ses fils, elle était déjà veuve depuis plusieurs années. Nous savons que le décès de ses fils était le dernier d'une série de malheurs. Son chagrin s'était installé et transformé peu à peu en amertume, tandis que ses belles-filles, tout du moins Ruth, avaient surmonté leur souffrance autrement. Le parcours de ces trois femmes est à l'image de la vie : chacun d'entre nous se trouve confronté à une situation personnelle unique et pose ses propres choix concernant son avenir.

Choix et décisions

Dans le livre de Ruth (1.6), nous lisons qu'après la mort de Mahlôn et Kilyôn, la nouvelle se répandit que la famine (à cause de quoi Élimélek et Noémi avaient quitté Bethléhem) était terminée en Juda. L'ayant appris, Noémi et ses deux belles-filles se préparent à rentrer à Bethléhem. Noémi aspire probablement à retourner vers ses racines, car rien ne la retient plus à Moab : ni mari, ni fils, ni petits-enfants.

Il a souvent été dit très justement qu'il fallait veiller à ne pas prendre des décisions trop hâtives après un événement dramatique. On risque d'agir impulsivement et de regretter ensuite les choix entrepris, simplement parce que du temps était nécessaire pour prendre du recul et considérer attentivement les nouvelles options et leurs conséquences. Ainsi, se remarier trop vite après le décès de son conjoint, déménager sur un coup de tête ou d'autres changements radicaux peuvent être des décisions prématurées que l'on regrettera amèrement, parce qu'on n'était pas prêt à franchir un pas aussi important et qu'on est dès lors obligé de s'adapter à la nouvelle situation sans avoir digéré les événements antérieurs. On se sent piégé et on donnerait n'importe quoi pour revenir en arrière. En outre, la souffrance de quelqu'un déteint sur son entourage. Dans de nombreux cas de personnes remariées trop tôt après un veuvage ou un divorce, les nouveaux conjoints sont déroutés par les problèmes qui minent la relation. Ils finissent par découvrir que la cause des tensions et des souffrances est le processus de deuil profond, mais non achevé, par lequel passe leur partenaire.

À l'inverse, on peut rester paralysé par le choc du drame et incapable d'affronter la réalité. Au lieu de prendre des décisions précipitées, on n'en prend aucune. Ainsi, certaines personnes se retirent dans leur monde. J'ai connu un homme qui n'a pas ouvert les rideaux de sa maison pendant des semaines après la mort de sa mère, parce qu'il ne pouvait pas admettre que la vie poursuivait son cours avec, notamment, l'arrivée du printemps. Pourquoi aurait-il fait l'effort de se lever alors que la personne la plus importante de sa vie était partie ? On peut aussi nier la réalité en refusant d'opérer les changements les plus élémentaires qui s'imposent. Ils sont simplement trop douloureux et trop brutaux. J'ai tenu compagnie à des amis proches qui venaient de perdre un fils et je sais à quel point il est déchirant de devoir mettre son dernier linge sale dans la machine à laver ou de trier ses livres et documents. Parfois, les vêtements et affaires d'une personne décédée restent trop longtemps en place, transformant sa chambre en un sanctuaire qui suggère que rien n'est arrivé et qu'elle pourrait revenir à tout moment. Ces situations sont malsaines et, si elles se prolongent trop, elles entravent le processus d'acceptation des événements, empêchent d'avancer et provoquent d'autres dégâts dans l'entourage.

Face aux pertes de la vie, le chagrin anéantit au point que le monde semble s'être arrêté pour la personne meurtrie. Apprendre qu'on est atteint d'une maladie incurable, voir son enfant handicapé suite à un accident, découvrir l'infidélité de son conjoint… à ceux qui passent par là, ne parlez pas de « vie abondante[1] » car c'est à un chagrin surabondant qu'ils sont confrontés et ils parviennent à peine à y survivre. Pourtant, une chose est sûre : la vie continue. Une jeune veuve m'a confié un jour à quel point elle était reconnaissante d'avoir eu de jeunes enfants qui nécessitaient des soins et de l'attention. « Après la mort de mon mari, j'aurais aimé rester au lit et ne jamais plus me lever, m'a-t-elle expliqué, mais les enfants devaient être habillés. Ils avaient besoin de nourriture et de vêtements propres. Il fallait les aider à faire leurs devoirs. Ils m'ont obligée à continuer et ils m'ont aidée à me relever ! » Le moment vient toujours où il nous faut retourner à la routine quotidienne, reprendre les choses là où nous les avions laissées et assumer à nouveau les responsabilités de notre vie, éventuellement avec de l'aide au début, puis par nos propres moyens. C'est là le premier pas à franchir dans n'importe quelle situation de deuil.

Nous ignorons combien de temps Noémi a attendu avant de quitter sa maison, mais le moment est venu où elle a emballé ses affaires et s'en est allée. Sa décision paraissait évidente dans sa situation ; elle s'est probablement dégagée petit à petit, plutôt que prise à la hâte. Noémi retournerait donc à Bethléhem, une démarche qui se révélerait sage, mais aussi lourde de conséquences. À ce moment-là, Noémi n'a aucune idée de ses implications, elle se contente de suivre son cœur et son esprit. Parfois, les décisions les plus ordinaires et les plus évidentes sont aussi les plus sages !

En retournant dans le pays de ses ancêtres, Noémi revient non seulement à ses racines physiques, mais aussi à ses racines spirituelles, car Juda était la terre du Dieu d'Israël. Elle voulait tenter d'y reconstruire sa vie avec ses deux belles-filles, Ruth et Orpa. Dans le livre de Ruth au chapitre 1 (v.7) il est indiqué que les trois femmes ont pris le départ ensemble. Mais peu de temps s'écoule avant que Noémi presse les deux jeunes femmes de retourner vers leurs propres racines et leur propre famille. Elle a compris qu'elle n'avait pratiquement rien à leur offrir. Étant veuve elle-même, elle devrait faire appel à ses parents et ne pouvait pas garantir qu'ils seraient prêts à accueillir deux étrangères ! Et même si elles trouvaient un lieu où s'installer, que pourrait-elle leur apporter d'autre ? Ni mariage, ni avenir, seulement de l'incertitude. Quel parent serait prêt à assumer son droit de rachat pour donner une descendance à Élimélek[2] ? Ces questions doivent avoir taraudé Noémi et l'avoir convaincue de renvoyer les jeunes femmes parmi les leurs (« Allez et rentrez chacune dans la famille de votre mère ! Que l'Éternel [...] vous donne à chacune de trouver le bonheur dans un nouveau foyer[3]. »). Je pense qu'il a été extrêmement pénible pour Noémi de dire à ses belles-filles de la quitter, mais à ses yeux, il n'y avait pas d'autre issue. Loin d'être une marque d'égoïsme, son conseil reposait sur la conscience de leur être inutile. Cette famille était unie par l'amour[4].

Le retour de Noémi à Bethléhem semblait évident et fut une sage décision, dans l'immédiat et à long terme. De même, la suggestion faite à Orpa et à Ruth de retourner dans leur propre famille semble à première vue évidente et sage. Pourtant, du point de vue divin, l'option était mauvaise. En réalité, Ruth et Orpa devaient choisir entre retourner parmi les leurs et leurs dieux, ou accompagner Noémi vers son pays et le Dieu d'Israël. Il s'agissait donc de choisir entre servir de faux dieux[5] et servir le seul vrai Dieu[6] ; entre régresser et progresser, entre rester captif et trouver la liberté. Les conséquences cruciales de chaque option montrent de manière incontestable à quel point il est capital de prier pour obtenir la direction et la sagesse de Dieu, même pour des démarches qui nous paraissent humainement logiques et bonnes. Nous devons présenter toute notre situation devant Dieu et peser soigneusement dans la prière les conseils affectueux (mais pas forcément sages !) que nous livrent d'autres chrétiens.

Nous sommes parfois contraints de prendre des décisions sans pouvoir en mesurer les conséquences. Telle option nous permettra d'avancer, telle autre nous fera reculer. Quelle place occupe Dieu dans notre processus décisionnel ? Orpa a opté pour la voie qui lui paraissait la plus sûre. Elle a pris sa situation en main et elle est retournée vers la sécurité (relative) de sa famille, mais vers un contexte où Dieu était absent. Après avoir pris cette décision, elle disparaît des pages de la Bible. Ruth, elle, déclare résolument vouloir suivre le Dieu d'Israël. C'était une décision radicale qui impliquait qu'elle renonce définitivement à son identité de Moabite et choisisse de devenir une femme de Dieu. Elle s'est aussi montrée très catégorique dans son refus d'abandonner sa belle-mère (« N'insiste pas pour que je te quitte et que je me détourne de ta route[7] »,). Humainement, Ruth prenait un risque en se rendant en Juda, mais elle a malgré tout franchi le pas. On peut supposer qu'en vivant parmi sa belle-famille, elle avait suffisamment appris à connaître le Dieu d'Israël pour oser s'abriter sous sa protection[8], pour confier son avenir entre ses mains et celles de son peuple. J'attribue le courage de Ruth, non seulement à sa personnalité, mais aussi à ce qu'elle a trouvé en Dieu : la force de continuer et d'affronter une situation nouvelle. Son attitude témoigne d'une paix que seul Dieu peut procurer, la paix qui surpasse l'intelligence et qui garde notre cœur et notre esprit en Jésus-Christ[9]. Combien nous avons besoin de cette paix ! Elle empêche nos pensées de s'égarer ; elle nous donne une sérénité qui perdure même dans les circonstances les plus déstabilisantes et nous permet de continuer avec assurance face à l'inconnu.

Pour Ruth, l'inconnu consistait en un séjour imminent à Bethléhem et un long voyage pour y parvenir, rendu peut-être d'autant plus difficile par la présence d'une compagne triste et amère.

Elle est pourtant demeurée à ses côtés et, à leur arrivée à Bethléhem, toutes deux se sont employées à trouver un lieu où habiter et le moyen de subvenir à leurs besoins[10].

Chagrin et amertume

Un certain nombre de gens pensent sincèrement qu'un chrétien véritable se caractérise par un état de reconnaissance et de bonheur permanents. Ils appuient leur conviction sur les mots de l'apôtre Paul dans l'épître aux Thessaloniciens

(1 Thessaloniciens 5.16) : « Soyez toujours dans la joie. » Ajoutons-y ce verset de l'épître aux Romains (Romains 8.37) : « nous sommes bien plus que vainqueurs » et nous obtenons l'argumentation nécessaire pour défendre l'idée que nous avons reçu pour commandement de conserver une attitude joyeuse et victorieuse dans toutes les circonstances quoi qu'il en coûte ; il n'y a pas de place pour le chagrin. Cela implique que si nous restons dans la tristesse plus longtemps (ou plus intensément) qu'il est prévu (ou permis !), c'est que nous manquons de foi. Pour les tenants de cette position, le chagrin est assimilable à la défaite et le bonheur à la victoire.

Partant de là, ceux qui ont du mal à surmonter leur chagrin s'entendent dire qu'ils seraient des témoins beaucoup plus puissants s'ils se montraient reconnaissants et heureux au lieu d'être tristes. Les parents qui ont perdu un enfant devraient se réjouir d'en avoir d'autres ou d'être encore assez jeunes pour en concevoir d'autres ; l'épouse trompée devrait se montrer reconnaissante que son mari a rompu avec sa maîtresse et désire reconstruire leur relation ; l'homme handicapé suite à une agression devrait se montrer heureux d'être encore en vie. J'ai entendu parler d'un cas choquant : une femme en phase terminale de cancer a reçu une lettre qui lui reprochait de pleurer à la perspective de sa mort imminente et de sa séparation d'avec ses bien-aimés. L'expéditeur affirmait qu'elle aurait dû se réjouir d'être bientôt avec Dieu. Il exprimait sa déception sur le manque de foi de la mourante et sur la faiblesse de son témoignage. De telles remarques sont profondément blessantes. Elles mettent en exergue une seule facette de la situation, sans accorder la moindre place au processus de deuil que nous devons tous traverser pour accepter notre situation.

Quel réconfort de savoir que le Seigneur Jésus a une vision totalement différente du chagrin ! Pendant son séjour sur la terre, il a aussi connu la douleur et il s'est autorisé à réagir aux difficultés comme il le ressentait. Songeons aux larmes versées après la mort de son ami Lazare, à son chagrin au sujet de l'absence de vision et de l'infidélité du peuple, à sa déception d'avoir été trahi par ses amis proches et à sa propre solitude dans la souffrance. Jésus était « un homme de douleur habitué à la souffrance », dit Ésaïe 53.3. Et il n'était pas non plus indifférent aux larmes des autres. Après sa résurrection, il a vu Marie de Magdala pleurer sur son tombeau vide et il lui a demandé : « Pourquoi pleures-tu[11] ? ». Il ne lui a pas reproché ses larmes, mais il l'a questionnée doucement pour lui permettre de se décharger et de lui confier ses soucis. De même, quand Noémi ne parvenait pas à surmonter son chagrin, Dieu a ménagé du temps et de l'espace pour ses sentiments, y compris son amertume. Tout au long du livre de Ruth, je devine la présence et la patience de Dieu, témoignées avec amour et fidélité à cette femme qui avait atteint le stade du pessimisme et du repli sur soi. Dieu ne lui a jamais reproché son « manque de foi », mais il l'a acceptée telle qu'elle était et, mieux encore, il est venu à sa rencontre dans sa situation et il l'a bénie.

Les propos de Paul cités plus haut recèlent des vérités bien plus profondes que ce que certains y voient. Si ceux-là prétendent qu'il est grand temps de vous reprendre et de quitter le deuil, ayez l'assurance que Dieu a prévu de la place pour votre chagrin et qu'il accepte toutes vos larmes. Cependant, il est exact que quand nous lui présentons notre peine et recevons sa grâce, notre chagrin évolue ou, plutôt, qu'il est accompagné ! En effet, la seule présence de Dieu suffit à engendrer de la gratitude. Elle efface en quelque sorte notre peine tout en faisant route avec elle. Je ne crois pas que la joie et le chagrin s'opposent. Je crois qu'ils peuvent coexister. Ce n'est pas l'un *ou* l'autre, mais l'un *avec* l'autre. Lorsque je suis profondément déprimée et que je cherche refuge en mon Père céleste, je peux, du sein de ma détresse, connaître un sentiment profond de gratitude, très proche de la joie. Il ne s'appuie pas sur ce qui est arrivé ou est en train de se produire, mais uniquement sur la bonté et la grandeur de Dieu que j'expérimente en me réfugiant en lui. En d'autres termes, le remerciant d'être qui il est, je peux me réjouir en lui, même si les circonstances sont écrasantes. En sa présence, je constate que mon chagrin change. La paix vient s'y mêler, l'aiguillon de la douleur est retiré et la souffrance est éclipsée par son amour infini et sa consolation.

Je suis confrontée dans ma propre vie à une situation douloureuse que je ne peux pas changer. Ma mère souffre de démence sénile. Je la connaissais comme une femme forte, dotée d'un enthousiasme contagieux pour Dieu et pour la vie. Elle aimait les défis et se lançait dans toutes sortes de projets. Elle s'intéressait toujours à ce que je faisais ou à ce qui m'arrivait. Ma mère s'est convertie à soixante ans passés, ce qui ne l'a pas empêchée de s'impliquer dans différents types d'activités chrétiennes et ce, avec beaucoup d'entrain et de consécration. Pendant les années où j'ai vécu à l'étranger, je savais que je pouvais donner son adresse à des voyageurs à la recherche d'un toit où passer la nuit. Ils étaient toujours accueillis avec chaleur et sympathie, en plus d'un bon repas et d'un lit. Aujourd'hui, cette même femme est totalement démunie, limitée à la fois mentalement et physiquement. Confinée dans une chaise roulante, elle passe ses journées dans un service destiné aux personnes âgées qui souffrent de sénilité. Il est parfois possible d'avoir une conversation sensée avec elle, mais la plupart du temps, elle n'en est pas capable. Certaines fois, elle me reconnaît, à d'autres moments non.

Mes visites sont très douloureuses. Il m'arrive de supporter la situation relativement bien mais, parfois, ma peine est telle que je pleure comme une madeleine dans ma voiture sur le chemin du retour. Au début, mon impuissance et ma frustration ont eu raison de mes forces. Je ne supportais plus les questions et les protestations qui m'obsédaient. Pourquoi la dégénérescence destructrice d'un être cher? Pourquoi le chagrin visible de ma mère et sa confusion?... Cependant, cette situation a changé. Il serait faux de prétendre que mes questions ont totalement disparu ou que je n'éprouve plus aucune difficulté à affronter les circonstances, car il m'arrive de me sentir aussi démunie et frustrée qu'au début. Mais j'ai trouvé la paix au sein de la tempête. Mes visites au chevet de ma mère sont désormais différentes. Aujourd'hui, la plupart du temps, je parviens à accepter son comportement. Auparavant, dans mon impatience et ma frustration, je ne discernais que les aspects négatifs et pénibles de son état alors qu'aujourd'hui, je parviens à être reconnaissante pour les bons moments et à m'adapter à un autre degré de communication en acceptant une relation mère-fille inversée. Les choses ne sont pas telles que je le voudrais (non plus que ma mère) et la douleur subsistera, peut-être jusqu'à la fin de nos jours, mais la paix que Dieu m'a donnée me permet d'apprécier les moments bons et précieux passés avec cet être cher. Par moi-même, je n'aurais pas pu provoquer ce changement, car cette paix intérieure est le fruit de ma relation avec Dieu. J'ai choisi de me réfugier en lui et, depuis lors, dans des situations douloureuses comme celle-ci, je me sens portée, protégée par Dieu et enveloppée de sa paix. Ce privilège me remplit de reconnaissance et me procure de la joie même dans la douleur.

Faire face à nos sentiments négatifs

Comme nous l'avons vu, Noémi a bénéficié d'un espace pour pleurer et même pour exprimer ses reproches à Dieu. Dans sa miséricorde, Dieu nous laisse venir à lui, quel que soit notre état ! Comme j'aimerais que les communautés chrétiennes apprennent à mieux refléter cette attitude d'amour inconditionnel et d'acceptation. Qu'elles désapprennent leur impatience envers les autres et leur condamnation abrupte de ceux dont l'attitude ou le comportement n'est pas à la hauteur de leurs normes ou attentes. Nous sommes parfois bien brutaux pour dire aux gens comment ils devraient se comporter et ce qui devrait changer, alors qu'ils n'attendent peut-être qu'un peu de sympathie et d'écoute.

Cependant, je ne nie pas la nécessité d'imposer une limite au pessimisme, car s'il persiste indéfiniment, il finit par nous plonger dans un puits de désespoir qui influence notre foi, notre vie et notre entourage. C'est ce que Noémi commence à expérimenter lorsque, incapable d'accepter son triple deuil, sa quête de réponses l'amène à accuser Dieu, tant son chagrin s'était enraciné et était devenu nuisible. Elle avoue être devenue une femme amère.

On dit parfois de l'amertume qu'elle est le chagrin à l'état solidifié et je pense que nous en avons un exemple ici. Si nous ne la maîtrisons pas, la peine, qui est en soi une émotion saine aussi naturelle et nécessaire que la douleur, peut devenir malsaine. Comme un fruit qui a gâté, le chagrin contamine tout ce qui l'entoure s'il n'est pas traité de façon appropriée. Dans le processus de deuil et d'acceptation, des émotions destructrices telles que la colère ou l'amertume peuvent s'installer subtilement et prendre de l'ampleur au point de commencer à dominer notre humeur, comme les mauvaises herbes qui poussent parmi le blé et l'étouffent. Il est très difficile de discerner quand et comment cela arrive, mais il est clair que l'un des facteurs qui stimulent la croissance d'émotions négatives est qu'on leur laisse trop d'espace. Nous avons besoin de sagesse et de discernement, sous le regard de Dieu, pour nous aider mutuellement dans ces domaines complexes.

Il y a autre chose : l'amertume envers Dieu n'est pas seulement destructrice pour nous, car elle a pour principal effet pervers d'impliquer un jugement envers le Très-Saint. Les hommes ne peuvent pas appeler Dieu à la barre pour affronter l'inquisition humaine. L'idée d'exiger de lui qu'il se défende et s'explique est ridicule, injustifiée et injustifiable. Cette prétention est inimaginable et pourtant... Dieu l'autorise. Il nous laisse exprimer nos sentiments les plus profonds et notre confusion dans la mesure qu'il détermine. À aucun moment, nous n'en avons le droit mais, par sa grâce, nous pouvons hurler nos protestations vers le ciel et, par grâce, elles y parviennent et sont entendues ! L'amertume et la colère sont souvent exprimées, voire hurlées, dans les psaumes. Dieu se voit reprocher son silence ou son apparente injustice. Le psalmiste lève le poing au ciel et… Dieu le laisse faire. Régulièrement aussi, nous assistons dans ces textes à un renversement miraculeux d'attitude. Le protestataire est réduit au silence et finit par se tenir émerveillé devant Dieu, exprimant sa consécration et sa louange.

Voyons par exemple le Psaume 73, dans lequel Asaph s'indigne de la prospérité des méchants. Il s'interroge sur l'intérêt de rester fidèle au Seigneur avec autant de difficultés alors que ceux qui ne se soucient aucunement de lui mènent une vie insouciante et réussie. Aux versets 21 et 22, Asaph déclare que son cœur était abattu et son esprit amer et il dit de lui-même qu'il était comme une « bête sans raison » devant Dieu. Jusqu'à ce qu'il vienne au Seigneur et que ses yeux s'ouvrent à la réalité. Le changement se produit en lui quand il entre dans le sanctuaire de Dieu (verset 17), quand il cherche sa présence et son refuge. Dans ce moment de vérité, son attitude se transforme radicalement et il dit : « J'ai placé dans le Seigneur, dans l'éternel, mon sûr refuge. » (verset 28). C'est la meilleure chose que nous puissions faire car c'est auprès de lui que nous trouvons la vie et que nous pouvons déverser l'amertume qui tue et détruit. Nous sommes autorisés à exprimer nos « pourquoi » en tant que cris du cœur, mais jamais pour exprimer une accusation ou une exigence envers Dieu. Les « pourquoi » existent, mais ils ne doivent jamais dominer notre pensée et persister au point de s'enraciner en nous. Au contraire, ils doivent être déposés et laissés dans le sanctuaire, c'est-à-dire dans la présence de Dieu.

Chapitre 3

Dieu remplit nos mains

Frappés par un drame personnel, confrontés à notre impuissance et à la fragilité de notre existence, démunis, nous pouvons avoir l'impression d'avoir atteint un cul-de-sac. En réalité, nous sommes parvenus à un carrefour. Il est donc encore possible d'avancer. Pour ce faire, nous avons vu précédemment que nous devions d'abord accepter les faits, même si la douleur est immense. Puis, il nous faudra nous adapter, ce qui exige du courage et de la souplesse.

Noémi et ses belles-filles avaient connu leur lot de malheurs et, parvenues au carrefour de leur vie, elles ont dû choisir une direction à suivre. Deux d'entre elles sont restées fidèles au Dieu d'Israël et, ce faisant, elles sont allées de l'avant. Leur décision était bonne, mais offrait-elle la garantie de la réussite ? Si nous choisissons de suivre Dieu, remplira-t-il à nouveau nos mains et, dans ce cas, qu'est-ce que cela implique ? C'est la question qui nous occupera dans ce chapitre.

Retrouvons Noémi et Ruth sur la route de Juda, puis à Bethléhem. À ce stade, il vous serait utile de marquer une pause et de lire l'intégralité du livre de Ruth (si vous ne l'avez pas déjà fait). Vous aurez alors une idée globale du récit et vous comprendrez mieux les principes sous-jacents de leur histoire.

Les mains de Noémi et de Ruth sont-elles restées vides ? Ma lecture du récit me fait dire que non, même si cela ne s'est pas produit exactement comme elles l'imaginaient (ou comme nous l'imaginions). Si nous avions espéré un nouveau mariage pour Noémi comme pour Ruth, nous pouvons être déçus parce que seule Ruth a trouvé un époux. Noémi, par contre, est restée seule. Elle a pourtant elle aussi connu la restauration parce qu'elle est rentrée « chez elle », pas seulement à Bethléhem où elle s'est à nouveau trouvée parmi les siens, mais plus profondément aussi, dans sa confiance et sa joie renouvelées en Dieu. Au-delà, elle a également été bénie par la naissance du fils de Ruth, Obed, dont elle a pris soin. Le livre de Ruth (Ruth 4.16-17) nous dit : « Noémi prit le nouveau-né et le serra sur son cœur. C'est elle qui se chargea de l'élever. Les voisines s'écrièrent : "Noémie a eu un fils !" » — Nous voyons là les fruits de la proximité affective entre Noémi et Ruth[1] sans laquelle l'implication de Noémi auprès du bébé aurait pu provoquer des tensions avec sa belle-fille !

J'ai entendu un jour le conseiller et l'auteur Larry Crabb raconter qu'à l'âge de quatre ans, il s'était enfermé accidentellement dans la salle de bain. Après que tous les efforts pour ouvrir la porte de l'extérieur se furent révélés vains, il entendit ses parents lui promettre par le trou de la serrure que tout irait bien et qu'il ne devait pas avoir peur. Épouvanté à la perspective de devoir passer le reste de sa vie dans la salle de bain, le petit Larry gardait les yeux fixés sur la poignée de la porte, qui était pour lui la clé de la délivrance. Alors qu'il commençait à pleurer d'inquiétude parce qu'aucune aide ne paraissait venir, il entendit du bruit derrière lui et, à son immense soulagement, il vit son père perché sur une échelle devant la fenêtre. Les secours étaient arrivés, mais d'une direction différente et inattendue.

Cette anecdote illustre les échanges entre le Père céleste et nous. Parfois, nous crions à l'aide, les mains vides, mais nous avons notre propre idée de la façon dont nous devrions être secourus ou des ingrédients nécessaires pour mettre un terme à notre détresse. Nous voudrions trouver un nouveau conjoint, être guéris, ou ne plus avoir à parler à tel collègue ou voisin désagréable. Nos désirs ne seront pas forcément comblés. Pourtant la fidélité de Dieu ne change pas, que notre situation évolue ou non. Il considère chaque individu avec le désir de le bénir et de remplir ses mains vides. Il arrive que sa réponse vienne d'un angle inattendu et nous prenne par surprise. En outre, ses interventions sont parfois difficiles à discerner. Nous sommes parfois tellement obsédés par ce qui n'arrive pas que nous ne remarquons pas les bénédictions de Dieu.

Intéressons-nous à présent à Noémi qui, bien qu'aveuglée par sa propre amertume, a néanmoins été richement bénie par Dieu. En réfléchissant à sa situation, j'aimerais suggérer quatre domaines de bénédiction qui pourraient aisément nous échapper et donc rester vains (parce que leur potentiel n'est pas reconnu et reste dès lors inutilisé) lorsque nous sommes trop occupés à panser nos plaies.

La consolation dans l'amitié

Parmi les grandes bénédictions accordées à Noémi figurent la présence et la loyauté de sa belle-fille, Ruth. Noémi n'a peut-être pas compris que Dieu en personne tendait la main vers elle à travers la jeune femme. Engourdie par sa désillusion, elle n'a pas remarqué qu'elle bénéficiait d'une aide qui dépassait le champ purement humain.

Nous ignorons comment s'est passé leur long voyage jusqu'à Bethléhem. Nous savons simplement que, même après le départ d'Orpa, Ruth est restée ferme dans sa décision de suivre sa belle-mère[2] et que, vraisemblablement, Noémi a fini par accepter son choix. À ce moment-là, elle avait peut-être l'impression que cela ne ferait pas une grande différence ; elle se sentait seule et abandonnée de toute façon. Ce n'était pourtant pas le cas puisque Ruth était à ses côtés. Le prénom Ruth signifie « compagne » et je crois que c'est à ce titre que l'Éternel a donné la jeune femme à Noémi. Elle ne voyageait pas seule ; quelqu'un se tenait près d'elle, à travers qui l'Éternel lui communiquait son amour et sa fidélité. Lorsque nous sommes aveuglés par l'amertume ou la douleur, il arrive que Dieu, dans sa grâce, place des personnes sur notre chemin pour nous aider à comprendre quelque chose de sa part.

Comment soutenir une personne endeuillée ? Comment manifester la présence du Christ auprès d'elle ? Une mère qui a perdu son fils dans un accident à l'école, a écrit un poème très émouvant pour exprimer ce qu'impliquent le réconfort et l'amitié en périodes de détresse.

Les amis

Ils sont restés quand le rire s'est éteint
Et que nos visages ont revêtu le chagrin,
Quand il est resté un seul refrain,
Qui nous faisait sans cesse répéter
Sur ce petit garçon,
Heureux et si doué :
« Te souviens-tu,
Te souviens-tu ? »
Et puis…

Quand d'autres,
Que nous pensions fidèles,
Nous ont désertés,

Eux sont restés,
Les mains fermement posées sur nos épaules.

En ces jours-là,
Nous sommes devenus vieux.

En ces jours-là, eux nous ont retenus
Au bord d'un abîme de douleur,
Et, à travers eux,
Nous avons su
Que nous n'étions pas oubliés de Dieu.

Riec Kolman (Traduit du néerlandais)

Qui s'est montré capable de réconforter ces parents frappés par le deuil ? Ce ne sont pas ceux qui se sont efforcés de trouver des réponses ou de les égayer à tout prix alors qu'ils avaient besoin d'espace pour pleurer. Ce ne sont pas non plus ceux qui, sous l'effet de leur propre impuissance, ont affirmé que le moment était venu de quitter le deuil. Ni ceux qui ont comparé l'immense chagrin de ces parents à la réaction plus positive d'autres croyants. Pas davantage ceux qui ont dit : « Regardez tout ce qu'il vous reste, il y a encore tant de bonnes choses dont vous pouvez jouir dans la vie ! » Ces parents ont été consolés par les personnes qui sont restées à leurs côtés, qui les ont écoutés, en se contentant de garder le silence. Ils ont été soutenus par ceux qui ont osé les toucher et les serrer contre eux, pour leur communiquer de l'amour et de la chaleur. Ceux qui jouissaient d'une liberté intérieure suffisante pour donner à l'autre assez d'espace pour pleurer. Ceux-là, souvent, ont eux-mêmes connu le deuil et ont compris que, face à la douleur, on a besoin d'un refuge. Ruth le savait. Comme Noémi, elle portait le poids du chagrin mais, d'une certaine façon, il lui restait assez de force pour soutenir et réconforter sa belle-mère, sans pour autant se laisser aspirer par sa dépression et son pessimisme. Dans ce récit, nous voyons la jeune génération fortifier l'ancienne et une femme d'origine païenne manifester de la miséricorde envers une fille d'Abraham.

Ruth était capable de réagir de la sorte uniquement parce qu'elle était allée vers la bonne personne, l'Éternel, pour déposer ses questions et sa peine. Elle se réfugiait sous les ailes du Tout-Puissant, là où la tendre sollicitude de Dieu se décline de manière concrète en amour, consolation, restauration, repos. Ayant ainsi trouvé une identité et une sécurité nouvelles en Dieu, elle était en mesure d'aller vers les autres pour leur apporter un profond réconfort et leur communiquer l'espoir.

N'est-ce pas précisément ce que Riec Kolman s'efforce d'exprimer dans son poème ? Tandis qu'elle et son mari pleuraient la perte de leur petit garçon, ils ont vu certains amis s'en aller, incapables de regarder en face une souffrance aussi intense car elle les rendait douloureusement conscients de leur propre impuissance : ceux-ci ne supportaient plus de devoir écouter sans cesse la même histoire et de voir constamment l'expression de ce chagrin écrasant. Alors, ils sont partis. De ceux qui sont restés, il est simplement dit qu'ils se sont approchés assez pour rejoindre leurs amis dans leur peine, en les entourant de leur bras. C'était tout ce qui importait. Pas de discours, pas de grande théorie, mais simplement une présence et de l'empathie. C'est ainsi que Dieu, souvent, choisit d'intervenir dans la vie des hommes, venant à notre rencontre à travers d'autres et se servant de leurs bras ou de leurs mains pour nous communiquer son réconfort. Ce sont eux, alors, qui sont un refuge pour nous, nous faisant découvrir une facette de la personnalité de Dieu. Nous aussi, nous pouvons devenir un abri pour autrui, mais uniquement si nous-mêmes avons déjà expérimenté le refuge de Dieu — l'endroit où déposer notre propre chagrin et nos prières d'intercession pour d'autres personnes. Ceux qui ont appris cette leçon ont généralement aussi appris à garder le silence devant la douleur de quelqu'un. La compagnie de Ruth est l'une des façons dont le Seigneur a commencé à remplir à nouveau les mains vides de Noémi. L'amitié est un don immense et précieux. Nous devons y être attentifs pour apprécier davantage ce qui nous est offert à travers nos amis.

La bénédiction de l'intercession

L'intercession est l'un des moyens très particuliers par lesquels les amis peuvent se bénir mutuellement. Quand la vie d'un proche est assombrie par une douleur écrasante, nous, ses amis, avons la ressource de la porter dans la prière pour l'amener jusqu'au trône de la grâce. Réciproquement, d'autres peuvent le faire pour nous. Ainsi, nous mobilisons l'action divine, qui surpasse les meilleurs dons que nous pourrions humainement nous accorder.

Lorsque nous sommes au bout du rouleau, terrassés par notre impuissance et notre douleur, Dieu reste omniprésent et prêt à nous aider. Quand nous sommes plongés dans la confusion, mais contraints malgré tout de prendre des décisions, quand nous avons besoin de réfléchir sur le passé et le présent pour savoir comment continuer, Dieu est là, nous invitant à le chercher dans la prière. Il désire mener ses enfants dans la vérité et la liberté. Et si notre vision de Dieu est obscurcie par notre souffrance, si nous sommes plongés dans un tourment tel que nous sommes incapables de prier, c'est alors que nos amis peuvent nous soutenir par leur intercession fidèle. Je sais que quelques personnes prient pour moi régulièrement. Au moins deux d'entre elles le font chaque jour. Leur fidélité dans la prière est pour moi l'une des preuves les plus solides et les plus profondes de leur affection. Quand deux personnes se soutiennent de cette façon, leur relation s'approfondit et rend le partage possible, même sur des sujets très douloureux. Il m'est très précieux de savoir que quelqu'un connaît mes pensées et mon angoisse (pour autant que je me sente libre de les partager, car la véritable amitié ne force pas les choses) et prie à ce sujet. Il n'y a pas de plus grand cadeau en amitié qu'un véritable engagement dans la prière. C'est un don énorme et nous devons prendre garde de ne pas faire de promesse hâtive en la matière. Il est plus facile, en effet, de dire : « Je prierai pour toi » ou d'achever une lettre avec des formules telles que : « Tu es dans mes prières », que de le faire réellement ! La promesse est sincère, mais son respect est parfois défaillant. Si nous prenons un tel engagement verbalement ou par écrit, nous devons veiller à le respecter.

Quel privilège stupéfiant de savoir que le Seigneur Jésus en personne intercède continuellement pour nous. Il est le parfait exemple de la fidélité dans la prière ; il l'a été pendant sa vie sur terre et l'est encore aujourd'hui, en tant que souverain sacrificateur au ciel. Il est fascinant d'observer à quel point la prière lui était à la fois nécessaire et naturelle pendant son ministère terrestre : une priorité absolue. L'Évangile de Luc, en particulier, décrit plusieurs occasions où Jésus a pris du temps et cherché un endroit retiré pour être avec son Père. Je me suis souvent demandé de quoi ils parlaient, mais ces moments partagés entre Père et Fils étaient si intimes que leur contenu ne nous est pas révélé. Je suis toutefois certaine que Jésus donnait une place à ses amis dans ses prières. Les mots adressés à Pierre, dont il connaissait à l'avance la trahison, en témoignent. Dans Luc 22.31-32, Jésus dit : « Satan vous a réclamés pour vous passer tous au crible, comme on secoue le blé pour le séparer de la bale. Mais moi, j'ai prié pour toi, pour que la foi ne vienne pas à te manquer. » Imaginez-vous prier pour quelqu'un dont vous savez qu'il va vous trahir ! Intercéder pour sa survie et sa croissance spirituelle alors que vous vous préparez à souffrir à cause de lui ! Quel exemple de sollicitude ! L'évangile de Jean (17) rapporte la prière faite par Jésus à la veille de son arrestation, non seulement pour lui-même, mais aussi pour ses disciples et pour tous les croyants. Il a demandé qu'ils soient unis et que Dieu les protège et les sanctifie. Dieu ne se contente pas de nous observer de loin, il ne prend pas simplement note de nos expériences douloureuses ou déstabilisantes, mais il s'implique activement dans tous les moments de notre vie.

Depuis son ascension au ciel, le Seigneur Jésus est notre intercesseur suprême. Dans l'épître aux Hébreux, nous lisons que Jésus est notre souverain sacrificateur éternel, assis à la droite du Père ; il intercède pour ceux qui viennent à Dieu à travers lui[3]. Jésus connaît tout ce qui peut entraver notre foi et notre marche avec lui. Comment sait-il pour quoi prier ou comment intercéder ? Ayant vécu sur terre dans le corps d'un homme, il est à même de connaître et de comprendre ce qui nous préoccupe ou nous oppresse. Hébreux 4.15 dit : « En effet, nous n'avons pas un grand-prêtre qui serait incapable de se sentir touché par nos faiblesses. Au contraire, il a été tenté en tous points comme nous le sommes […] » La phrase ne s'achève pas là ; une précision est ajoutée, capitale quant à son ministère de souverain sacrificateur : « […] mais sans commettre de péché ». Le fait que Jésus n'a pas succombé à la tentation fait de lui le souverain sacrificateur parfait, dont nous pouvons approcher le trône de grâce « avec une pleine assurance. Là, Dieu nous accordera sa bonté et nous donnera sa grâce pour que nous soyons secourus au bon moment[4]. ». Nous avons un Dieu qui n'est pas frappé d'impuissance devant les événements de la vie, mais qui reste à nos côtés et qui intervient dans nos moments de détresse.

Puisqu'il est notre grand-prêtre, Jésus prie pour nous et nous invite à faire de même. Il nous appelle à assumer notre rôle d'intercesseurs pour mobiliser le ciel à déverser sa miséricorde et sa grâce en temps de crise. Mais cela va plus loin encore. Dieu est conscient de notre faiblesse lorsque vient le moment d'intercéder : sur le mont des Oliviers, il a trouvé ses disciples endormis, « accablés de tristesse », comme le dit Luc (22.45). Des passages parallèles[5] précisent que Jésus a dû les réveiller à trois reprises en les pressant chaque fois (en particulier Pierre) d'être sur leurs gardes et de prier pour ne pas succomber à la tentation. Des disciples somnolents qui ne prient pas assez sont par essence des disciples faibles. Si leur vie de prière est sous-développée et irrégulière, ils ne savent pas vraiment comment intercéder ni quoi demander. Les chrétiens n'ont pas changé depuis ces premiers jours ! Mais aussi décourageants que soient ces constats, Jésus ne se laisse pas abattre et ne renonce pas à nous aider. Il désire, au contraire, nous soutenir par son Esprit et c'est ce qu'il nous promet au sujet de la prière, par la bouche de l'apôtre Paul : « l'Esprit vient nous aider dans notre faiblesse. En effet, nous ne savons pas prier comme il faut, mais l'Esprit lui-même intercède en gémissant d'une manière inexprimable[6]. ».

Nous sommes donc portés dans l'intercession et exhortés à prier les mains levées vers le ciel (dans la louange et l'adoration), mais aussi les mains vides, lorsque nous sommes perdus et que nous ignorons comment gérer une situation. En outre, même dans notre faiblesse, nous pouvons intercéder pour les autres en qualité de « rois-prêtres[7] ».

La direction de Dieu

Après la mort de ses fils, plus rien ne retient Noémi en Moab ; la raison de leur exil tant d'années auparavant n'est plus d'actualité puisque la famine a pris fin en Juda. C'est pourquoi son retour à Bethléhem semble une décision logique et naturelle, qui n'a pas besoin d'être longuement réfléchie.

Malheureusement, toutes les décisions ne sont pas aussi simples à prendre que celle de Noémi. Quand notre univers semble se désagréger et que nous tentons vainement de rassembler les morceaux, il est très difficile d'évaluer correctement la situation et de tirer des conclusions valables sur l'attitude à adopter. Malgré nos incessantes prières pour retrouver la présence de Dieu et obtenir sa direction, nous nous sentons prisonniers de l'incertitude. Comment discerner et entendre la voix de Dieu ? Nous aimerions tant que sa voix soit audible dans certaines situations (et peut-être pas du tout dans d'autres!) et qu'il nous dise exactement quoi faire.

Un certain nombre des croyants de l'Ancien Testament ont eu le privilège d'entendre Dieu s'adresser directement à eux. Quand Abraham a été appelé par Dieu à quitter son pays, les Écritures rapportent simplement: «L'Éternel dit à Abram[8]». De Moïse, il est dit dans l'Exode: «L'éternel s'entretenait avec Moïse directement comme un homme parle avec son ami.» (33.11). Quand Élie s'est enfoncé dans l'épuisement et la dépression, un ange du Seigneur s'est adressé à lui. Plus tard, alors qu'il séjournait dans une grotte sur le mont Horeb, il a à nouveau entendu la voix de l'Éternel[9]. Samuel était très jeune lorsqu'il a été appelé par Dieu en personne[10]. Le Nouveau Testament, comme l'Ancien, mentionne plusieurs cas de ce type. Dans le livre des Actes, par exemple, un ange du Seigneur dit à Philippe de se rendre sur une certaine route. Une fois qu'il est arrivé sur place, l'Esprit lui indique exactement la marche à suivre[11]. Dans Actes 10, nous lisons que Corneille et Pierre ont entendu Dieu leur parler directement. Ce ne sont là que quelques exemples.

Je crois que Dieu peut encore aujourd'hui s'adresser à nous par une parole physiquement audible; mais, en règle générale, nous constatons que ce n'est pas de cette façon qu'il s'exprime. Ce livre n'a pas pour thème central la direction de Dieu et nous n'approfondirons donc pas le sujet ici. J'aimerais toutefois en dire quelques mots car il est essentiel que nous discernions la volonté de Dieu dans des situations où nous nous trouvons démunis, les mains vides. Remarquez d'abord que c'est souvent dans ces situations très précises où nous aspirons à entendre quelque chose — n'importe quoi même — de la bouche de Dieu, qu'il semble que le ciel se mure en une forteresse impénétrable. Dans ces moments, nous réalisons à quel point il est essentiel que la Parole de Dieu soit gravée dans notre cœur et dans notre mémoire, telle un radeau salvateur auquel nous pouvons nous raccrocher quand tout le reste s'est abîmé dans la tempête. Dans ces moments où nos sentiments sont engourdis et notre vision troublée par les larmes, nous pouvons en quelque sorte enclencher le «pilote automatique» pour savoir ce qui est bien et ce qui ne l'est pas. Nous devons nous accrocher fermement à ce que nous avons appris de Dieu. Nous pouvons aussi compter sur la présence du Saint-Esprit, qui nous guide, même à travers des décisions que nous avons l'impression de prendre seuls. Parfois, en effet, nous n'avons pas le choix; nous devons passer outre nos hésitations et prendre des mesures. Et, avec le recul, nous discernons comment Dieu a été présent au sein même de notre brouillard, comment il se sert des événements secondaires ou naturels pour accomplir son plan unique dans notre vie. Il ne procède pas toujours de façon spectaculaire, mais généralement dans l'invisibilité et le silence.

C'est ce que nous constatons avec Noémi et Ruth. Les événements qui suivent leur arrivée à Bethléhem ressemblent à première vue à des coïncidences heureuses. Avec le recul cependant, ces détails apparemment insignifiants se révèlent essentiels car ils s'inscrivent dans un plan plus vaste. Dans le livre de Ruth au chapitre 2, nous lisons que la jeune femme est allée travailler pour subvenir à ses besoins et à ceux de sa belle-mère et que, «par hasard», elle a abouti dans un champ appartenant à Booz (verset 3). Ce dernier se trouve être un parent du mari défunt de Noémi, «l'un de ceux qui ont le devoir de prendre soin de notre lignée», dira-t-elle (verset 20). Il figure donc parmi ceux qui peuvent jouer un rôle majeur dans l'avenir de ces deux veuves[12]. Alors que Ruth travaille dans ses champs, Booz la remarque et l'invite à suivre ses servantes (verset 8). Il accorde donc à la jeune femme des attentions spéciales puisqu'elle peut manger parmi les moissonneurs (verset 14), qui ont reçu pour consigne de la laisser glaner à sa guise. Il leur dit même de laisser tomber des épis de leurs gerbes de blé pour qu'elle puisse les ramasser (versets 15-16). Rien d'étonnant qu'elle s'écrie : « Pourquoi m'accueilles-tu avec tant de faveur et t'intéresses-tu à moi qui ne suis qu'une étrangère ? » (verset 10). D'après moi, la réponse est que Dieu avait dirigé le regard de Booz vers elle et éveillé ses sentiments !

Quand Booz finit par s'intéresser personnellement à Ruth et désire l'épouser, il doit d'abord régler la question du plus proche parent, qui a priorité sur lui[13]. Booz va donc s'asseoir aux portes de la ville et nous lisons : « [...] le plus proche parent, dont il avait parlé et qui avait le devoir de s'occuper de Ruth vint à passer[14] ». S'agit-il encore d'une coïncidence ou le plan de Dieu est-il en train de s'accomplir ? Au début, le plus proche parent se dit intéressé par l'achat de la terre appartenant à Élimélek, que Noémi souhaitait vendre, mais il n'est pas prêt à accepter Ruth comme l'un des éléments du contrat[15]. Booz et Ruth sont donc libres de se marier. Aux portes de la ville, le commentaire des témoins sur le futur mariage du couple est intéressant. Ils s'écrient : « Que l'Éternel rende la femme qui entre dans ta famille semblable à Rachel et à Léa qui, à elles deux, ont donné naissance à tout le peuple d'Israël[16] ! ». Si l'on se souvient de la loi et de la culture d'Israël, ces paroles sont surprenantes et émouvantes car les Juifs n'étaient pas autorisés à épouser des non-Juives. Ruth, l'étrangère, a donc été reconnue et acceptée comme l'une des enfants de Dieu. Il est évident que la main de Dieu a dirigé les événements et le cœur des protagonistes.

Un horizon plus vaste et des perspectives nouvelles

Quand la douleur nous fait perdre tout espoir, nous cessons de croire qu'il subsiste pour nous la moindre perspective favorable. Le désespoir, comme l'impuissance, est une façon d'avoir les mains vides. Mais quand, au milieu des circonstances déprimantes, apparaît une lueur d'espoir, nous pouvons y voir un signe de la fidélité de Dieu, autant que son désir de nous donner la joie au lieu du deuil ; nous pouvons alors retrouver la foi en un changement. C'est ce qui est arrivé à Noémi.

De retour des champs où elle a travaillé, Ruth est chargée d'un épha (quarante litres) d'orge[17]. L'Éternel a richement béni le travail de ses mains car il y a là assez de nourriture pour elle et pour sa belle-mère : une récolte abondante ! Ces détails peuvent paraître superflus, mais Dieu en personne est en train d'accomplir ses projets pour les deux femmes. Il est important de rester en communion avec Dieu pour reconnaître ses voies. Sa direction n'est pas toujours d'emblée visible, mais le fait de ne pas la distinguer ne signifie pas qu'elle fait défaut. Il est beau de constater que Noémi, qui ne croyait plus vraiment en la bonté de l'Éternel envers elle, se rend compte soudain qu'il prend part aux événements. Voyant sa belle-fille revenir des champs avec une grande quantité d'orge, Noémi est agréablement surprise et demande à Ruth où elle a glané ce jour-là, ajoutant : « Que l'Éternel bénisse celui qui a eu pour toi tant d'attention[18] ! » Quand la jeune femme lui apprend qu'elle a travaillé dans le champ de Booz, Noémi comprend qu'il peut être un instrument dans les mains du Tout-Puissant. Consciente de la bonté présente de Dieu envers sa belle-fille (et elle également), elle se souvient de sa bonté envers sa famille par le passé (verset 20).

Cette prise de conscience semble marquer un tournant pour Noémi : son apathie disparaît et son amertume et son abattement font place à l'espoir. Elle est à nouveau capable d'envisager l'avenir et de s'impliquer activement dans le déroulement des événements qui concernent Booz et Ruth. Je trouve extrêmement encourageant que même Noémi, au début déprimée et amère, ait pu devenir un instrument dans l'accomplissement des projets de Dieu pour ce couple — des projets qui dépassaient de loin les circonstances présentes et s'inscrivaient dans son grand plan pour le salut du monde.

Ruth a donc été bénie en trouvant un second mari et,

contrairement à son premier mariage, cette union donne naissance à un fils, Obed[19]. Ruth, la Moabite, qui a courageusement choisi de suivre le Dieu d'Israël et le choix logique de sa belle-mère, est donc devenue le maillon d'une chaîne d'événements bouleversants, qui culminerait par la naissance de Jésus-Christ, le Sauveur du monde. Elle figure parmi les seules quatre femmes dont le prénom est cité dans la généalogie de Jésus en Matthieu 2.

Qu'est-il arrivé à Noémi, qui avait préféré se faire appeler *Mara* parce que le Seigneur avait rendu sa vie très amère ? Je me demande si elle n'espérait pas elle aussi trouver un second mari qui lui aurait assuré la sécurité ? Peut-être, mais aucun mariage n'a été célébré pour elle. Pourquoi Ruth a-t-elle été restaurée de cette façon et pas Noémi ? Ce sont des questions de ce genre qui minent parfois nos pensées. Nous entretenons des idées ou des désirs (parfois très spécifiques) sur la façon dont les choses devraient se dérouler. Nous pensons qu'un conjoint, une santé optimale ou une situation financière stable, sont essentiels à notre survie ou notre bonheur. Pourtant, très souvent, la situation n'évolue pas dans le sens que nous jugeons le meilleur.

La vie de Noémi n'était-elle qu'un pis-aller par rapport au passé ? Était-elle déçue ? Ruth 4.16-17 établit clairement qu'elle a abondamment partagé la bénédiction de Ruth. À travers son petit-fils, Obed, elle a reçu une descendance qui pouvait restaurer et perpétuer la lignée familiale, cruellement interrompue à la mort de ses fils. Les voisines qui sont venues rendre visite à la maman et au bébé ont félicité Noémi et ont loué l'Éternel pour ce qu'il avait fait pour elle[20]. Elles ont affirmé que cet enfant renouvellerait la vie de Noémi et prendrait soin d'elle dans sa vieillesse. Elles ont aussi mentionné en passant combien elle était aimée par sa belle-fille[21]. Noémi pouvait se réjouir d'appartenir à une famille dont les membres étaient profondément liés par un amour réciproque.

Ainsi, après avoir avoir touché le fond de la tristesse et de l'incertitude, Noémi avait à nouveau des raisons de se réjouir et d'être reconnaissante. J'y vois aussi des mains remplies par Dieu. À sa façon et en son temps. Nous ne devons jamais oublier que notre Dieu n'est nul autre que le Tout-Puissant, qui maîtrise toutes choses et ne nous abandonne jamais. Au contraire, il nous précède et nous accompagne sur le chemin, comme un guide et un ami fidèle, remplissant nos mains vides de sa bonté, de ses bénédictions et de sa grâce. Ces faits doivent nous donner de l'assurance et un réel sentiment de sécurité.

Chapitre 4

Grandir sous la pression

Dans les chapitres précédents, nous avons étudié la vie de Ruth et de Noémi, qui se sont trouvées confrontées à des événements trop grands pour être modifiés ou inversés parce qu'ils dépassaient la portée humaine. En nous intéressant à présent à Joseph, nous observerons une adversité d'une tout autre nature. Cet homme, fils de Jacob et de Rachel, a connu au moins trois « descentes aux enfers » et, dans chaque cas, son entourage a joué un rôle néfaste significatif.

On peut se retrouver les mains vides et souffrir à cause des actes d'autrui. Et les façons dont les êtres humains se blessent ou se détruisent mutuellement sont malheureusement variées. Pensons à ces personnes victimes d'un acte criminel ou d'un accident sans être en tort ; à celles infectées par le virus du sida à cause d'une négligence lors d'une transfusion sanguine. Que dire de la femme trompée et quittée par son mari ; des enfants abusés ou qui grandissent dans une famille monoparentale suite au divorce de leurs parents ? Et de celui / celle qui vit un martyre à cause d'un enfant dépendant de la drogue ou d'un conjoint alcoolique ? On peut même parler du chômage : un fléau croissant à l'ère de la technologie, qui fait que beaucoup perdent leur emploi parce qu'ils sont devenus inutiles ou trop vieux. La souffrance et l'abandon du fait des autres peuvent prendre des formes multiples.

Néanmoins, il est important de reconnaître que nos problèmes ne sont pas toujours provoqués unilatéralement par quelqu'un d'autre. En nous voyant comme une victime, nous sommes prompts à pointer le coupable du doigt et à l'accuser. Et pourtant, quand des difficultés apparaissent dans le cadre de nos relations, les causes sont plus complexes qu'il n'y paraît. Il arrive que nous ayons personnellement contribué à la situation, ce qui n'est pas facile à reconnaître ! La seule pensée d'être en partie responsable peut s'avérer menaçante et douloureuse quand nous nous sentons blessés ; il faut du courage pour considérer les faits avec honnêteté et pour envisager la possibilité d'avoir aussi commis des erreurs. Notre sincérité sera d'ailleurs un élément clé pour résoudre nos problèmes et accepter notre souffrance.

La souffrance qui s'inscrit dans le cadre des relations humaines est très différente de celle qui est provoquée par des événements extérieurs. Ceux-ci laissent nos questions sans réponse et nous imposent d'accepter une situation que nous ne pouvons pas changer. Par contre, dans les cas où un autre et/ou nous-mêmes sommes responsables des difficultés, le pardon va certainement jouer un rôle majeur pour que notre situation évolue et que nous guérissions. Et, à l'exemple de Ruth, c'est en nous réfugiant en Dieu que nous trouverons la liberté d'adopter la bonne attitude dans les circonstances qui sont les nôtres.

Dans ce chapitre et le suivant, nous nous concentrerons sur Joseph, un jeune homme qui s'est retrouvé totalement démuni au moins à trois reprises dans sa vie. Tout d'abord, il subit un véritable traumatisme à l'âge de dix-sept ans en étant cruellement arraché à tout ce qui lui était familier ; ses frères voulurent se débarrasser de lui en le vendant à une caravane d'Ismaélites, principalement à cause du favoritisme paternel envers lui. Nous suivons ensuite Joseph en Égypte, où il est jeté en prison après des années de loyauté au service de son maître. Ce nouveau drame est provoqué par la colère féroce d'une femme, frustrée de ne pas avoir obtenu de lui ce qu'elle voulait ; Joseph lui, est innocent. Enfin, alors qu'il est en prison, il subit une déception amère quand il est oublié par un homme en qui il avait placé ses espoirs de libération. Trois drames personnels sur une période de treize années avant que Pharaon le nomme finalement intendant sur toute l'Égypte.

Nous devons reconnaître qu'il est difficile d'imaginer que les expériences douloureuses de Joseph s'inscrivent dans la volonté de Dieu et encore moins qu'elles soient dirigées par lui ! Lorsque nous sommes humiliés ou abandonnés comme l'a été Joseph, il nous est plus naturel de nous révolter, de chercher justice et réparation, plutôt que de chercher à discerner la main de Dieu dans la situation. L'histoire de Joseph nous montre pourtant que notre Seigneur peut avoir de grandes surprises en réserve pour nous !

Nous avons vu précédemment que Dieu restaure et guérit, mais pas toujours selon l'idée que nous nous faisions du cours des événements. Notre personne importe davantage à ses yeux que les circonstances précises de notre vie. Dieu choisit de nous restaurer en nous façonnant à travers les événements et les circonstances pour faire de nous le peuple qu'il désire. Il veut que nous ressemblions de plus en plus à son Fils, à des enfants créés à son image et selon son dessein. En réalité, les Écritures dans leur ensemble insistent davantage sur notre sainteté que sur notre bonheur personnel ! Cette vérité pousse à la réflexion et, une fois que nous en avons saisi la valeur et la portée, nous sommes capables de lâcher prise au lieu de gaspiller notre énergie à lutter contre les circonstances. Dieu ne gâche jamais notre chagrin ; il l'utilise, ou même le provoque en vue de notre croissance spirituelle et de notre sanctification. Il est parfois nécessaire de se retrouver les mains vides pour que notre relation avec Dieu s'approfondisse. En effet, c'est souvent lorsque nous avons « touché le fond » que nous parvenons à lâcher prise, « créant » ainsi les conditions favorables pour laisser Dieu agir en nous. Avant de parvenir à cet abandon total, il nous faut parfois traverser d'obscures vallées qui nous dépouillent de notre sécurité humaine, de notre revenu fixe, de notre mariage solide, de notre bonne santé ou de notre carrière prometteuse. Nous croyions sincèrement être dépendants de Dieu, mais voir nos acquis s'effriter ou disparaître nous ébranle profondément. C'est alors que nous comprenons qu'une grande partie de notre assurance reposait sur ces choses plutôt que sur Dieu. Et c'est peut-être pour cette raison qu'elles nous sont parfois retirées.

Joseph

Né dans un foyer sûr et préservé, Joseph était follement aimé par ses parents. Plus tard, il a occupé une position privilégiée dans la maison de son maître, puis il a tout perdu. Je suis certaine qu'il s'est demandé pourquoi ces tragédies le frappaient et comment il allait bien pouvoir continuer à vivre. Pourtant, chaque fois, au lieu de désespérer, il est parvenu à recoller les morceaux et à continuer, même quand tout espoir semblait perdu. Quand il a enfin été nommé au poste de premier ministre d'Égypte, il a vu le fruit d'années d'adversité : Joseph est sorti de prison, émondé et façonné par Dieu. En outre, il a été libéré pour occuper la place que Dieu avait préparée pour lui. L'Éternel avait accompli son plan en lui et avec lui à travers de nombreuses expériences incompréhensibles et déroutantes. Ce simple fait peut nous encourager à lui faire confiance devant la complexité de la vie. Nos circonstances sont totalement en sécurité entre ses mains.

Dans ce chapitre, nous nous attarderons surtout sur les événements décrits dans le livre de Genèse aux chapitres 37, 39 et 40, mais je ferai également référence à d'autres passages que je mentionnerai expressément.

Favoritisme

La famille de Joseph était complexe. Elle se composait d'un père, de quatre mères (les deux femmes de Jacob et les deux concubines) et de nombreux enfants, dont plusieurs étaient donc demi-frères ou sœurs, ce qui n'est pas sans rappeler les familles re-composées de notre époque. Le facteur aggravant dans ce cas précis était cependant la cohabitation des quatre mères des enfants de Jacob, qui favorisait les jalousies et les tensions.

Joseph fait partie de ces êtres qui semblent nés avec une cuillère d'argent dans la bouche. Il était la concrétisation des rêves de ses parents. Dans les années qui ont précédé sa naissance, sa mère a vu sa propre sœur et les deux concubines de son mari donner la vie à de nombreux enfants alors qu'elle-même restait stérile. Cette situation l'avait profondément meurtrie et avait engendré des tensions conjugales[1]. Quand enfin elle tombe enceinte et met Joseph au monde (le onzième fils de Jacob !), il est accueilli comme un premier-né, devenant d'emblée le préféré. Nous lisons dans Genèse 37.3 qu'Israël (Jacob) aimait Joseph plus que ses autres fils « car il l'avait eu dans sa vieillesse ». En outre, Joseph était « un très bel homme ayant un beau visage » (39.6). Que pouvait-il espérer de plus ? Il avait reçu en cadeau de son père une tunique richement décorée (37.3), geste qui signifiait clairement que Jacob lui accordait des droits de premier-né qui auraient dû être réservés au fils aîné.

Il est assez incroyable que les parents de Joseph, Rachel et Jacob, soient tombés dans le piège du favoritisme envers l'un de leurs enfants car ils avaient tous deux un passé douloureux à cet égard. Rachel et sa sœur Léa étaient rivales depuis toujours. Jacob avait connu une expérience semblable avec son frère jumeau Ésaü, l'aîné (c'est-à-dire celui qui était sorti du ventre maternel le premier) et le préféré de leur père pour sa virilité. De tempérament plus casanier, Jacob était le favori de sa mère[2], ce qui a engendré une série d'événements malheureux. Jacob trichait aisément pour parvenir à ses fins, et il semble que l'attitude de Rebecca ait joué un rôle déterminant dans sa personnalité. Nous lisons qu'après avoir racheté le droit d'aînesse de son frère (25.29-34), Jacob lui a ensuite volé la bénédiction paternelle en se faisant passer pour lui. Cette dernière idée était celle de sa mère, prétendument inspirée par l'Éternel ! Il nous arrive d'aller très loin pour obtenir ce qui nous semble désirable, précieux, et cela provoque des dégâts, parfois très profonds. Jacob dut fuir pour échapper à la vengeance de son frère et la famille s'en trouva déchirée. Ses parents lui conseillèrent alors de se rendre chez son oncle Laban, le frère de sa mère, dont il finit par épouser les deux filles. Il était profondément amoureux de Rachel, la cadette, mais il n'aimait pas Léa, l'aînée.

Dans les relations sociales, on n'a pas les mêmes affinités avec tous. De manière similaire dans la famille, bien que l'on refuse de faire du favoritisme, on peut se sentir plus proche d'un enfant que d'un autre. Le risque, très vite, est d'établir des comparaisons : « Regarde ta sœur, pourquoi ne parviens-tu pas… ? » ou « Pourquoi ta chambre est-elle toujours la plus désordonnée ? » De telles paroles peuvent blesser ou, pire, détruire. Que ressent un enfant si son frère ou sa sœur est aimé davantage, si toute l'attention semble portée vers les autres, apparemment plus performants que lui ? C'est une blessure qui peut rester douloureuse pendant des années, même à l'âge adulte. Comment ne pas se sentir complexé dans la vie après avoir entendu vanter pendant des années l'intelligence, le don musical, la sociabilité ou la politesse, ou bien les bonnes notes scolaires... d'un frère ou d'une sœur... sans être regardé soi-même ? Bien plus tard, l'enfant qui sommeille en nous lutte encore contre ses émotions passées et continue à se répéter : « Je suis laid » ou « Je ne sers à rien. » Ces rabaissements peuvent même finir par se transformer en une prophétie autoproclamée sur notre vie. Nous échouons à l'école, au boulot ou dans nos relations et, sans cesse, la vieille rengaine refait surface : « Tu vois, tout va toujours de travers pour toi, tu n'es bon à rien. » Ajoutons que l'enfant négligé n'est pas la seule victime, car le favori peut aussi souffrir de la situation. Il devient persuadé qu'il est naturel pour lui de toujours se trouver sous les projecteurs et de tout réussir. Cette conviction influence sa personnalité. Le « chouchou » peut devenir un adulte imbuvable avec qui il est difficile de s'entendre parce que la relation avec lui est compliquée. Il lui sera sans doute très difficile de surmonter la déception et l'échec, encore moins de les accepter. C'était le cas de Rachel, la mère de Joseph.

Trois drames personnels

Nous lisons en Genèse 37.5-10 que l'Éternel se révèle à Joseph dans deux rêves. Ce fait est à la fois surprenant et émouvant puisqu'il montre que les circonstances négatives ou les problèmes n'empêchent pas Dieu d'agir. Nous pensons parfois qu'il fera l'impasse sur notre vie parce que notre situation familiale ou personnelle n'est pas conforme à son idéal. Nous supposons que Dieu ne peut utiliser que des surhommes, ce qui nous rend d'emblée inintéressants à ses yeux puisque nous n'entrons pas dans cette catégorie. Il existe d'innombrables individus beaucoup plus qualifiés (et certainement plus purs !) que nous. Ce raisonnement est dicté par une vision humaine limitée, mais il ne correspond pas aux méthodes de Dieu ! Dieu nous sollicite malgré nos manquements et nos échecs et il intervient dans la plus improbable des situations.

Trahi par ses proches

À ce stade de l'histoire, Dieu songeait à Joseph pour jouer un rôle prédominant dans son grand plan de salut. Des événements majestueux étaient sur le point d'arriver, qui dépassaient l'entendement ou l'imagination, et dont les rêves de Joseph étaient les premiers signes. Pourtant, au lieu d'être accueillis avec enthousiasme (comme nous pensons que cela devrait être le cas de la direction divine), ces songes ont eu un premier résultat très nuisible. En effet, pour les frères de Joseph, qui le détestaient déjà parce qu'il était le préféré de leur père, la mesure était désormais comble[3]. Voici que ce frère qu'ils haïssaient avait à présent le culot de rêver qu'il régnait sur eux et qu'ils se prosternaient devant lui. D'ailleurs, n'était-ce pas déjà le cas ? N'était-il pas déjà le petit roi de la famille ? Amers et furieux, ils ont résolu de se débarrasser de lui et ils ont jeté Joseph, qui avait dix-sept ans, comme un malpropre dans une citerne[4].

Se retrouvant sans ressource pour la toute première fois de sa vie, le jeune homme était sans doute à mille lieux de chercher un lien entre ses ennuis et le glorieux plan de Dieu. Il ne voyait certainement que le moment présent, plutôt funeste. Il est difficile de regarder au-delà de nos « citernes » ! Lorsque les événements nous prennent désagréablement de cours et que tout semble se liguer contre nous, il nous est plus naturel de chercher l'erreur que de voir le côté positif de la situation ou de la considérer comme un maillon du merveilleux plan de Dieu pour notre vie ! Comme il est important d'apprendre à changer notre façon de penser pour nous montrer ouverts et disposés à voir la main de l'Éternel, même dans nos déceptions et nos blessures. La souveraineté et la bonté de Dieu impliquent que nos difficultés n'échappent pas à son contrôle. La conviction qu'il est en mesure de faire concourir toutes choses pour notre bien peut renforcer notre confiance et influencer notre manière de réagir à la souffrance. Paul l'exprime en ces termes dans sa lettre aux Romains : « Laissez-vous transformer par le renouvellement de votre pensée, pour pouvoir discerner la volonté de Dieu : ce qui est bon, ce qui lui plaît, ce qui est parfait[5]. ». La transformation ou le renouvellement de nos pensées et de nos attitudes est un processus d'apprentissage. La formation de Joseph a commencé dans le plus improbable des endroits : une citerne. Ce n'est que la première étape de son apprentissage.

Quand Joseph tombe au fond du trou, les fondements mêmes de sa vie sont ébranlés. Il est significatif que ses frères l'aient dépouillé de sa belle tunique, qui symbolisait son statut privilégié. Joseph, autrefois le préféré, était devenu un moins-que-rien. En quelques minutes, il avait perdu son statut ainsi que la sécurité et la liberté qui s'y trouvaient associées. Puis, ses frères décident de le vendre comme esclave à une caravane d'Ismaélites en route vers l'Égypte. Cruellement séparé de son cadre familier et de sa famille, Joseph est confronté à un double deuil : il n'est plus un être libre et il est séparé des êtres qu'il aimait.

Comment réagit Joseph ? Comme n'importe quel être humain l'aurait fait. Nous lisons dans Genèse 42.21 qu'il a supplié ses frères de l'épargner. Il a imploré la miséricorde et l'aide des siens, mais ses cris n'ont pas été entendus. Peut-être a-t-il songé à chacun de ses frères successivement, espérant que l'un d'eux l'aiderait, mais tous ont fini par le laisser tomber. Même les personnes les plus proches de nous peuvent nous décevoir et nous abandonner.

Puni injustement pour son intégrité

Après avoir été vendu par les Ismaélites à la maison du Pharaon d'Égypte, Joseph devient le bras droit de Potiphar, le commandant de la garde royale. Mais voici qu'au moment où il avait atteint une sorte de réhabilitation, il se trouve à nouveau dépouillé. Le contexte de ce second drame est décrit dans Genèse 39 où nous lisons que la femme de son patron a voulu le séduire, pas une seule fois, mais tous les jours pendant une certaine période (verset 10). Voyant que Joseph refusait systématiquement ses avances, elle a voulu le contraindre de céder à son désir. Un jour, seule avec lui dans la maison, elle s'est agrippée à lui. Joseph s'est enfui en laissant son vêtement dans les mains de sa maîtresse. Plus tard, elle s'est servi de ce vêtement contre Joseph pour l'accuser d'avoir voulu l'agresser.

L'attitude de Joseph dans cette situation absurde est assez remarquable car elle montre qu'il avait gagné en intégrité. L'adolescent gâté d'autrefois, qui ne dédaignait probablement pas ses privilèges au sein de la famille, refusait à présent de se laisser entraîner vers le mal. Il est évident que son choix n'a pas été facile à assumer. Il a sans doute éprouvé de plus en plus de difficultés à résister aux avances de Madame Potiphar. Les hommes sont très vulnérables dans le domaine de la sexualité, mais cette fragilité n'implique pas forcément de succomber à la tentation. Dieu dit à Caïn dans Genèse 4.7 : « [...] le péché est tapi à ta porte : son désir se porte vers toi, mais toi, maîtrise-le ! » Joseph a agi comme Dieu le demande dans ce verset : ni compromis ni péché, mais la volonté de Dieu seule. Il a refusé de trahir la confiance de Potiphar et de pécher contre son Dieu[6], mettant ainsi en pratique cette parole du Nouveau Testament : « fuyez les unions illégitimes[7] ».

Un autre fait intéressant est que Joseph, pour la seconde fois, perd son statut et le vêtement qui l'accompagne. Dans le cadre de la relation entre un esclave et son maître, il fallait s'attendre à ce que Potiphar choisisse de croire la version de sa femme (sans forcément être dupe). Alors qu'il avait jusque-là accordé toute sa confiance à Joseph sans jamais être abusé, Potiphar ne prend pas la peine de le consulter pour entendre sa version des faits. En tant qu'esclave, Joseph n'avait pas le moindre droit et il a été jeté en prison sans pitié[8]. Une fois de plus, le voici qui perd brutalement son rang (et son manteau) et toute la sécurité et les avantages qui s'y trouvent liés, mais dans ce cas, on ne pouvait humainement rien lui reprocher. À nouveau, il ne peut compter que sur lui-même et sur son Dieu.

Oublié par une personne sur laquelle il comptait

En prison, Joseph parvient de nouveau à gagner la faveur de son patron, qui le laisse bientôt gérer les affaires courantes. Son sort pourrait donc être pire. Dans Genèse 40, nous lisons que Joseph est entré en contact avec deux autres prisonniers prestigieux et a pu interpréter leurs rêves. Il demande ensuite à l'échanson, sur le point d'être libéré, de se souvenir de lui lorsqu'il aurait réintégré ses fonctions afin d'intercéder en sa faveur auprès de Pharaon (verset 14). Le verset 23 dit : « Mais le chef des échansons ne pensa plus à Joseph : il l'oublia. » Le verset suivant (41.1) indique que la mémoire ne lui a pas fait défaut pendant une semaine ou deux, mais bien pendant deux années entières — un délai très long quand on s'attend à une libération rapide.

Pour la troisième fois, Joseph est profondément déçu par les autres : après ses frères, qui le maltraitent et le vendent, puis Potiphar, qui le condamne injustement après des années de loyaux services, l'échanson oublie sa promesse. Il a donc eu largement le temps d'apprendre que les êtres humains ne sont pas dignes de confiance ou, plutôt, qu'il est préférable et plus sage de placer sa confiance en Dieu ! Le Psaume 118 est clair à ce sujet : « Mieux vaut se réfugier auprès de l'Éternel que de compter sur les humains. Mieux vaut se réfugier auprès de l'Éternel que de compter sur les gens importants. » (versets 8-9). David, dont nous étudierons la vie plus loin dans ce livre, écrit dans le Psaume 40 : « Bienheureux l'homme qui fait confiance à l'Éternel » (verset 4). Il a, lui aussi, découvert cette vérité dans les sombres vallées de sa vie.

Il est extrêmement douloureux d'être négligé pendant deux années entières par une personne en qui nous avions confiance et en qui nous avions placé nos espoirs. Comment Joseph a-t-il réagi cette fois ? En passant de l'espoir au désespoir ? Qu'a-t-il éprouvé en constatant qu'il avait si peu d'importance qu'on l'oubliait aisément ? Entre-temps, l'échanson a été très occupé à reprendre son ancienne vie. Il avait été réhabilité, il comptait à nouveau parmi les hommes et, comme souvent en pareilles circonstances, il s'est empressé d'oublier ce qui était derrière lui.

Peut-être cette situation de délaissement nous est-elle familière : la douleur d'être oublié ou de ne pas compter pour les autres, la tristesse de voir nos proches se préoccuper à ce point d'eux-mêmes et de leurs affaires qu'ils ignorent nos besoins ou ne parviennent pas à s'en souvenir. Ils n'ont pas de mauvaises intentions, ils ne le font pas exprès, mais ils nous blessent malgré tout. Je me demande si, dans son découragement, Joseph a douté de la bonté de Dieu. A-t-il jamais demandé à l'Éternel de rappeler sa cause à l'échanson ? A-t-il renoncé à tout espoir ?

Où était Dieu ?

L'une des leçons à retenir de l'histoire de Joseph est que nous ne pourrons jamais pleinement comprendre les voies empruntées par Dieu. Nous entretenons souvent des idées préconçues sur les recettes du bonheur, attendant de Dieu qu'il n'utilise que les meilleurs ingrédients (soleil généreux, ciel dégagé...) dans la vie de ses enfants. Si c'est là notre conviction, nous ne manquerons pas d'être souvent déstabilisés, comme a pu l'être Joseph ! Sa vie a commencé sous de beaux auspices, mais ensuite elle l'a mené de désillusion en désillusion. Où était Dieu quand tout allait si mal ? Il est fascinant et émouvant de distinguer de temps à autre dans la vie de Joseph non seulement la présence de Dieu, mais sa présence active. Derrière ces événements incompréhensibles, le plan divin s'accomplissait, dont le déroulement avait débuté dans la citerne.

La citerne peut représenter le lieu ou le moment obscur où nous avons « touché le fond » dans notre vie. Si, à nos yeux, il s'agit d'une voie sans issue où rien ni personne ne peut nous aider, Dieu, lui, y voit l'endroit où nous pourrons le rencontrer face à face. Souvent, pourtant, nous ressentons exactement l'inverse : nous avons l'impression d'être abandonnés par les gens, et aussi par Dieu, et ne pouvons imaginer qu'il soit présent, nous demandant comment il a bien pu permettre ces circonstances malheureuses. En fait, il utilise nos traversées du désert pour nous attirer vers lui.

Un jour, j'ai assisté au dégagement d'un ancien puits dans un château. La légende affirmait qu'il avait au moins 160 mètres de profondeur. Un gréement avait été installé. Un homme courageux avait été attaché par une sangle à la poulie pour descendre dans le puits, armé d'un tuyau, d'un seau et d'une pioche. À intervalles réguliers, il envoyait un signal depuis le fond pour être remonté à la surface et reprendre son souffle. Il était évident que, sans mesures de sécurité fiables, dégager ce puits aurait été une entreprise très dangereuse. Les parois étaient extrêmement glissantes et on n'avait aucun moyen de connaître la profondeur de l'eau. Une chute aurait pu entraîner la mort par noyade.

En lisant Genèse 37.24, je me suis souvenue de cette scène. Les quelques mots contenus dans ce verset révèlent la présence de Dieu dans la situation. Nous lisons : « Ils [...] le jetèrent au fond de la citerne qui était vide ; il n'y avait pas d'eau dedans. » Ces indications attestent la sollicitude et l'amour infinis de Dieu envers Joseph à un moment où, certainement, il ne se doutait pas que le regard divin était fixé sur lui. Le Seigneur avait veillé à ce qu'il ne se trouve ni eau ni vase trop profonde dans la citerne pour que Joseph ne meure pas. Dans sa détresse, l'adolescent n'a probablement pas pensé une seule seconde à ce détail. Mais ce n'est pas parce que nous n'avons pas conscience de la présence de Dieu qu'il n'est pas là ! Nos yeux ne sont tout simplement pas accoutumés à sa présence ! Lorsque j'ai demandé à l'homme qui dégageait le vieux puits s'il faisait sombre en bas, il m'a fait cette réponse touchante: «Il y fait complètement noir, mais si on lève les yeux, on voit la lumière.»

La citerne, dans le plan de Dieu, marquait un nouveau départ. Au lieu d'un tombeau, c'était un carrefour. C'était même un tournant radical qui ouvrait la voie à de nouvelles perspectives. Qu'a perçu Joseph de la présence de Dieu et de sa sollicitude lorsqu'il était esclave (situation inconnue pour lui), puis prisonnier des Égyptiens (dans un pays à la langue et la culture inconnues)? Nous avons vu qu'à chaque fois, il a bénéficié d'une grâce telle qu'il a pu accéder à une position prédominante. Sa réussite pourrait évidemment être attribuée à ses capacités et probablement aussi au fait qu'il était encore assez jeune pour rester optimiste et pour s'adapter. Mais en réalité, Dieu seul était l'auteur de son succès. Nous lisons dans Genèse 39.2: «L'Éternel fut avec Joseph, de sorte qu'il réussissait tout ce qu'il entreprenait.» et au verset 3: «[...] l'Éternel était avec Joseph et faisait prospérer tout ce qu'il entreprenait.» Nous trouvons des propos similaires aux versets 21 à 23.

On peut faire le lien avec le Psaume 1 et la description de l'homme qui «prospère comme un arbre planté près d'un courant d'eau; il donne toujours son fruit lorsqu'en revient la saison. Son feuillage est toujours vert; tout ce qu'il fait réussit.» (verset 3). Voici donc énoncées les conditions pour prospérer: le Psaume évoque un homme «qui ne marche pas selon les conseils des méchants, qui ne va pas se tenir sur le chemin des pécheurs, qui ne s'assied pas en compagnie des moqueurs. Toute sa joie il la met dans la Loi de l'Éternel qu'il médite jour et nuit.» Serait-ce là une formule magique garantissant le succès: tant que nous aimons le Seigneur et que nous lui obéissons, tout ira bien pour nous? Non, pas du tout, car nous pouvons régulièrement constater que Dieu n'a pas la même définition de la prospérité et de la réussite que nous! Lui vise avant tout notre croissance spirituelle et, notamment, notre résistance accrue face à la tentation.

Nous avons vu plus haut comment Joseph a réagi aux avances de la femme de Potiphar. Dieu était présent à ce moment-là aussi, comme le démontre le simple fait qu'il ait tenu bon pendant cette période très difficile de tentation permanente. Jeune, éloigné des siens dans un pays étranger où son Dieu n'est pas adoré, soumis aux ordres d'une femme qui se jette sur lui jour après jour, n'aurait-il pas trouvé l'adultère et l'infidélité plus confortables que l'obstination à rester pur ? Il est tellement facile de lâcher prise et de se laisser imprégner par les coutumes d'un monde sans Dieu, si on n'a pas les encouragements et le soutien moral d'autres croyants... Joseph avait fait un autre choix. Il ne voulait pas mettre en péril sa relation avec Dieu, plus importante pour lui que l'attrait des tentations. Apparemment, la présence du Seigneur lui était devenue si précieuse qu'il voulait la conserver, quel que soit le prix à payer. Et, dans sa grâce, l'Éternel ne l'a pas abandonné ! C'est ainsi que Joseph a « prospéré » : en devenant un homme de Dieu.

En prison, la grâce de Dieu a permis à Joseph de se montrer sensible au malheur des autres et de les aider. La déception peut nous pousser à nous replier sur nous-mêmes au point de ne plus pouvoir lever le nez de notre propre douleur. Ce n'était pas le cas de Joseph. Dans Genèse 40.6-7, nous lisons qu'il a remarqué l'inquiétude de deux autres détenus et qu'il les a encouragés à partager leurs soucis : « Pourquoi avez-vous cet air sombre aujourd'hui ? » Ils ont expliqué avoir fait un rêve que personne ne pouvait interpréter et la réponse de Joseph a été celle d'un homme de Dieu : « N'appartient-il pas à Dieu de donner l'interprétation des rêves ? [...] Racontez-les-moi donc, je vous prie. » Par ces paroles, Joseph signifiait clairement qu'il s'appuyait, non sur sa propre sagesse, mais plutôt sur Dieu, son maître, pour qui il était prêt à servir de canal.

Dieu était avec Joseph et pourtant... Il a rencontré l'échanson du roi et lui a demandé de dire un mot à Pharaon en sa faveur, mais cet homme l'a complètement oublié. Un espoir s'est présenté pour être aussitôt anéanti. La tentative de Joseph de prendre son sort en main a été vaine. Cette déception était nécessaire pour que Dieu puisse lui montrer qu'il était aux commandes—comme si la confiance accordée à autrui était une « béquille » de plus que Dieu devait faire tomber pour l'amener à comprendre où résidaient son soutien ultime et sa sécurité. S'il arrive aux hommes de nous oublier, le Seigneur, lui, reste entièrement fidèle et fiable. Dans sa sainteté et sa perfection, il ne peut pas se montrer infidèle car ce serait contraire à sa nature même. C'est pourquoi le psalmiste dit :

> *Ne placez pas votre foi dans les puissants de ce monde ni dans des humains incapables de sauver ! Dès qu'ils ont poussé leur dernier soupir, ils retournent à la terre et, au même instant, leurs projets s'évanouissent. Heureux l'homme qui a pour appui le Dieu de Jacob et dont l'espérance est dans l'Éternel son Dieu. Car l'Éternel a créé le ciel et la terre ainsi que la mer, avec tout ce qui s'y trouve. Il reste à jamais fidèle*[9].

Dieu était avec Joseph même quand celui-ci paraissait complètement abandonné et oublié en prison. Il a donné à Pharaon des rêves que nul ne pouvait interpréter[10]. Encore des rêves ! Nous voyons à présent les pièces du puzzle se mettre en place. L'échanson se souvient de Joseph qui est convoqué pour interpréter les songes de Pharaon. Lorsqu'avec l'aide de Dieu, il en donne l'explication, il se voit propulsé à la fonction la plus haute et la plus puissante du pays : Pharaon lui confie la charge de toute l'Égypte. Détail émouvant : Joseph reçoit un nouveau vêtement (des habits de fin lin), un collier d'or et l'anneau de Pharaon[11]. Le vêtement est très différent de celui que son père lui avait confectionné par le passé ou de celui qui accompagnait sa fonction d'intendant au service de Potiphar. Ces habits-là sont d'une magnificence qui illustre l'œuvre divine dans la vie de Joseph : c'est Dieu, en effet, qui a fourni l'interprétation des rêves, qui a préparé, équipé Joseph, et l'a rendu digne d'assumer une responsabilité des plus importantes.

Le temps de Dieu était venu pour Joseph et nous assistons au point culminant d'une planification parfaite. Même les deux années « superflues » d'attente en prison à cause de la négligence d'un homme s'inscrivaient dans ce contexte ; elles n'étaient pas une erreur ! Elles étaient nécessaires à la formation de Joseph. Elles étaient aussi le temps prévu pour que l'Égypte atteigne une situation où le jeune homme devenait nécessaire pour accomplir une tâche que personne d'autre ne pouvait assumer. Les sept années d'abondance ne faisaient que commencer en Égypte, période à laquelle succéderaient sept années de famine. À ce moment précis, il fallait quelqu'un pour organiser les choses, pour prendre des mesures de précaution en vue des années difficiles afin d'empêcher que ce pays (ainsi que d'autres pays et d'autres peuples) ne succombe à une terrible famine. Qui était plus apte à endosser cette tâche gigantesque que Joseph, qui venait d'achever treize années de formation ? À deux reprises, il avait déjà occupé une fonction de gestionnaire : auprès de Potiphar et en prison. En outre, il avait surmonté la déception, la tentation et la solitude. À travers tout cela, il avait appris à placer sa confiance en Dieu et en personne d'autre. Au bout de treize ans, Joseph touche à l'accomplissement de sa destinée ; le voici dans le lieu et la mission que Dieu avait prévus pour lui.

Dieu dispose de l'intégralité du tableau

Grâce aux Écritures, nous avons une vue d'ensemble de la vie de Joseph. Nous comprenons que Dieu a orchestré toutes les circonstances de sa vie, jusqu'aux détails les plus mineurs et les plus douloureux. D'abord, Joseph a abouti en Égypte à cause de la haine de ses frères, puis les mensonges de la femme de Potiphar ont provoqué son emprisonnement, dans le quartier précis où Dieu voulait qu'il rencontre l'échanson pour que ce dernier se souvienne de lui plus tard et joue un rôle dans sa libération et sa promotion future.

L'histoire de Joseph peut nous encourager par rapport aux circonstances de notre propre vie. Des situations qui ressemblent à des hasards ou à des contretemps ont leur place dans le plan de Dieu et ne doivent pas forcément être considérées ou ressenties comme inutiles ou néfastes ! Dieu peut aplanir une voie accidentée ou s'en servir pour nous enseigner des leçons précieuses que nous ne pourrions peut-être pas assimiler autrement. Nous apprenons à nous appuyer sur sa présence non seulement dans les bons moments de la vie, mais davantage encore dans les creux. Quand les gens nous déçoivent ou quand ils nous rendent la vie compliquée, il est faux de prétendre que la situation est insoluble. Malgré les obstacles, Dieu continue à accomplir son plan pour nous et avec nous. Le livre des Actes souligne cette réalité en reprenant l'exemple de Joseph : « Or, les fils de Jacob, poussés par la jalousie, vendirent leur frère Joseph, pour qu'il fût emmené comme esclave en Égypte. Mais Dieu était avec lui. Il le délivra de toutes ses épreuves et, dans sa grâce, il lui donna la sagesse [...] » (7.9-10). Quand nous sommes en proie aux difficultés et au découragement, rappelons-nous que Dieu est présent quoi qu'il en soit.

Le coût de l'obéissance

Avant de clôturer ce chapitre, j'aimerais revenir sur l'épreuve directement provoquée par la fidélité de Joseph envers Dieu : son emprisonnement après avoir refusé de succomber à la tentation sexuelle. Elle montre qu'il est possible de se retrouver démuni en conséquence de notre obéissance, ce qui est souvent plus difficile à comprendre ou à accepter que d'autres types de souffrance. Les Écritures disent pourtant que nous ne devons pas être surpris de souffrir pour le nom de Dieu[12]. Cela s'est produit dans l'Ancien comme dans le Nouveau Testament et cela arrive aujourd'hui encore. Dans de nombreux pays, les chrétiens sont maltraités et opprimés par des gouvernements hostiles. Même en Occident, ils peuvent être en proie à des difficultés ou à du harcèlement. Il ne s'agit pas forcément de torture ou de meurtre; les pressions, souvent plus subtiles, consistent en grossières injustices. Elles sont néanmoins comparables à ce que Joseph a subi lorsqu'il a choisi de rester fidèle à son Dieu et à son patron.

Le renvoi et l'emprisonnement de Joseph étaient aussi injustes que le licenciement d'une infirmière parce qu'elle refuse de participer à un avortement à cause de ses convictions religieuses, ou que la réussite mitigée d'un homme d'affaires parce qu'il a décidé de rester honnête. Il voit ses collègues, qui n'hésitent pas à frauder le fisc ou à « embellir » les rapports financiers de leur entreprise, aller de succès en succès alors qu'il reste sur la touche. Les jeunes qui choisissent d'adopter une morale de vie chrétienne subissent une pression énorme. C'est ringard et ridicule d'attendre le mariage pour avoir des relations sexuelles ou de s'abstenir de drogue ou d'alcool. Les pressions auxquelles les chrétiens sont soumis sont très diverses. Il peut donc s'avérer très coûteux d'obéir à Dieu dans les domaines éthique, professionnel, sexuel ou autre.

Dans sa seconde lettre à Timothée, Paul évoque les persécutions et les souffrances qu'il a endurées et il dit : « En fait, tous ceux qui sont décidés à vivre dans l'attachement à Dieu par leur union avec Jésus-Christ connaîtront la persécution[13]. ». Pierre aborde aussi le sujet :

> *Quelle gloire y a-t-il, en effet, à endurer un châtiment pour avoir commis une faute? Mais si vous endurez la souffrance tout en ayant fait le bien, c'est là un privilège devant Dieu. C'est à cela que Dieu vous a appelés, car le Christ aussi a souffert pour vous, vous laissant un exemple, pour que vous suiviez ses traces. Il n'a commis aucun péché, ses lèvres n'ont jamais prononcé de mensonge. Injurié, il ne ripostait pas par l'injure. Quand on*

le faisait souffrir, il ne formulait aucune menace, mais remettait sa cause entre les mains du juste Juge[14].

Pierre désigne le Seigneur Jésus comme l'exemple suprême de la véritable piété et de la véritable obéissance à Dieu. Sa fermeté et son refus du compromis l'ont conduit, non seulement à être rejeté par ses amis et ses ennemis, mais aussi à connaître de grandes souffrances et même la mort. Le Seigneur Jésus aurait pu se rendre la vie beaucoup plus facile en laissant le peuple le couronner roi, en se faisant le leader politique que les Juifs attendaient, ou en se retirant pour mener une vie paisible dans un village reculé. Mais il a choisi d'obéir à son Père céleste. L'auteur de l'épître aux Hébreux dit de lui : « Bien qu'étant Fils de Dieu, il a appris l'obéissance par tout ce qu'il a souffert. » (5.8).

Il est significatif que Joseph, qui est considéré comme l'une des figures annonciatrices de Jésus, ne se soit pas montré menaçant lorsqu'il a été traité injustement et n'ait pas cherché à abuser de la situation. J'ai mentionné plus haut que Joseph n'avait probablement pas eu la possibilité de donner sa version des faits à Potiphar. Nous lisons dans les Écritures qu'il a été jeté en prison où il a simplement exploité ce qui se présentait à lui. Son attitude a été si positive qu'il a reçu de nouvelles responsabilités. C'est pour moi la preuve que Joseph était en train de gagner en sagesse et en connaissance de l'Éternel. L'obéissance à Dieu est une attitude qui s'acquiert à travers la souffrance. Face à l'injustice flagrante, notre naturel nous pousse plutôt à protester ou à nous venger. Nous éprouvons le besoin de nous justifier et de rendre les coups. En revanche, les voies de Dieu sont les plus humbles et elles produisent de bons fruits ! Nous l'observons chez Joseph, preuve qu'il avait appris à se réfugier en Dieu et qu'il puisait de cette communion un bénéfice plus grand que toutes les humiliations subies[15].

Chapitre 5

Émondés par Dieu

Joseph savait-il ce que signifiait se réfugier en Dieu? Certainement oui, car plusieurs éléments témoignent des progrès de sa relation avec Dieu: son attitude pendant ses années d'exil forcé en Égypte, dans la maison de Potiphar et en prison, dont il sort apparemment mûri dans sa foi. Pendant ces treize années, Joseph a été privé de tout ce qui lui était familier et sécurisant pendant sa jeunesse. Comme nous l'avons souligné au chapitre 4, les vêtements dont il est dépouillé à chacune de ses épreuves symbolisent les couches de suffisance et d'aide matérielle ou humaine que le Seigneur, petit à petit, lui retire. Et ce, jusqu'à ce que Joseph se retrouve nu et démuni devant son Père céleste. Pendant ses deux dernières années en prison, Dieu l'a confronté au silence; aucune aide n'est venue de l'échanson sur lequel il comptait. Au moment de la libération de cet homme, Joseph nourrissait probablement un espoir fou, s'attendant à sa propre libération et à sa réhabilitation imminente. Elles n'ont pas eu lieu. Il a alors sans doute compris qu'il était seul, sans aide possible. La solitude, le délaissement : voilà le contexte idéal pour l'apitoiement et l'amertume ou bien pour une rencontre décisive avec Dieu ! L'adversité peut nous façonner ou nous briser. Lorsque nous nous réfugions dans les bras de Dieu, nous recherchons sa présence plus intensément et nous nous satisfaisons sans cesse davantage de ce que nous trouvons en lui. Tout perdre peut nous permettre de tout gagner. Je pense que ce fut l'expérience de Joseph et c'est le sujet de ce chapitre.

Que Joseph choisisse de se réfugier en Dieu signifie sans aucun doute qu'il entretenait une communion continue avec lui. Ce genre de relation intime ne s'installe cependant pas instantanément. Elle nécessite d'apprendre à renoncer à toutes les choses sur lesquelles nous comptons ou prenons appui. Nous savons que, dans son premier moment de détresse, quand ses frères l'ont jeté dans la citerne, Joseph les a suppliés d'avoir pitié de lui. En s'éloignant dans la caravane des Ismaélites, il regardait probablement sans cesse en arrière, espérant que ses frères se repentiraient et viendraient à son secours. J'imagine qu'il a aussi imploré Dieu et crié vers lui pour obtenir de l'aide.

Demeurer en Dieu, c'est toutefois bien plus que demander son aide quand les choses tournent mal, c'est en fait communiquer avec lui en permanence. Nos moments et nos dialogues avec l'Éternel gagnent en fréquence et en profondeur quand d'autres soutiens disparaissent. Nous apprenons à nous attendre à l'intervention divine quand toutes les autres ressources sont épuisées. Nous nous abandonnons à lui quand il ne reste plus rien ni personne sur qui nous appuyer. Parfois, Dieu nous livre à la discipline du désespoir et des ténèbres absolues pour nous apprendre à tenir compte de lui, pas seulement à l'occasion, mais dans le cadre d'une amitié constante, d'un contact permanent et d'une dépendance totale. Joseph expérimenta tout cela. Dans ce chapitre, nous suivrons son parcours de Genèse 41 à 48, qui raconte sa libération et son élévation.

L'homme qui est amené devant Pharaon pour interpréter ses rêves est très différent du jeune berger emmené en esclavage treize ans auparavant. Plusieurs éléments sont à noter quant à son évolution, qui peuvent tous être reliés au fait que Dieu a rempli Joseph à nouveau. Je les passerai en revue ci-dessous, en ordre aléatoire.

Un homme préparé à la mission confiée par Dieu

Joseph était-il le genre d'homme à gagner sa vie comme berger ou fermier, passant son temps dans les champs, le corps durci par les éléments ? Jacob prévoyait-il pour son fils une place dans l'entreprise agricole familiale ? Cela me paraît évident. Toutefois, l'Éternel nourrissait d'autres projets pour Joseph. Il le destinait à une très haute fonction, non pas dans l'élevage, mais à un poste de responsabilité. Sa formation pratique en vue d'assurer cette mission particulière a pour ainsi dire inclus deux stages, l'un comme esclave et l'autre comme prisonnier. Il y a reçu des leçons qu'il n'aurait probablement pas apprises s'il avait conservé son statut de petit privilégié au sein des nombreux enfants de Jacob. À la cour de Pharaon, il a appris à servir plutôt qu'à être servi, il a été exposé aux épreuves au lieu d'être protégé contre les difficultés de la vie et il a dû affronter la tentation, la déception et la solitude. En tant qu'esclave, il a aussi appris à se soucier des autres et pas seulement de lui-même. Joseph n'a pas sollicité cette formation. Il doit s'être interrogé à maintes reprises sur le but de ses épreuves. Il s'est vu contraint d'accomplir des tâches qu'il n'avait aucune envie d'effectuer et, très souvent, il a été déçu et découragé. Pendant ces treize années, il aura été à l'école de l'Éternel à travers des cours soigneusement choisis en vue de sa mission. Quand, enfin, à l'âge de trente ans, il est nommé par Pharaon « à la tête de toute l'Égypte[1] », le voici parvenu à la place la plus adéquate pour lui, celle qui lui était destinée à cette période de sa vie.

Un adolescent devenu homme de Dieu

Quand Joseph est sorti de prison, il était prêt à assumer la mission de Premier ministre d'Égypte car il était devenu un homme de Dieu. À quoi le voit-on ?

Un homme rempli de l'Esprit de Dieu

La formation et l'expérience passées de Joseph n'étaient pas décisives pour gouverner un pays sur le point de connaître une longue famine. C'est une compétence d'un tout autre ordre qui rendait Joseph apte à accomplir cette mission. Pharaon l'exprime dans Genèse 41.38 : « Trouverions-nous un homme aussi compétent que celui-ci en qui habite l'Esprit de Dieu ? » Il le souligne à nouveau au verset 39 lorsqu'il attribue à Dieu le discernement et la sagesse de Joseph.

Joseph avait été émondé et façonné en homme mûr et pieux. L'adolescent privilégié et peut-être un peu têtu était devenu un adulte sage qui avait placé Dieu au centre de sa vie. En dépit de l'expérience et des connaissances accumulées au cours des dernières années, il reconnaissait sa totale dépendance envers Dieu, ce qui le rendait apte à gérer un grand pays comme l'Égypte qui était entre de bonnes mains.

Un homme consolé par Dieu

Une personne dirigée par l'Esprit de Dieu développe une vision spirituelle qui lui permet d'envisager les choses sous un angle différent. Lorsque Joseph a eu deux fils de son épouse égyptienne Asnath, il les a prénommés Manassé et Éphraïm. Manassé provient peut-être du mot hébreu qui signifie « oublier ». Genèse 41.51 précise que Joseph a appelé son premier-né Manassé car, dit-il, « Dieu m'a fait oublier toutes mes souffrances et ma séparation de la famille de mon père ». Éphraïm ressemble au mot hébreu signifiant « doublement fécond». Genèse 41.52 rapporte le commentaire de Joseph à ce propos: «Dieu, dit-il, m'a rendu fécond dans le pays où j'ai connu l'affliction.» La signification de ces prénoms témoigne de la distance émotionnelle prise par Joseph par rapport à son pays d'origine. (Remarquons que c'est là l'une des rares mentions dans le texte biblique des sentiments de Joseph.) Il n'est pas resté traumatisé par ses expériences tragiques. La séparation forcée et déchirante d'avec son foyer et son pays natal, la souffrance subie en Égypte étaient désormais supplantées par la joie de la présence et des bénédictions de Dieu dans sa vie. Malgré ses nombreux moments d'incompréhension et de douleur, Joseph pouvait discerner la main de Dieu dans sa vie et s'en trouvait consolé. Une guérison s'était opérée en lui, qui lui permettait d'oublier le passé et de ménager de l'espace dans son cœur pour accueillir la joie. Lorsqu'on reçoit la consolation, on reçoit généralement aussi une vision renouvelée du présent.

Un homme doux et miséricordieux

Quand la famine annoncée par Dieu dans les rêves de Pharaon a frappé, non seulement l'Égypte, mais «tous les pays» (connus jusqu'alors), le père de Joseph, Jacob, et ses fils ont aussi ressenti la faim. Jacob a donc envoyé ses dix fils aînés en Égypte pour acheter du grain. Seul le cadet, Benjamin, est resté à la maison. Nous voici parvenus à Genèse 42 qui relate cette première rencontre entre Joseph et ses frères, qui ne se sont pas vus depuis des années.

Joseph a tout de suite reconnu ses frères, mais ceux-ci n'ont pas compris qui il était. Du point de vue humain, l'heure de vérité avait sonné: Joseph avait là une merveilleuse occasion de se venger et de leur faire payer ce qu'ils lui avaient infligé des années plus tôt. La vengeance et la colère nous sont plus naturelles que l'amour inconditionnel et le pardon; elles nous paraissent même parfois sincèrement justifiées. On peut donc comprendre dans ce sens la première réaction de Joseph devant ses frères ; il s'est montré assez sec, il les a testés, allant même jusqu'à les faire enfermer pendant trois jours en les accusant de vouloir exploiter et espionner l'Égypte. Cependant, plus qu'écouter ses sentiments naturels, Joseph voulait éprouver ses frères pour savoir dans quel état d'esprit ils étaient. Il n'avait pas l'intention de leur faire du mal. Il désirait se montrer juste et épargner leur vie — attitude bienveillante dictée par sa marche avec Dieu (« Je suis un homme qui révère Dieu », verset 18).

C'est à ce moment que ses frères, probablement pour la première fois, prennent conscience de ce qu'ils ont fait, concluant (au verset 21) : « Certainement, nous sommes punis à cause de ce que nous avons fait à notre frère ; car nous avons vu sa détresse quand il nous suppliait, et nous ne l'avons pas écouté. » Ils établissent un lien entre ce qui leur arrive en Égypte aujourd'hui et ce qu'ils ont infligé à leur frère autrefois. Leurs paroles rappellent à Joseph que l'un d'entre eux, Ruben, s'était en effet interposé en sa faveur : « Ne vous avais-je pas dit : Ne vous rendez pas coupables d'un tel péché envers cet enfant ? » (verset 22). Le ton de la discussion montre qu'ils se souviennent encore du moindre détail. Ils avaient peut-être « oublié » ou refoulé certaines choses, mais là en Égypte, tous les éléments refont brutalement surface. En réalité, ils avaient vécu pendant toutes ces années avec un père qui pleurait la perte de son fils bien-aimé. Ils n'avaient donc pas vraiment pu éviter d'être confrontés à leur péché et à leur mensonge sur la mort de Joseph. Les erreurs commises continuent de nous hanter et de nous poursuivre jusqu'à ce qu'elles soient réparées.

Joseph est profondément ému d'entendre ses frères reconnaître la souffrance qu'il avait endurée tant d'années auparavant. Dans une relation brisée, en effet, l'un des aspects les plus difficiles à vivre est le manque de compréhension de l'offenseur. En mauvaise posture à leur tour, craignant pour leur vie, les frères de Joseph se souviennent de son désespoir. Ils semblent prendre conscience de la cruauté de leur acte et le regrettent amèrement.

Joseph avait peut-être l'apparence et la langue des Égyptiens, mais il pouvait néanmoins suivre la conversation de ses frères puisqu'ils s'exprimaient dans sa langue maternelle. Il en a été profondément ému. Au verset 24, nous lisons qu'il s'est détourné pour pleurer. Puis il leur a fait servir une nourriture abondante et il leur a donné de l'argent pour le voyage de retour en Canaan. Il a néanmoins gardé Siméon comme garantie pour son jeune frère Benjamin, qu'il souhaitait rencontrer face à face. Lors d'un deuxième voyage, le jeune homme revient donc avec ses aînés en Égypte. Nous lisons (43.29) qu'à cette occasion, Joseph a béni Benjamin, avant de devoir se retirer « car la vue de son frère l'avait profondément ému, et il chercha un endroit pour laisser couler ses larmes » (verset 30).

Il est difficile de comprendre les émotions éprouvées par Joseph dans l'intervalle entre les deux visites de ses frères. Le fait qu'il les accuse d'abord à tort et les oblige à retourner chez eux, avec tous les risques que cela comportait à l'époque, montre qu'il avait besoin de temps pour digérer les événements et réussir à aimer ses frères sans réserve. Lors de leur seconde venue, il les inonde de cadeaux pour montrer qu'il se soucie encore d'eux. Malgré tout ce qu'ils lui avaient infligé, il parvient à les bénir. Mais la rencontre est très éprouvante pour lui. Quand, après les avoir testés une fois de plus[2], il leur révèle sa véritable identité, il est incapable de dissimuler ses larmes. Nous lisons dans Genèse 45.2 qu'il se mit à pleurer si bruyamment « que les Égyptiens l'entendirent, et la nouvelle parvint jusqu'au palais du pharaon ».

Pendant ce moment de vérité, Joseph se fait connaître à ses frères qui sont terrorisés. Il leur témoigne un amour inconditionnel. Il les prie de s'approcher (45.4), il les console (« ne vous tourmentez pas et ne vous accablez pas de remords », verset 5) et il les invite, eux et tous leurs enfants et petits-enfants, leurs biens et troupeaux, à venir vivre près de lui (« Et là, je pourvoirai à tes besoins pour que tu ne restes pas sans ressources, toi, ta famille et tout ce qui t'appartient», verset 11). Si son cœur avait été rempli de chagrin, d'amertume ou de colère, ces sentiments avaient fait place à un pardon chaleureux et à un amour généreux. Il demande à ses frères de retourner dans la maison de leur père pour ramener leurs familles et leurs animaux, puis nous lisons au verset 15: «Ensuite, il embrassa tous ses frères en pleurant.» Plus tard, il les équipe de provisions abondantes pour le voyage et de véhicules pour leur père, leurs femmes et leurs enfants. Ses paroles d'adieux font référence au passé: «Il prit congé de ses frères en leur recommandant de ne pas se disputer en chemin.» (verset 24). Ils avaient connu assez de tensions dans leur jeunesse et tous en avaient souffert.

L'amour de Joseph pour ces hommes qui lui avaient fait tant de tort était profond. Il s'agit du pardon dans toute sa dimension. Nous affirmons parfois que nous avons pardonné parce qu'après tout, c'est ce que l'on attend d'un enfant de Dieu, mais ici, nous avons un exemple de pardon absolu. L'état d'esprit de Joseph lui permet d'embrasser ses agresseurs et de les accueillir de tout son cœur. Nous voyons la douceur et la générosité incroyables d'un homme qui n'a plus besoin de se venger ni de chercher des responsabilités. Il n'éprouve même pas le désir de dire à ses frères ce qu'il pense (ou a pensé) d'eux. Ce qui est écrit dans l'épître aux Romains au chapitre 12 et au verset 17 est ainsi mis en pratique: «Ne répondez jamais au mal par le mal. Cherchez au contraire à faire ce qui est bien devant tous les hommes.» Je pense que nous ne pouvons y parvenir que si nous avons trouvé refuge en Dieu et si notre cœur a bénéficié de son amour inconditionnel et de sa consolation. Si nous devenons nous-mêmes des «hommes et des femmes de grâce», c'est-à-dire des individus qui ont reçu et appris à connaître la grâce de Dieu, nous serons capables d'être miséricordieux envers les autres. Parce que nous connaissons la sécurité dans l'amour de Dieu, nous avons assez de place dans notre cœur pour les autres et nous sommes en mesure de leur offrir une protection.

La miséricorde de Joseph envers ses frères est inconditionnelle car ils ne lui ont jamais directement demandé pardon. Lorsqu'ils demandent pardon dans Genèse 50 (à partir du verset 15), ils ont déjà vécu de nombreuses années en Égypte et s'expriment de la part de leur père. Entre-temps, Jacob est mort et ils craignent que Joseph change d'avis et cherche à leur faire payer ce qu'ils avaient fait. Remplis de crainte, ils lui offrent leurs services (« Nous sommes tes esclaves » verset 18). Il semble donc que, même après toutes ces années, ils vivent encore dans la peur et éprouvent le besoin de gagner les faveurs de Joseph. Ils demandent à Joseph ce qu'il leur a déjà accordé de manière inconditionnelle des années auparavant ; depuis, ils ont en effet vécu et prospéré en vertu de la grâce de Joseph. Leur attitude révèle le fond de leur cœur, mais Joseph reste le même envers eux : il les rassure et leur parle « affectueusement » (verset 21).

L'attitude de pardon et de miséricorde de Joseph le désigne comme un type du Seigneur Jésus-Christ alors que, comme les frères de Joseph, nous doutons parfois de la grâce inconditionnelle de Dieu, qui nous est offerte en abondance à travers Jésus-Christ. Nous qui sommes invités à vivre par la grâce, conservons en fait souvent des doutes sur sa réalité. Nous vivons et nous agissons comme si nous avions encore besoin de mériter et de gagner la faveur de Dieu. Nous n'osons pas accepter l'amour qu'il nous offre gratuitement, nous n'osons pas même y croire. Nous sommes invités à nous réfugier dans sa grâce et à nous reposer sous ses ailes mais, souvent, nous poursuivons notre quête insatiable des choses mêmes qui nous ont déjà été offertes.

Un homme capable de discerner les voies de Dieu

Dans Genèse 45, quand Joseph se fait connaître à ses frères, ses paroles (verset 5) témoignent de sa grande générosité et, en particulier, de son discernement quant aux voies de Dieu : « Et maintenant, ne vous tourmentez pas et ne vous accablez pas de remords de m'avoir vendu comme esclave. C'est pour vous sauver la vie que Dieu m'a envoyé devant vous.»

Il est intéressant de lire Genèse 50.20 parallèlement à ce verset: «Vous aviez projeté de me faire du mal, mais, par ce que vous avez fait, Dieu a projeté de faire du bien en vue d'accomplir ce qui se réalise aujourd'hui, pour sauver la vie à un peuple nombreux.» Joseph explique que, bien qu'ils aient voulu lui faire du tort, Dieu avait transformé leur péché pour leur bien. Joseph ne se concentre pas sur son propre bénéfice (lui n'a pas péri), mais plutôt sur le salut de ses frères et de nombreux autres qui seraient sauvés dans leur sillage. Il y a toutefois un autre aspect. Paul dit dans Romains 8.28: «Nous savons en outre que Dieu fait concourir toutes choses au bien de ceux qui l'aiment, de ceux qui ont été appelés conformément au plan divin.» Ces paroles ne devraient pas être séparées du verset suivant: «En effet, ceux que Dieu a connus d'avance, il les a aussi destinés d'avance à devenir conformes à l'image de son Fils [...]» (8.29) L'apôtre Paul établit clairement que les actes de Dieu non seulement s'inscrivent dans un plan très global, mais visent aussi un but très personnel, à savoir façonner l'homme ou la femme impliquée. Il ou elle rencontrera sa destinée en devenant un homme ou une femme selon le cœur de Dieu et en devenant semblable à son Fils.

C'est à plusieurs égards que la vie de Joseph ressemble à celle de Jésus-Christ. Le Seigneur a été humilié. Le Fils du Roi est devenu un pauvre serviteur. Il a choisi la voie la plus humble et il l'a empruntée avec obéissance, sans se plaindre. Il a aussi été exalté, après sa mort et sa résurrection, et il est en mesure de sauver tous ceux qui viennent à lui. Comme Joseph, Jésus a été dépouillé de tout ce qui faisait sa gloire. Cependant, nous ne devons jamais oublier que, contrairement à Joseph, Jésus n'a pas été humilié de force mais s'est humilié lui-même. Il n'était pas impuissant; il a délibérément choisi cette voie. Paul dit clairement dans l'épître aux Philippiens (2.6-11) que Jésus n'a pas considéré l'égalité avec Dieu comme un privilège à sauvegarder, mais qu'il s'est abaissé en endossant la nature même d'un serviteur. Tout cela afin de nous sauver.

Un homme qui croit en la souveraineté de Dieu

Joseph a eu le privilège de voir Dieu intervenir dans sa vie. Il a compris comment Dieu avait donné une tournure positive à l'agression de ses frères. Mais cela va plus loin : Joseph n'a pas seulement constaté que Dieu pouvait influencer les événements, il était convaincu qu'il orchestrait toutes choses ! Dans Genèse 45.5-8, Joseph dit que c'est Dieu en personne qui l'a envoyé en Égypte pour sauver des vies (verset 5) et « pour [les] faire subsister sur la terre et préserver [leur] vie, par une très grande délivrance » (verset 7). Il conclut : « C'est pourquoi ce n'est pas vous qui m'avez envoyé ici, c'est Dieu. Et il m'a élevé au rang de “Père pour le pharaon”, faisant de moi le maître de toute sa cour et le dirigeant de toute l'Égypte. » Ses frères ignoraient ce qu'ils faisaient quand ils l'ont vendu à une caravane de passage, mais c'est l'Éternel qui avait conduit cette caravane sur ce chemin, puis l'avait menée en Égypte et jusque dans la maison de Pharaon.

La souveraineté de Dieu se manifeste à nouveau dans la suite de l'histoire. La destinée de Joseph a permis de réunir sa famille. Le clan, très divisé pour diverses raisons, s'est rassemblé pour un avenir commun. Tous ses membres partageraient cet avenir sur la terre promise par Dieu à Abraham, Isaac et Jacob. Joseph a aussi été utilisé par Dieu pour empêcher sa famille de succomber à la famine : à travers lui, ses frères ont survécu afin que les douze tribus d'Israël soient préservées.

Plusieurs autres caractéristiques de la vie de Joseph sont riches d'enseignement. J'aimerais en développer deux : la première concerne notre vision du bonheur, la seconde notre attitude lorsque d'autres nous blessent.

Notre quête du bonheur

Nul besoin d'être psychologue pour comprendre que la préférence de Jacob (et dans une moindre mesure de Rachel) envers Joseph n'était pas forcément le meilleur des cadeaux. Elle aurait même pu s'avérer fatale si Dieu n'était pas intervenu. Le Seigneur voulait en faire un homme selon lui et avait une mission particulière à lui confier. Pour l'honorer, Joseph avait davantage besoin d'être discipliné que surprotégé et chouchouté. La surprotection peut s'avérer confortable un temps, mais elle est plus nuisible que profitable sur le long terme.

Les parents doivent tirer leçon de cette histoire. Nous nourrissons parfois des désirs ou des projets particuliers pour nos enfants qui, selon nous, leur apporteront le bonheur. Mais que cherchons-nous en réalité ? Souhaitons-nous que nos enfants deviennent des hommes et des femmes de Dieu et sommes-nous prêts à accepter les voies de Dieu pour atteindre cet objectif ? Ou notre but premier est-il d'offrir à nos enfants les meilleures conditions possibles (une situation financière stable, une bonne santé, des relations stimulantes) et de les préserver du moindre problème ? Pouvons-nous accepter que les plans de Dieu comportent des « ingrédients » différents tout en restant la meilleure option pour eux ? Pouvons-nous accepter une « carrière » complètement différente de celle que nous imaginions ou espérions ?

Notre définition du bonheur ou de la plénitude est déterminante pour nos projets. Il nous serait utile de nous demander régulièrement ce que nous cherchons exactement et d'éclairer nos pensées à la lumière de la Parole de Dieu. Nous constaterons que, en dépit de nos nobles intentions, nous sommes facilement influencés par l'état d'esprit ambiant et nous cherchons notre satisfaction dans des réalités éphémères et peu fiables. L'idée que Dieu se fait du bonheur, exprimée dans la notion biblique de « béatitude », se réfère à des choses d'un ordre totalement différent de notre propre univers mental. Il veut être en personne la source de nos rêves et de notre plaisir ! C'est pourquoi nous trouvons souvent dans les Psaumes l'expression « heureux l'homme qui... » pour désigner un comportement directement lié au fait de se réfugier en Dieu. Dans Psaumes 34.8 et 40.4, par exemple, David dit : « Heureux l'homme qui trouve son refuge en lui [l'Éternel] » et « Bienheureux l'homme qui fait confiance à l'Éternel ». Nous avons vu précédemment que c'était le choix de Ruth ; la jeune femme chercha et trouva refuge sous les ailes du Tout-Puissant[3] et fut par conséquent « heureuse » en dépit des circonstances. Nous réfugier en Dieu nous permet de découvrir la plénitude véritable et durable. Il nous procure une paix intérieure et une stabilité qui nous empêchent de perdre pied.

Les Écritures associent le mot « heureux », non seulement au refuge, mais aussi à l'*obéissance* et à la *discipline* (parfois appelée punition), souvent mentionnées ensemble. Dans Psaumes 94.12, par exemple, nous lisons : « Bienheureux est l'homme, Éternel, que tu corriges toi-même. » Il n'est pas aisé de comprendre et d'accepter que la discipline puisse être une bénédiction et puisse même nous rendre heureux. C'est pourtant souvent dans l'adversité (qui est une forme de discipline) que nous gagnons en sainteté, car nous apprenons à trouver notre plaisir en Dieu. C'est ainsi que Dieu nous émonde. Il a dirigé Joseph à travers maintes épreuves et tribulations, et cette forme de discipline l'a aidé à découvrir que son statut devant Dieu lui apportait plus de satisfaction que son statut d'esclave modèle, de prisonnier modèle ou même de Premier ministre modèle. Certainement, si cette haute fonction politique lui avait également été retirée, il n'en aurait pas été désarçonné comme treize années auparavant lorsqu'il fut arraché à sa famille.

Si Joseph et ses parents avaient pu décider de son avenir, ils auraient probablement opté pour l'évidence d'une situation conforme à leur contexte et leur époque. Dieu l'a cependant enlevé de son pays et de son peuple pour le placer à un endroit distant et unique. Les conséquences ont été considérables :

d'abord, une fonction prestigieuse en Égypte, que ni ses parents ni lui n'aurait pu orchestrer, ensuite, le sauvetage des Égyptiens et du peuple de Dieu, y compris son frère Juda qui serait l'un des ancêtres de Jésus[4] et, enfin, sa propre transformation en homme de Dieu mûr et équilibré.

Le bonheur que Dieu désire procurer à ses enfants n'est pas lié aux émotions, aux circonstances ou à la réussite. Il s'agit d'une paix et d'un équilibre intérieurs, alimentés par notre position en Christ. Cet état est stable, durable et inextricablement lié à notre recherche de Dieu. La vie de Joseph montre à quel point il est important que des parents pieux, qui veulent le meilleur pour leurs enfants, les confient à l'Éternel, osent lâcher prise en permettant à Dieu de bouleverser leurs calculs et de procéder comme il l'entend envers leur progéniture. Il est parfois difficile de renoncer à nos propres désirs et d'être ouverts lorsque nous prions pour l'avenir de nos enfants. Dieu désire pourtant que nos prières et nos aspirations pour eux soient en harmonie avec sa volonté. Lorsque nous sommes découragés ou déçus par ce que vivent nos enfants, l'action divine dans la vie de Joseph nous encourage à croire que Dieu poursuit ses voies insondables, mais aimantes, avec chacun de ses enfants. Ce qui vaut aussi pour nous-mêmes !

Quand les autres nous blessent

À trois reprises au moins, Joseph a été confronté à la malveillance ou à la négligence d'autrui. Que pouvons-nous apprendre de lui ? Que devons-nous faire en pareille situation ? Il est essentiel de ne pas rester concentrés sur l'événement, sur sa cause ou sur ceux qui l'ont provoqué, mais plutôt sur notre attitude envers eux. Notre amertume vis-à-vis de ceux qui nous ont blessés (voire vis-à-vis de Dieu) n'est pas déplacée, elle est même justifiée. Mais la vraie question est de savoir ce que nous ferons de notre colère : la conserverons-nous ou la libérerons-nous ? Notre désir de justice peut aller jusqu'à nous faire entamer des procédures légales brutales et prolongées (parfois pendant des années), nous empêchant de tourner la page et de guérir mentalement et émotionnellement. Nous devons donc examiner attentivement l'intérêt d'aller au fond des choses et de vouloir à tout prix que justice soit faite. Notre colère peut prendre racine et devenir une plante toxique qui empoisonne notre existence et ne fait qu'aggraver les dégâts. Si nous avons fait le nécessaire sans parvenir à une solution satisfaisante, nous devons apprendre à laisser qui de droit rendre justice, même si nous avons l'impression que les coupables s'en sortent impunément ! La vengeance ne nous appartient pas : elle appartient à Dieu. Paul dit dans Romains 12.19 : « Mes amis, ne vous vengez pas vous-mêmes, mais laissez agir la colère de Dieu, car il est écrit : *C'est à moi qu'il appartient de faire justice ; c'est moi qui rendrai à chacun son dû.* » Si nous acceptons cette vérité, nous serons libérés de notre ressentiment ou de notre désir persistant de vengeance.

De la même façon, dans l'examen personnel qui consiste à évaluer notre responsabilité dans la situation qui nous touche, il est important de pas alimenter nos propres sentiments, mais de rechercher le conseil de Dieu. Dans la sécurité du refuge qu'il nous offre, Dieu pourra nous ouvrir les yeux et nous permettre d'envisager la situation de son point de vue. Dans le Psaume 139, David demande à Dieu de le sonder pour voir s'il suit « le chemin du mal » (versets 23-24). Il ose se montrer vulnérable et il prend le risque d'obtenir une réponse défavorable, parce qu'il se sent complètement en sécurité auprès de son Père céleste. Dieu nous offre un cadre de protection et d'amour inconditionnel, qui crée un lieu de grâce suffisamment spacieux pour nous et pour les autres : nous y puisons la force de leur demander pardon pour *nos* actes. Auparavant, hors du refuge de Dieu, nous nous préoccupions uniquement de *leur* culpabilité et nous attendions d'eux qu'ils implorent notre pardon ! La grâce de Dieu purifie notre esprit et notre cœur et sa tendresse étouffe notre colère et notre amertume.

Quand Paul mentionne les fruits de l'Esprit dans le livre de Galates au chapitre 5, il cite en premier lieu l'amour (verset 22), une caractéristique que l'être humain ne peut pas produire, et encore moins gérer, en particulier envers un ennemi. Je refuse d'aimer celui qui m'a blessé, je préfère lui faire payer son offense, je veux me venger. Même s'ils paraissent ordinaires, ces sentiments sont contraires aux règles du Royaume de Dieu. Mes propensions naturelles se heurtent aux principes et aux fruits de l'Esprit de Dieu. Ces derniers, bien que non naturels, sont à ma portée parce que Dieu a planté leur semence en moi par son Saint-Esprit, lorsque je suis devenu chrétien. Seulement, ils grandiront s'ils sont arrosés et nourris, mais s'ils sont négligés ou piétinés, ils se flétriront. En d'autres termes, nous pouvons choisir d'apprendre à aimer, mais nous pouvons aussi le refuser. Plus notre marche avec Dieu sera intime, plus notre choix sera simple. Ne nous contentons pas de rester aussi proches de lui que possible, mais demeurons *en* lui[5]. Alors le fruit s'épanouira dans notre cœur et notre vie et il y aura de la place pour ce qui semblait impossible jusque-là : l'amour et, à travers lui, le pardon.

Il est humain, et donc normal, que nous passions d'abord par de nombreux et intenses moments de colère, d'amertume et de ressentiment. Soyons néanmoins sur nos gardes et ne laissons pas ces émotions négatives prendre racine en nous, car nous nous engagerions alors dans une voie sans issue. Il n'y a rien que l'Ennemi de Dieu désire plus et il saisira la moindre occasion de nous faire trébucher et chuter. Nous ne pourrons avancer que si nous sommes prêts à renoncer à nos envies de vengeance, si nous sommes prêts à pardonner.

Joseph a subi de nombreux revers mais, au lieu de se laisser aller au désespoir, il a trouvé sa voie dans chaque situation nouvelle. Cela ne signifie pas qu'il n'ait jamais eu l'envie de dire leurs quatre vérités à ses frères, à Potiphar ou à l'échanson ! Simplement, il n'en a jamais saisi l'occasion.

Joseph était-il d'un caractère à alimenter sa soif de vengeance? Ce qui est sûr, c'est que cette attitude aurait été complètement vaine. Ses lamentations n'auraient fait qu'ajouter à ses souffrances. Le ressentiment finit toujours par nous blesser et nous nuire davantage. Joseph ne s'est pas laissé emprisonner par ses circonstances néfastes, mais s'est à chaque fois donné les moyens d'aller de l'avant. Bien sûr, son caractère et son comportement ont évolué au fil des ans; il a appris à vivre avec Dieu et il a été libéré d'éventuels sentiments destructeurs et négatifs, même s'il souffrait. Pendant ces années de formation, il a probablement appris à mieux se connaître lui-même et il a pris la mesure de ses propres manquements. Plus nous marchons près de Dieu, plus sa lumière éclaire ce qui ne peut lui échapper. Joseph n'était pas sans reproche dans le conflit qui l'opposait à ses frères: il se vantait peut-être de sa position privilégiée et était un peu «rapporteur[6]». Treize ans plus tard, il donne à ses frères le meilleur de lui-même!

Appelés à pardonner

Jésus nous appelle à pardonner à nos semblables. Par expérience, il en connaît les implications et le coût: le pardon lui a coûté la vie! La façon dont il a traité Pierre, qui l'avait renié à trois reprises, est très émouvante. Cette trahison d'un ami proche l'a profondément blessé, mais ce n'était pas une raison suffisante pour rejeter Pierre. L'amour de Jésus était réellement inconditionnel, il ne dépendait en aucune façon du comportement de Pierre, qui ne pouvait pas défaire ce qu'il avait fait. Certains actes sont irréversibles. Pourtant, comme nous le constatons plus tard, Jésus lui a pardonné et bien plus encore! Nous lisons dans l'évangile de Luc au chapitre 22 (versets 31-32) que le Seigneur a prié pour que Pierre ne manque pas de foi, pour qu'il ne périsse pas et pour que Satan ne puisse pas avoir d'emprise sur lui. Jésus désirait le meilleur pour son ami. Malgré tout.

Nos relations nous blessent souvent. Les conséquences sont

vastes parce que la confiance est brisée et les liens fragilisés. Plus la relation est intime, plus la blessure est profonde. Quand le Seigneur Jésus a été trahi par Pierre, c'est un ami très proche qui a rompu sa promesse de fidélité. Ils avaient partagé le même quotidien, ils avaient marché ensemble et travaillé ensemble. Cette proximité rend son reniement d'autant plus dramatique et dévastateur. Luc rapporte (22.61-62) que le Seigneur s'est retourné pour regarder Pierre et que celui-ci est sorti pour pleurer amèrement. Les deux hommes ont beaucoup souffert. Mais la réconciliation a eu lieu ; à l'initiative de Jésus, celui qui avait été offensé. Dans Jean 21, nous lisons qu'il apparaît après sa résurrection, au bord du lac de Tibériade. Il y rencontre plusieurs personnes, dont Pierre. Devant un feu de bois sur la plage, Jésus lui demande à trois reprises s'il l'aime vraiment. Après que Pierre a affirmé à trois reprises son amour pour Jésus, il se voit confier une nouvelle mission. Relevons au passage que ces trois déclarations ont été prononcées devant un feu, de même que les trois reniements, comme si Jésus ramenait Pierre à ce moment pénible où les choses avaient basculé, non pour l'anéantir, mais pour lui montrer son amour inconditionnel et son pardon.

Lorsque nous sommes chrétiens, nous pouvons avoir l'assurance que cet amour et ce pardon sont aussi à notre portée et, en fait, dans une abondance telle qu'ils nous submergent. Une fois que nous avons expérimenté le pardon de Dieu dans notre propre cœur, nous pouvons demander à son Saint-Esprit de déverser son amour et son pardon dans le cadre de nos relations, là où la guérison et la restauration sont nécessaires.

Sommes-nous prêts à suivre Dieu et à pardonner dans des situations où nous avons été profondément blessés par des paroles et des actes ? La restauration est-elle assez importante à nos yeux pour que nous soyons prêts à la rendre possible ? Ou bien le ressentiment et la colère nous poussent-ils à entretenir le conflit ?

Souvent, nous n'avons pas de place dans notre cœur pour le pardon. Mais si nous cherchons refuge dans le Seigneur, nous expérimenterons qu'il veut toucher notre amertume et renverser les murs de souffrance et d'autoprotection que nous avons érigés, afin de créer de nouvelles possibilités en aménageant de l'espace pour le pardon et l'amour. Le Seigneur nous exhorte à pardonner, c'est vrai, mais il nous laisse le temps d'y parvenir. Comme à Noémi qui a bénéficié de temps pour gérer ses blessures, il ne nous refuse pas l'espace nécessaire à la colère. Nous ne devons cependant pas considérer l'espace qu'il nous accorde comme un passeport pour alimenter notre ressentiment. Dieu connaît notre faiblesse et il vient à notre rencontre là où nous sommes.

Chapitre 6

Quand la souffrance persiste

Dans ce chapitre, nous nous intéresserons à Léa, la sœur de Rachel, qui a aussi supporté des années traumatisantes de dépouillement affectif. Par contre, contrairement à Noémi, à Ruth et à Joseph, rien n'indique que quelque chose ait atténué la douleur provoquée par ses circonstances personnelles. Cette femme a donc dû vivre « par la foi » sans jamais voir ses désirs satisfaits. Pourtant, Dieu était autant à ses côtés qu'auprès des trois personnages étudiés dans les chapitres précédents. Son parcours n'a pas connu une fin heureuse, du moins selon les textes de la Genèse qui lui sont consacrés. Léa semble avoir vécu toute sa vie dans l'ombre de sa sœur cadette. Elle n'a jamais été qu'un second choix, à la fois pendant sa jeunesse et dans son mariage avec Jacob. Son histoire nous est rapportée à partir du chapitre 29 du livre de la Genèse.

La vie de Léa

C'est à travers Rachel que Léa est mentionnée pour la première fois. Jacob se rendait chez son oncle Laban. En chemin, il rencontre sa cousine Rachel non loin de sa destination. Elle était venue abreuver son troupeau au bord du puits où il conversait avec des bergers. Ces deux-là ont sans doute ressenti de l'amour au premier regard car, un mois à peine après leur première rencontre, Jacob la demandait en mariage à Laban (dont il avait entre-temps rejoint le foyer). À ce stade, nous sommes informés[1] de l'existence d'une fille aînée, Léa. Elle est décrite au verset 17 comme beaucoup moins jolie que sa sœur : seuls ses yeux sont mentionnés, tandis que Rachel « était bien faite et d'une grande beauté ». La disproportion suggère que la cadette attirait les regards tandis que l'aînée avait un physique plus ordinaire. La signification de l'adjectif hébreu *rak* (pour parler des yeux de Léa) n'est pas très claire. Le mot apparaît à dix-huit reprises dans l'Ancien Testament ; ici, il est selon les versions traduit par « doux », « tendre », « délicat », mais aussi « terne ». À propos de cette dernière interprétation, certains commentateurs suggèrent qu'il pouvait s'agir d'un défaut de maquillage ou d'un défaut esthétique du regard. Quoi qu'il en soit, j'imagine que Rachel était le genre de fille qui faisait immanquablement tourner les têtes. Léa n'était pas à la hauteur. Une réalité qui, à elle seule, suffit à ternir le regard ! Rien d'étonnant à ce que Jacob succombe au charme de la jolie cadette et propose de travailler sept ans pour son oncle Laban en échange de sa main. Genèse 29.20 précise que son amour pour Rachel était si grand que ces années sont passées très vite. La situation de Léa, par contre, demeurait inchangée : elle restait en arrière-plan, sans prétendant.

Avez-vous jamais songé à ce qu'a dû éprouver Léa en voyant l'amour de son cousin pour sa jeune sœur grandir pendant sept longues années, alors que personne ne s'intéressait à elle ? Rachel se vantait-elle devant son aînée ? Manifestait-elle la moindre compassion envers sa sœur ? En lisant leur histoire et en apprenant à connaître (un peu) Rachel, je la soupçonne de ne pas s'être montrée très attentionnée. Rachel ne semble préoccupée que d'elle-même. J'ai l'impression que Léa était une personne très seule.

Au bout des sept années, l'oncle de Jacob fomente un plan pervers. Il n'accorde pas Rachel en mariage à son neveu, mais lui donne secrètement Léa à la place[2]. Notons ce parallèle frappant : Jacob, qui avait jadis trompé son propre père en se faisant passer pour son frère Ésaü, est maintenant victime d'une supercherie similaire dans la maison de Laban. Le trompeur est trompé à son tour. Cet épisode est tellement connu qu'il a laissé une trace dans la tradition juive de nos jours. Lors d'un mariage traditionnel dans une synagogue, il peut arriver que le marié soulève le voile de la mariée avant le début de la cérémonie pour voir son visage et s'assurer qu'elle est bien sa promise !

Léa doit avoir nourri des sentiments très mitigés sur le rôle qu'elle devait jouer quand Laban l'a substituée à Rachel. Il obligeait ainsi son neveu à accepter pour épouse la sœur qu'il n'aimait pas. Léa savait très bien que Jacob aimait Rachel, mais elle a peut-être espéré que ses sentiments, contre toute attente, évolueraient. Rien n'indique qu'elle ait eu son mot à dire. D'une certaine façon, elle aussi a été victime de son père. Son futur mariage était voué à l'échec avant même de commencer. Après la nuit de noces, Jacob s'est montré stupéfait et furieux en constatant qu'il n'avait pas partagé son lit avec la jolie Rachel, mais avec sa sœur aînée pour laquelle il n'éprouvait aucun intérêt. L'incident est pour le moins confondant : comment est-il possible qu'il n'ait constaté l'échange qu'au petit matin ? Le vin devait avoir coulé à flots pendant les noces et Laban a dû rire sous cape en constatant que son plan fonctionnait ! Mais Léa ! Comme elle a dû se sentir blessée et humiliée. Son père l'avait contrainte à épouser un homme amoureux de sa sœur.

Si elle avait nourri le moindre espoir, même vague, de gagner l'affection de Jacob, la réaction de celui-ci au lendemain de leur nuit de noces montrait douloureusement que ses attentes n'étaient pas réalistes. Jacob était hors de lui et il a interpellé son beau-père avec une grande indignation. Mais Laban a même eu le toupet de suggérer qu'il termine d'abord sa semaine nuptiale avec Léa avant de lui accorder Rachel. Ensuite, il devrait travailler sept années supplémentaires pour obtenir la cadette[3].

J'imagine que l'humiliation a été d'autant plus grande pour Léa lorsqu'elle a compris que Jacob devait quand même terminer sa semaine nuptiale avec elle, pendant que la véritable élue se résignait à attendre en coulisses et bouillait probablement de la même rage que Jacob. Pour Léa, la douleur du rejet a certainement confirmé et renforcé son sentiment d'être une personne médiocre. Ces événements ont dû alimenter des commérages sans fin dans le quartier des femmes !

Le rejet et la lutte pour survivre dans un mariage sans amour sont des réalités qui ne sont pas rares aujourd'hui. Beaucoup d'hommes et de femmes ne sont pas aimés de leur partenaire. Nombreux sont ceux qui se sentent désespérément seuls et délaissés dans leur mariage ou ceux (chrétiens ou autres) que leur conjoint abandonne pour quelqu'un d'autre. Que ressent une femme quand son mari lui préfère une autre, quand elle est confrontée au rejet, à l'infidélité et à l'abandon ? Comment supporter l'humiliation, la douleur et la solitude qui peuvent durer des années, comme dans le cas de Léa ?

À l'époque, comme aujourd'hui, il s'agit bien de situations de dépouillement. Certains ne se résignent pas et font tout ce qu'ils peuvent pour changer les faits. Pendant des années, Léa a cherché son bonheur dans l'amour et la consécration à son époux. En vain. Dans Genèse 29, nous voyons qu'une compétition avec sa propre sœur commence lorsqu'elle donne naissance à plusieurs enfants. Espérait-elle gagner ainsi l'amour de son mari ? C'est bien ce que semble signifier le choix des prénoms de ses enfants. Genèse 29.32-35 rapporte la naissance de ses quatre premiers fils. Ruben : « L'Éternel a vu ma misère ; à présent, mon mari m'aimera », explique Léa (verset 32). Pour Siméon, elle dit : « L'Éternel a entendu que je n'étais pas aimée et il m'a encore accordé celui-ci. » (verset 33). Pour Lévi : « Cette fois-ci, mon mari s'attachera à moi » (verset 34). Le prénom du quatrième fils exprime un sentiment un peu différent : « Cette fois, je louerai l'Éternel ! » s'exclame-t-elle à la naissance de Juda (verset 35). Soulignons à nouveau que c'est ce fils qui figurera parmi les ancêtres de Jésus, un fait que Léa ignorait à l'époque. Pourquoi, dès lors, ce quatrième fils obtient-il un prénom issu du verbe hébreu « louer » ? Quelle raison avait-elle de louer l'Éternel ? Son attitude avait-elle changé ? Dieu lui-même l'avait-il inspirée à prénommer son fils de cette façon ? Sa situation n'avait pourtant pas évolué. Son désir d'être aimée de Jacob n'était toujours pas satisfait. Nous constatons que Léa a continué à se battre pour obtenir l'amour de son mari. Elle n'était pas prête à renoncer comme en témoigne le nom donné à son sixième fils, Zabulon, qu'elle commente ainsi : « Dieu m'a accordé un riche présent [...] désormais mon mari m'honorera » (*Zabulon* signifie « honneur », 30.20). Rachel jouissait probablement et du respect et de l'amour de Jacob alors que, pour autant que nous le sachions, l'amour de Léa n'a jamais été partagé.

La lutte acharnée et désespérée menée par les deux sœurs nous est longuement rapportée dans Genèse 29.31 à 30.24. Voyant que Léa avait eu quatre fils alors qu'elle-même était stérile, Rachel a décidé d'impliquer sa servante Bilha dans la bataille. Celle-ci est devenue enceinte de Jacob et a donné naissance à un fils, puis à un autre. Genèse 29.35 précise que Léa avait cessé d'avoir des enfants. Sa riposte a donc consisté à enrôler sa propre servante Zilpa, qui a aussi eu deux enfants de Jacob. Il semble que Léa ne se battait pas seulement pour l'amour de son mari, mais aussi contre sa sœur. Toutes deux étaient prêtes à des extrêmes, sans règle ni limite. Léa a été jusqu'à «louer» son propre mari à sa rivale: quand Rachel a voulu avoir des mandragores trouvées par Ruben dans les champs, la première réaction de Léa a été la consternation: «Est-ce qu'il ne te suffit pas de m'avoir pris mon mari? Il faut que tu prennes encore les mandragores de mon fils?» Rachel fait alors une bizarre proposition à sa sœur: elle lui offre le lit de Jacob en échange des mandragores. Léa accepte le marché et, ce soir-là, elle va à la rencontre de Jacob en disant: «Tu viendras vers moi cette nuit, car, pour t'avoir, j'ai payé le prix avec les mandragores de mon fils.» Nous lisons ensuite: «Il coucha donc avec elle cette nuit-là.» (30.14-17). Quand Léa a couché avec son propre mari cette nuit-là, elle a dû se sentir à nouveau profondément humiliée parce qu'il s'agissait d'un marché avec la femme qu'il aimait. Pendant sa nuit de noces, Jacob pensa faire l'amour à Rachel. Désormais, il faisait l'amour à Léa parce qu'elle l'avait «loué». Elle était son épouse légitime, mais elle devait lui demander de coucher avec elle. Combien de temps Léa s'est-elle efforcée de changer la situation? Elle restait inexorablement l'épouse mal aimée, rejetée par son mari et par sa sœur.

Nous ne savons pas vraiment si Rachel et Léa n'ont partagé que haine et jalousie ou si elles ont fini par atteindre un stade où l'entente est devenue possible. Ce que le texte biblique dit de Rachel laisse penser qu'elle était une jeune femme sans cœur et égoïste, sans considération pour les autres. Qu'elle avait coutume d'obtenir ce qu'elle voulait, même si cela impliquait d'exercer une pression sur son entourage pour satisfaire ses exigences. Lorsqu'il s'est avéré qu'elle ne pouvait pas avoir d'enfant, elle a adressé des reproches à Jacob, allant jusqu'à dire: «Donne-moi des enfants, sinon j'en mourrai.» (30.1). C'est l'une des réactions possibles quand on a les mains vides! Le fait que sa sœur ait pu porter les enfants de Jacob la rendait bien sûr extrêmement jalouse.

Je me demande ce qui angoissait le plus Rachel: sa stérilité ou le fait que Léa possédait ce qu'elle n'avait pas ? Je suis tentée de pencher pour la seconde option, en particulier en lisant les propos adressés à sa servante Bilha après la naissance de son second fils : « J'ai livré un combat féroce contre ma sœur ; et j'ai vaincu. » (30.8). Ce sont là les paroles d'une femme capricieuse, prête à tout pour obtenir ce qu'elle estime être son dû. Cependant, gardons à l'esprit que Rachel était aussi une victime. Accoutumée à être la plus jolie, la vie avait probablement toujours été assez facile pour elle, si bien que le piège tendu à Jacob par Laban le jour de ses noces a sans doute été le premier revers majeur de son existence. Ensuite, elle a été confrontée à son infertilité tout en assistant aux grossesses de sa sœur et de leurs servantes. Elle a dû éprouver une immense fragilité dans cette situation ! Rachel et Léa étaient toutes deux obsédées par ce qu'elles ne possédaient pas et en faisaient dépendre leur bonheur. Plus tard, Dieu a entendu les prières de Rachel en la rendant féconde (30.22). Une fois de plus, nous voyons ici l'infinie bonté de Dieu qui répond à nos attentes et nous bénit, malgré nos mauvais comportements.

L'histoire continue sans aucun signe concret d'amélioration pour Léa, même si elle a eu l'honneur d'être ensevelie dans le tombeau familial[4]. Quand Rachel est morte en donnant le jour à Benjamin, sur le trajet entre Béthel et Bethléhem, elle a été enterrée « sur la route » (35.19). On ne peut savoir si cette différence de traitement est révélatrice des sentiments de Jacob pour Léa après toutes ces années d'existence partagée. J'imagine que la vie avec une femme capricieuse comme Rachel était loin d'être facile, mais le texte ne dit pas que Jacob avait changé d'attitude envers Léa. On peut donc penser qu'elle est demeurée le second choix pendant la plus grande partie de sa vie, vivant aux côtés d'un homme qui non seulement ne l'aimait pas, mais en aimait une autre — de surcroît membre de la famille et omniprésente.

Que savons-nous de la fin de sa vie ? Nous savons qu'au bout de vingt ans, le ressentiment et les tensions se sont manifestés ouvertement entre Laban et son gendre. Dieu dit à Jacob de quitter la maison de son oncle pour retourner sur la terre de ses pères et de sa famille[5]. Le texte rapporte ensuite que Jacob a consulté Rachel et Léa qui, de façon très intéressante, se sont montrées toutes les deux hostiles envers leur père : « Ne nous a-t-il pas traitées comme des étrangères puisqu'il nous a vendues ? » (verset 15). Ils optent pour le départ de toute la famille et du bétail et, cette fois, c'est Laban qui est trompé parce qu'il n'est pas averti de leur décision (versets 20-21).

Dans Genèse 32, Jacob envoie des messagers devant eux à la rencontre de son frère Ésaü, dont il craint encore la colère après avoir fui des années auparavant. Lorsqu'il apprend, puis constate, qu'Ésaü est en chemin avec quatre cents hommes, il se prépare à l'affrontement. Son comportement est alors très révélateur de la hiérarchie au sein de ses femmes et ses enfants. Nous lisons dans Genèse 33 que Jacob divise ceux qui l'accompagnent pour les disposer en ordre de marche, avant de rester seul. En premier lieu, il place les servantes et leurs enfants. Ils sont les moins importants et essuieraient le plus fort de l'assaut en cas de bataille. Ensuite viennent Léa et ses enfants et, enfin, en sécurité à l'arrière, Rachel et Joseph, l'épouse favorite et le fils préféré. Rien n'a donc changé ; ils conservent une position privilégiée.

Le reste du récit nous apprend que Léa a dû surmonter plusieurs autres chocs dans sa vie. Sa fille Dina a été violée[6], une agression qui a engendré des représailles sanglantes, sous la direction de ses fils Siméon et Lévi. Ce massacre a mis toute la famille en péril, ce qui n'a pas favorisé la relation de Jacob avec les fils de Léa (verset 30). Rappelons-nous que, dès le moment où Rachel a donné naissance à Joseph, les enfants de Léa ont été désavantagés. Joseph était le préféré de Jacob, ce qui n'a pas été sans aggraver la fracture familiale, déjà attisée par la rivalité entre les deux sœurs. À l'apogée de ces tensions, Léa a assisté à la mort de Rachel et à la disparition de Joseph. Ces deux événements ont laissé leur empreinte sur Jacob et, donc, sur toute la famille. Nous lisons en Genèse 37.35 qu'après la mort prétendue de Joseph, Jacob a refusé d'être consolé. Tous ses fils et ses filles se sont efforcés de l'aider à surmonter son chagrin, mais sans pouvoir l'atteindre dans la profondeur de son désespoir. En voyant ses enfants tenter en vain de consoler leur père, et comprenant qu'ils ne pourraient jamais compenser la perte de leur demi-frère, Léa doit avoir éprouvé un grand chagrin, de même que ses fils en constatant qu'ils occuperaient toujours une place secondaire.

Que faire quand la souffrance et la douleur persistent ?

Dans Genèse 29.30, nous lisons que Jacob aimait Rachel « plus que Léa ». Et le verset suivant dit : « L'Éternel vit que Léa était mal aimée et il lui accorda des enfants, tandis que Rachel était stérile. » (verset 31). Quand Léa a « loué » son propre mari pour une nuit à sa sœur, nous lisons : « Et Dieu exauça Léa : elle devint enceinte et donna un cinquième fils à Jacob. » (30.17).

Gardons confiance en Dieu ; il voit notre détresse

Dieu voyait et entendait la souffrance de Léa. Quand nous sommes complètement abandonnés à nous-mêmes et que nous nous sentons rejetés, Dieu est là. Il connaît notre douleur et tous nos sentiments. Sa présence et sa sollicitude permanentes nous procurent une assurance qui subsiste en toutes circonstances, même dans nos pires moments. Il est toujours possible de le chercher et de nous approcher de lui.

Continuons à chercher le Seigneur ; il désire se révéler

Que demandons-nous dans nos prières quand la souffrance persiste ? À tout moment, nous pouvons faire appel au nom de l'Éternel et lui confier nos soucis. Mais nous avons souvent de la peine à *vivre* cette vérité, trouvant plus facile de partager nos fardeaux avec des amis qu'avec Dieu. Il est important de prendre l'habitude d'aller vers lui. « Ne vous mettez en souci pour rien, mais, en toute chose, exposez vos besoins à Dieu. Adressez-lui vos prières et vos requêtes, en lui disant aussi votre reconnaissance », écrit Paul[7]. Notre Père céleste est impliqué dans le moindre détail de notre vie et il aspire à ce que nous partagions tout avec lui. Nous pouvons venir à lui avec confiance et nous montrer francs à tout propos, qu'il s'agisse de préoccupations mineures ou essentielles. Mais ce n'est pas tout. En plus de nos soucis, nous devons lui présenter notre être entier. Au lieu de déposer un paquet de fardeaux, abandonnons-nous complètement à lui. C'est tout mon être qui vient à la rencontre de Dieu et ce faisant, je ne vois plus mes fardeaux de la même manière. Au fur et à mesure que progresse notre relation avec Dieu, nous voyons l'ordre des priorités changer dans nos prières. Au lieu de rechercher sa présence à cause de ce qu'il peut accomplir pour nous, nous commençons à le chercher pour sa personne même.

Dans notre exploration de l'identité de Dieu, nous passons nécessairement par ce changement de priorité, souvent à la suite d'une période où nous avons été éprouvés et dépouillés de nos repères. C'est alors seulement que nous découvrons la bonté de l'Éternel et que nous goûtons au délice de son refuge, nous attendant à lui pour toutes choses au lieu de nous appuyer sur nous-mêmes ou sur les hommes. Cette relation plus profonde engendre une joie nouvelle et donne une dimension supplémentaire à notre vie, que nous n'aurions peut-être pas trouvée par une autre voie. L'auteur John White, qui a connu de grandes épreuves dans sa propre famille, évoque ce sujet dans l'un de ses livres.

> *Il est possible d'approfondir notre relation avec lui. En effet, nous pouvons avoir la certitude que la souffrance poursuit*

un but dans la vie. Comparable à une chirurgie divine, elle guérira et corrigera les failles de votre croissance chrétienne si vous y réagissez bien. Il est toutefois essentiel de réagir avec confiance en la miséricorde et la bonté de Dieu. Ne laissons aucune amertume ni rébellion ternir notre vision de Dieu même lorsqu'il semble rester muet. Car si nous nous autorisons à nous abandonner à l'apitoiement et au doute, la douleur conçue pour enrichir et approfondir notre relation avec lui pourrait provoquer l'effet inverse.

Il ajoute plus loin :

À travers elles (les épreuves), j'ai trouvé des trésors que je chéris et qui font de la souffrance un faible prix à payer. Je déteste la douleur, mais j'accepterais de subir à nouveau le même chagrin pour trouver davantage de ce trésor inestimable. […] émerveillé, je souris à la pensée des moissons de joie que j'ai récoltées[8].

Il y a quelques années, j'ai accompagné une amie proche tout au long d'une maladie qui a fini par avoir raison d'elle. Pendant les trois années qui ont suivi le diagnostic de son cancer, nous avons prié, ensemble et avec d'autres amis, pour une guérison miraculeuse. Nous avons partagé des larmes de désespoir, à cause de notre chagrin et de la peur de souffrir. La souffrance est devenue une réalité. Mon amie ressentait une faiblesse et une douleur physiques de plus en plus intenses. Un mois avant sa mort, nous avons lu Philippiens 3, où Paul écrit que la connaissance du Christ dépasse tout ce qui nous paraît un gain. Paul affirme que gagner le Christ vaut tous les sacrifices à ses yeux. Il dit au verset 10 : « C'est ainsi que je pourrai connaître le Christ, c'est-à-dire expérimenter la puissance de sa résurrection et avoir part à ses souffrances, en devenant semblable à lui jusque dans sa mort. » C'était la veille du Nouvel An et, cette nuit-là, je suis restée à l'hôpital avec mon amie. Vers minuit, quelques personnes sont venues lui rendre visite. C'était un moment très émouvant, douloureux même pour certains, car ils ne savaient quels vœux adresser à une mourante. Je pense qu'en dépit de toutes les questions qui ont probablement subsisté jusqu'à la fin de sa vie, les versets de l'épître de Paul aux Philippiens exprimaient ce que nous pouvions lui souhaiter : qu'elle connaisse le Christ plus profondément. C'est ce qui lui est arrivé et le changement est devenu visible. Sa situation n'a pas évolué dans le sens d'une guérison physique, mais Dieu lui est devenu de plus en plus précieux. Le dimanche après-midi de son départ, nous avons prié ensemble et proclamé qu'elle pouvait enfin laisser ses souffrances derrière elle. Je lui ai assuré que le Seigneur l'attendait les bras grands ouverts et nous avons évoqué la joie de rentrer à la Maison, auprès du Père qu'elle connaissait et qu'elle aimait. Lorsque je songe à nouveau à la progression de sa maladie et à ses souffrances, je ne comprends toujours pas pourquoi elle a dû traverser tout cela, mais je peux dire que Dieu lui a donné la joie de le connaître plus intimement ainsi que la force et la grâce d'affronter cette épreuve jour après jour. Il est impératif que nous apprenions à chercher Dieu, en lui faisant pleinement confiance, au lieu de fixer nos pensées sur un avenir hypothétique.

Dans ses psaumes, David évoque sans cesse la satisfaction qu'il puise, non pas dans les biens ou les circonstances de ce monde, mais en Dieu seul.

> *Car ton amour vaut bien mieux que la vie, aussi mes lèvres chantent sans cesse tes louanges. Oui, je veux te louer tout au long de ma vie, je lèverai les mains pour m'adresser à toi. Mon cœur sera comblé comme, en un bon festin, le corps se rassasie de mets gras succulents, et je crierai de joie en chantant tes louanges. Lorsque je suis couché, mes pensées vont vers toi, je médite sur toi tout au long de la nuit. Oui, tu es mon appui, je suis dans l'allégresse à l'ombre de tes ailes*[9] *!*

Ces paroles sont le fruit de sa marche avec Dieu. À travers

les épreuves, David a découvert la bonté de Dieu, un gain que les circonstances ne peuvent ni diminuer ni supprimer. Comme lui, nous pouvons connaître Dieu toujours plus intensément et expérimenter ainsi qu'il est digne de nos louanges, peu importe ce qui nous arrive. Même si nos mains sont vides à cause d'un mariage décevant et si nous n'avons pas l'amour auquel nous aspirons, même si nous ne recevons pas la guérison dans la maladie, Dieu peut nous remplir de sa consolation et de sa tendre bonté. Ésaïe dit à ce propos : « [...] l'Éternel sera ton guide constamment. Il pourvoira à tes besoins dans les déserts arides » (58.11).

Apprenons à voir les fleurs sur notre chemin

On dit que, quand Dieu ferme une porte, il ouvre une fenêtre. Parfois, nous nous concentrons tellement sur la porte fermée que nous ne remarquons pas la fenêtre ouverte. Léa a-t-elle jamais connu le bonheur ? Était-elle en mesure d'apprécier les bonnes choses ? Je pense à la joie que lui ont procurée ses enfants. Dieu a ouvert ses entrailles et l'a bénie avec une descendance. Ce n'est pas le cas de toutes les femmes ; Rachel a commencé par être stérile. Léa, elle, n'a pas eu de peine à être enceinte et a donné le jour à six fils et une fille. Quand Ruben a trouvé des mandragores dans les champs, il en a apporté à sa mère. Derrière ce geste de tendresse, je vois le sourire de Dieu et je suis certaine qu'il y a eu d'autres moments de bonheur similaires.

Nous devons apprendre à discerner les bénédictions de Dieu dans notre vie. Si nous nous concentrons uniquement sur ce qui nous fait défaut ou sur ce qui nous a été retiré, nous ne verrons pas ce que nous possédons encore ou ce que nous pourrions obtenir. Léa a laissé l'indifférence de Jacob envers elle déterminer sa vie entière, occultant toute autre source de bonheur. Elle était à plaindre parce que ses circonstances n'ont pas évolué.

Il existe d'innombrables exemples de souffrances persistantes : la stérilité, le célibat, le handicap... Joni Eareckson a dû affronter et accepter ce dernier cas à l'âge de seize ans seulement. Un accident de natation l'a laissée paralysée. Mais aujourd'hui, bien qu'astreinte au fauteuil roulant, elle est une bénédiction pour de nombreuses personnes. Elle a développé des dons artistiques impressionnants, elle défend les personnes handicapées, elle organise des conférences et des séminaires, elle instruit et conseille, dans le but de stimuler l'intégration totale de la personne handicapée dans la société et dans l'Église. Elle pense, à juste titre, que la personne handicapée doit jouir de l'espace nécessaire pour utiliser ses dons et bénir les autres à travers eux. Joni a accepté son drame (et ses conséquences) et elle a trouvé la liberté de grandir et de s'épanouir. Ce n'est pas tout : à travers (et peut-être même grâce à) son handicap, Joni est devenue une femme profondément ancrée en Dieu. La douleur et le chagrin ne l'ont pas déformée, mais l'ont au contraire façonnée. Pourquoi ? Parce que, par la grâce de Dieu, elle a détourné ses yeux de la porte fermée. Elle a fixé la fenêtre ouverte au lieu de rester prisonnière des circonstances. C'est une leçon capitale.

Supportons la souffrance en sachant que Dieu ne gaspille jamais notre douleur

La souffrance peut briser un être, mais si elle est affrontée de la bonne manière, elle peut s'avérer profondément instructive. En présentant à Dieu notre personne et nos difficultés, nous lui donnons la possibilité d'opérer cette œuvre en nous.

L'épreuve épure notre foi et la fortifie. Le fait d'être « éprouvé au creuset du malheur [10] » peut nous paraître cruel ou insurmontable, mais c'est pour notre salut et notre croissance spirituelle. Les difficultés contribuent à éroder les aspects superficiels de notre foi. Les traditions sans fondement et les petites habitudes ne résistent pas au test de l'affliction. L'épreuve exige beaucoup de nous, mais nous recevons une grâce surabondante pour persévérer. Cela peut paraître contradictoire, mais c'est en réalité une merveilleuse vérité : plus nous devenons faibles devant Dieu et dépendants de lui, plus nous devenons forts.

Paul était victime d'une souffrance personnelle qu'il décrit ainsi : « Dieu m'a imposé une épreuve qui, telle une écharde, tourmente mon corps[11] ». Le fait qu'il n'ait jamais précisé la nature exacte de ce qui l'affligeait donne lieu à un peu de spéculation. Certains suggèrent que Paul souffrait de troubles oculaires. Quoi qu'il en soit, il s'est montré franc sur son désir d'en être délivré et il a prié dans ce sens. Mais sa prière n'a pas été exaucée. L'apôtre a tout de même obtenu cette réponse du Seigneur : « Ma grâce te suffit, c'est dans la faiblesse que ma puissance se manifeste pleinement. » Paul a appris dans sa chair que la faiblesse ou les difficultés peuvent engendrer de bons fruits. Il explique qu'il se réjouit de ses faiblesses ainsi que des insultes, des épreuves, des persécutions subies, parce qu'à travers elles, il apprend à connaître davantage la grâce et la puissance de Dieu[12].

La souffrance approfondit et fortifie notre foi, et elle transforme également notre caractère. Ceux qui ont appris à s'abandonner à Dieu au sein de la détresse deviennent souvent des êtres empreints de douceur. En se réfugiant en Dieu, ils ont constaté que sa consolation éclipse leur colère et leur amertume. Ils trouvent de la paix et du repos en lui, ce qui rend leur propre quête de guérison ou de délivrance moins pressante. Leur bonheur ne dépend plus seulement de l'amour de leur conjoint, de la présence de leurs enfants ou de leur santé. Par la grâce de Dieu, ils deviennent capables de se détourner d'eux-mêmes et de se soucier davantage des autres. Ils sont en mesure de mieux comprendre la souffrance et ils ont appris à renoncer aux réponses faciles parce qu'ils savent qu'il n'en existe pas. Parce qu'ils ont été consolés par l'Éternel en personne, ils ont été enrichis pour pouvoir redonner de cette richesse aux autres.

C'est ce qu'explique 2 Corinthiens 1.3-5. Pour un enfant de Dieu, la souffrance n'est pas vaine car, si elle est confiée au Seigneur, elle produit de bons fruits.

Regardons au-delà du moment présent

Il y avait une grande fenêtre dans la vie de Léa, qu'elle n'a probablement jamais vue. C'était une fenêtre sur l'avenir. Léa a été traitée comme un second choix toute sa vie, mais aux yeux de Dieu, elle était unique et elle prenait place dans le vaste plan céleste puisque l'un de ses fils, Juda, est devenu l'un des ancêtres du Messie. Il est cité dans la généalogie du Seigneur Jésus dans l'évangile de Matthieu au verset 1. Sa mère a donc été un instrument dans le plan rédempteur de Dieu, un maillon dans la chaîne des événements qui ont mené à la naissance de notre Sauveur.

Nous avons vu que Dieu dirige la vie des individus et accomplit son plan à travers elle. Cette vérité devrait nous encourager à nous abandonner complètement à lui dans la confiance. Dieu peut utiliser notre parcours, y compris nos épreuves, pour susciter une œuvre dont l'effet dépassera peut-être largement notre époque et nous sera invisible. Dieu n'est pas limité aux frontières humaines du temps et de l'espace, il voit les choses dans la perspective de l'éternité. Accrochons-nous donc à cette vérité, surtout face à des événements qui nous plongent dans la confusion. Apprenons à lui faire confiance dans le brouillard comme par temps clair. Il est bien sûr plus facile d'y parvenir quand l'épreuves'achève, mais extrêmement difficile quand la souffrance persiste, ou augmente.

Nous éprouvons parfois une paix qui dépasse la compréhension, calmes au milieu de la tourmente. À d'autres moments, l'angoisse nous ravage et nous écrase. Certaines fois, nous expérimentons vraiment la présence de Dieu, d'autres fois non. Rappelons-nous cependant qu'à tout moment et en toutes circonstances, nous pouvons nous réfugier en lui. Pourquoi ne pas laisser à Dieu ce qui lui revient, sachant que son plan pour notre vie dépasse de loin ce que nos yeux et notre esprit humains peuvent percevoir? Alors que notre foi gagnera en maturité, nous le comprendrons de plus en plus. Cela n'empêche pas que nous continuions à prier pour un changement dans notre situation. Et, ce faisant, nous pourrions bien nous surprendre à prier de plus en plus pour que la volonté de Dieu soit faite et pour que sa gloire se manifeste à travers ce que nous vivons—qui, d'ailleurs, passera.

Chapitre 7

Éprouvés suite à l'appel de Dieu

Pour mieux cerner la notion de refuge, un autre personnage biblique est incontournable : l'arrière-petit-fils de Ruth, David. Sa vie nous est rapportée de 1 Samuel 16 à 1 Rois 2.11, et pour une majeure partie dans 1 Chroniques 11 à 29. David était le fils cadet d'Isaï (de la tribu de Juda, l'un des frères de Joseph) et il occupe une place prédominante parmi les ancêtres et les précurseurs du Seigneur Jésus. Jésus se réfère explicitement à lui : « Je suis le rejeton de la racine de David, son descendant[1]. ». Le roi-berger est mentionné pas moins de cinquante-huit fois dans le Nouveau Testament, notamment dans le titre « fils de David » souvent attribué à Jésus.

David est connu tant pour son règne que pour ses talents

de musicien et de poète. Il est l'auteur de soixante-treize des psaumes de la Bible, qui traitent de façon récurrente du fait de se réfugier en Dieu : l'Éternel y est un refuge, un abri, un rocher ou une forteresse. On pourrait donc dire que David est la référence pour tout croyant qui choisit de s'abriter sous les ailes du Seigneur. Avant d'approfondir encore cette notion, attardons-nous sur sa vie pour comprendre comment il a pris l'habitude de se réfugier en Dieu et quelles en ont été les conséquences.

David roi

David, le second roi d'Israël choisi par Dieu, s'est trouvé à maintes reprises les mains vides, plongé dans le désarroi. Bien que généralement vue comme négative ou humiliante, notre impuissance peut devenir le moyen pour nous de commencer à saisir, par grâce, ce que signifie trouver refuge en Dieu. C'est ce que David a vécu.

Dans ce chapitre, nous nous intéresserons à la période initiale de sa vie, parsemée d'ennuis qui étaient directement liés à son appel à régner sur Israël. Le fait même d'être appelé par Dieu à remplir une certaine mission peut engendrer de la souffrance. Pour David, l'onction royale de la part de l'Éternel avait des conséquences dramatiques pour deux personnes au moins : il fallait remplacer le roi Saül et contourner Jonathan, l'héritier royal. C'est Saül qui s'acharna contre David. En effet, comprenant peu à peu que son serviteur préféré était un concurrent sérieux pour le trône, Saül se mit à nourrir une haine intense envers le jeune homme, au point de le persécuter pendant de nombreuses années. Durant cette période, David a vu sa vie constamment menacée et, à plusieurs reprises, il a échappé de justesse à la mort. Le premier livre de Samuel, à partir du chapitre 18, décrit les difficultés et le désespoir du jeune berger. Plusieurs Psaumes évoquent aussi ces années de persécution sous la main du roi Saül.

Persécuté par Saül

L'intronisation du premier souverain d'Israël, le prédécesseur de David, fut un événement contraire à la volonté de Dieu, bien qu'il l'ait permis. Dans 1 Samuel 8, nous lisons que le peuple d'Israël ne se satisfait plus de la direction spirituelle du prophète Samuel, désormais très âgé, et de ses deux fils corrompus. Il exprime clairement son désir d'avoir un roi, à l'image des autres nations (verset 5). L'Éternel répond à sa requête en affirmant que son désir de remplacer Samuel par un roi trahit en réalité la volonté de le rejeter, lui, son Dieu (verset 7). Malgré tout, il accède à sa demande et, dans 1 Samuel 10, Saül, un descendant de Benjamin, est oint premier roi d'Israël par le prophète Samuel (verset 1). Le règne de Saül n'est toutefois pas une grande réussite. Après avoir désobéi à l'Éternel à trois reprises, il finit par être déchu de sa royauté[2].

Dans 1 Samuel 16, l'Éternel envoie le prophète Samuel auprès d'Isaï et lui révèle l'identité du prochain souverain d'Israël : le fils cadet d'Isaï, David. Ce jeune berger était alors un « garçon aux cheveux roux, avec de beaux yeux et qui avait belle apparence » (verset 12). David était assez peu considéré au sein de sa famille pour être oublié quand Samuel demande de faire venir tous les fils d'Isaï. C'est pourtant lui, le plus jeune et le moins important, que Dieu désire placer à la tête de son peuple ! Au verset 13, Samuel donne l'onction royale au garçon. Ce geste est suivi d'une information capitale : « L'Esprit de l'Éternel tomba sur David et demeura sur lui à partir de ce jour-là et dans la suite. » Saül, de façon frappante, connaît l'expérience inverse. En effet, nous lisons au verset 14 : « L'Esprit de l'Éternel se retira de Saül, tandis qu'un mauvais esprit envoyé par l'Éternel se mit à le tourmenter. » C'est pour cette raison précise que Saül fait la connaissance de David : alors que le roi est en proie à des sautes d'humeur terribles, caractérisées par des accès de rage suivis de moments dépressifs, il convoque David pour jouer de la harpe car sa musique a le don de l'apaiser. Grâce à David, il se sent mieux et l'esprit mauvais s'éloigne de lui (verset 23). Tout naturellement, le roi se prend d'affection pour le jeune homme et se met à beaucoup l'apprécier (verset 21-22).

Tout semble donc aller pour le mieux : David est un invité très populaire à la cour du roi, il devient le porteur de son armure et, lorsqu'il abat Goliath, ennemi philistin redoutable et gigantesque (1 Samuel 17), il atteint l'apogée de la célébrité et paraît sur le point d'atteindre le but fixé par Dieu. Dans 1 Samuel 18, le roi invite David à s'installer au palais (verset 2). Mais, rapidement, la situation change car l'affection de Saül pour David ne résiste pas à certains événements. Voyant le jeune guerrier remporter victoire sur victoire et s'attirer la préférence de la population, Saül devient jaloux. À deux reprises, il tente de le tuer avec sa lance. En vain. Il essaie alors de se débarrasser de son rival autrement ; il l'envoie mener une bataille extrêmement dangereuse contre les Philistins où l'attend une mort quasi certaine, mais David survit.

À partir du chapitre 19, les tentatives de Saül pour tuer le jeune homme se multiplient et marquent le début d'une période longue et pénible au cours de laquelle David doit fuir constamment pour rester en vie. Il doit se terrer avant de se déplacer à nouveau car aucun lieu ne reste sûr très longtemps. Tous ceux qui lui viennent en aide sont cruellement punis[3]. Même le fils de Saül, Jonathan, doit affronter la fureur de son père à cause de sa loyauté envers David ; il échappe de justesse à l'arme de son père lancée contre lui dans un geste de colère (20.33).

Je suis certaine que David s'est débattu avec un tas de questions, déconcerté et humilié par le retournement de situation. Après avoir été choisi par Dieu en personne pour monter sur le trône, après avoir reçu l'onction du prophète Samuel et après avoir accédé à une position privilégiée à la cour, il devient soudain un fugitif. Désormais, David craint pour sa vie à chaque instant—expérience pour le moins insécurisante. Lorsqu'il fuit la communauté des prophètes à Rama, il interroge Jonathan: «Qu'ai-je donc fait à ton père? En quoi suis-je coupable à son égard? Quel tort lui ai-je fait pour qu'il veuille me faire mourir[4]?». C'est le cri du cœur d'un jeune homme épuisé et désespéré, contraint à prendre la fuite pour ne pas être capturé et à se cacher dans des grottes et des places fortes dans les montagnes, tandis que Saül et ses hommes le pourchassent sans relâche[5]. Pour avoir reçu l'appel de Dieu, David se trouve dépouillé de tout appui humain.

La réaction de David

Comment David gère-t-il cette situation extrêmement périlleuse, cette insécurité permanente et cet abandon cruel de la part des hommes? Il assume la situation en parant au plus urgent: il s'efforce d'échapper à Saül et de sauver sa peau. David n'est pas un homme passif; il ne renonce pas. Il reste constamment sur ses gardes et en mouvement, afin d'assurer sa propre sécurité. Ce faisant, il nous donne un exemple. Lorsque nous nous retrouvons démunis de tout, certaines décisions sont évidentes, et pourtant, dans la solitude et l'abandon, il peut nous arriver de laisser les circonstances avoir raison de nous. Parfois, nous nourrissons de l'amertume contre Dieu. David a sans doute été tenté de renoncer devant l'énorme pression, mais il a résisté. Il a éprouvé des sentiments très divers, comme le révèlent ses Psaumes. Il a souvent crié vers Dieu, profondément désespéré et probablement à bout de forces. Mais il a poursuivi sa route et il a continué à communiquer avec Dieu.

De nombreux Psaumes écrits par David sont marqués par l'honnêteté dont il faisait preuve dans ses dialogues avec l'Éternel. Dans le Psaume 18, par exemple, il exprime sa reconnaissance pour avoir été délivré de ses ennemis et de Saül, et il se remémore les situations désespérées qui l'ont miné. Quand on lit tout le psaume, on perçoit qu'il a fait ce qui était humainement possible pour préserver sa vie, mais qu'il a aussi appelé le Seigneur à l'aide : « Vers mon Dieu, je lançai mon appel au secours. » (verset 6) Peut-être pouvons-nous nous identifier à ce cri. Le désespoir nous met à genoux. Face aux pressions ou au danger, nous implorons l'Éternel. Bien souvent, nos prières ne sont jamais plus sincères et plus pressantes qu'en pareilles circonstances. Certains ne prient même que dans ce genre de situation. La quête de Dieu dans la détresse est, il est vrai, la réaction naturelle d'un enfant qui se tourne vers son Père. Un enfant apeuré appelle ses parents parce qu'il les connaît et parce qu'il a confiance en eux. De même, les prières de David ne sont pas uniquement dictées par la panique ; elles s'inscrivent dans le cadre d'une relation permanente avec son Père céleste. La prière lui est aussi naturelle que le fait de respirer, elle est une facette essentielle et indispensable de sa vie, une expression logique de son intimité avec Dieu. Lorsque David prie, il se confie à Dieu de manière tout à fait spontanée. Il ose se montrer honnête et concret sur ses sentiments et ses émotions, tel un enfant qui cherche la protection de son père. Nous le voyons louer, adorer Dieu, lui confesser ses péchés, intercéder, mais il s'autorise également à poser des questions difficiles, à exprimer son impuissance et son incompréhension.

Examinons de plus près le Psaume 18. Dans les trois premiers versets, David décrit qui est Dieu. Il l'appelle sa forteresse, son rocher, son libérateur, son Sauveur, son rempart et son bouclier, et il ajoute « où je me réfugie ». Qu'est-ce que cela signifie exactement pour un individu cerné par le danger, qui ignore s'il sera encore en vie le lendemain ? Notre sécurité et notre survie sont-elles garanties si nous nous réfugions en Dieu ? Devons-nous notre protection à l'Éternel alors que nous réfléchissons à diverses stratégies pour échapper à l'ennemi ? Lorsque nous sommes complètement épuisés, sans pour autant pouvoir nous autoriser le moindre répit, Dieu est-il vraiment notre abri ? Est-il concrètement présent comme une armure autour de nous ou sommes-nous abandonnés à notre sort ? En quoi pouvons-nous nous réfugier en Dieu en pareilles circonstances ?

Nous réfugier en Dieu ne garantit pas (ce que nous appelons) la prospérité et la réussite — comme nous l'avons vu — pas plus que notre survie ou immunité face au péril. Notre foi, aussi grande soit-elle, ne nous épargne pas le malheur. Comment, alors, la souffrance et les situations extrêmes dans notre vie influencent-elles notre confiance en Dieu ?

Nos émotions, ainsi que notre interprétation peu nuancée des faits, nous portent à interpréter la délivrance ou la guérison comme une preuve de la présence de Dieu, tandis que les problèmes insolubles ou les maladies incurables traduiraient forcément son absence. Dans le premier cas, nous remercions Dieu pour sa grâce et son intervention, mais dans le second, nous doutons de sa présence. Et David, comment a-t-il réagi, lui qui a connu le sommet de la gloire grâce à ses exploits militaires puis une grande détresse à cause de Saül ? Soumis au danger et à une fatigue extrême, a-t-il douté de la présence et de la souveraineté de Dieu dans sa vie ? Lui est-il arrivé de remettre sa bonté et sa fidélité en cause ?

Dans le Psaume 18, David nous éclaire sur ses sentiments lors de cette phase périlleuse de sa vie. Il décrit de façon à la fois précise et imagée ce qu'il a éprouvé sous la persécution du roi Saül : « La mort m'enserrait de ses liens, et, comme un torrent destructeur, me terrifiait. Oui, le séjour des morts m'entourait de ses liens, le piège de la mort se refermait sur moi. » (versets 4-6). Son désespoir et son angoisse sont compréhensibles et il ne cherche pas à les nier : il était traqué, il fuyait pour conserver la vie. Remarquons cependant qu'il n'en reste pas là ! Ses vers expriment ses plaintes, sa détresse et sa peine ; ils évoquent aussi ses blessures et sa déception face au silence de Dieu. Mais, tout à la fois, ils réitèrent sa confiance en la fidélité du Tout-Puissant, en son amour et sa justice. Il doit parfois faire des efforts pour cela, s'exhorter lui-même à garder foi en l'Éternel[6], mais il ne cesse d'affirmer qu'il trouve refuge en Dieu et que son seul espoir réside en lui.

C'est encore ce que nous observons dans le Psaume 59 qui fait écho aux événements de 1 Samuel 19.11. David a échappé à la violence de Saül qui a voulu le transpercer avec sa lance (19.10). Il prend la fuite et Saül fait encercler sa maison par ses soldats. Ceux-ci ont pour ordre de le tuer le lendemain matin. Ce contexte de terrible pression, décrite dans le détail par David, donne aux versets 16 et 17 une portée particulière : «Moi, je chanterai ta force et, dès le matin, j'acclamerai ton amour, car tu es pour moi une forteresse, tu es mon refuge quand je suis dans la détresse ! Je veux donc te célébrer, toi qui es ma force. Oui, Dieu est ma forteresse : c'est un Dieu qui m'aime.» David ne s'appuie pas sur ses propres forces. Il est convaincu que sa délivrance ne lui vient que de la fidélité et la bonté de l'Éternel, dont il a déjà bénéficié auparavant. Il s'accroche à ces vérités et les met devant ses yeux. Les interventions passées de Dieu en sa faveur sont autant d'autels commémoratifs, qu'il érige pour ne pas oublier qui est Dieu, surtout dans les moments de profond dépouillement.

Les signes de la présence divine

Dans 1 Samuel 18, qui raconte la naissance et la croissance de la haine sanguinaire de Saül à l'encontre de David, nous lisons à trois reprises une courte phrase également présente dans l'histoire de Joseph : «L'Éternel était avec David» (versets 12, 14, 28). Comment David le savait-il ? Permettez-moi d'avancer quelques éléments de réponse.

La réussite

L'expression «l'Éternel était avec David» est manifestement liée aux victoires militaires et à la popularité croissante du jeune homme. Au verset 14, nous lisons : «Il réussissait dans tout ce qu'il entreprenait, car l'Éternel était avec lui.» et au verset 16 : «[...] tout Israël et tout Juda aimaient David, car il marchait à la tête de leurs soldats dans les expéditions militaires. » Même Saül ne peut s'empêcher de reconnaître que Dieu est avec David : « Saül vit ainsi très clairement que l'Éternel était avec David » (verset 28). Il en éprouve de la frayeur et de la haine.

La protection

Dieu bénit David à travers sa carrière militaire, ce qui implique la protection physique. Persécuté par le roi Saül, il est l'objet d'atteintes directes et indirectes à sa vie, mais chaque fois, le Seigneur l'épargne. Dans 1 Samuel 23.14, nous lisons : « Saül le cherchait jour après jour ; mais Dieu ne le fit pas tomber entre ses mains. » Ces mots expriment l'omnipotence et la fidélité de Dieu, manifestes dans diverses situations où David échappe miraculeusement à Saül. L'un de ces épisodes nous est rapporté à partir du verset 25 : Saül est rappelé pour aller combattre les Philistins et est contraint d'abandonner sa chasse à l'homme.

Dieu entend et répond

Les multiples interventions successives de Dieu sont la preuve qu'il entend les appels à l'aide de son enfant et qu'il y répond. Dans Psaumes 18.6-17, David dit : « [...] mon cri parvint à ses oreilles et, de son temple, il m'entendit [...] Il courbe le ciel et descend [...] il envoie ses flèches pour disperser mes ennemis, il lance des éclairs pour les mettre en déroute [Dieu répond en intervenant dans la stratégie de l'ennemi.] Du haut du ciel, il étend sa main pour me prendre, me retirer des grandes eaux, m'arracher à mes adversaires ». Dieu répond de manières diverses. Soulignons cependant qu'il n'intervient pas toujours avant que la situation devienne critique et il le fait souvent même dans les grandes eaux !

Le soutien dans l'amitié

Un quatrième signe de la présence de Dieu dans les détresses de David est que deux personnes le soutiennent, deux êtres qui l'aiment et qui prennent son parti[7]. L'ironie fait qu'il s'agit des propres enfants de Saül. Jonathan est profondément attaché à David avec lequel il a conclu un pacte d'amitié qui résistera à l'épreuve du temps[8]. La fille de Saül, Mikal, aime David, qui deviendra son époux, et le protège (18.20, 28). La loyauté de ces deux personnes doit avoir considérablement réconforté le jeune homme. Je distingue dans leur présence le signe et le reflet de la fidélité de Dieu. Il place parfois dans notre vie des gens très proches de nous, qui restent à nos côtés quelles que soient les circonstances, nous communiquant ainsi son amour. C'est d'ailleurs le rôle que Ruth a joué pour Noémi pendant son deuil amer.

Pour nous qui connaissons ces événements avec le recul du temps, il est évident que Dieu était présent dans la vie de David. Mais ce n'était pas aussi apparent pour le futur roi, immergé comme il l'était dans les circonstances. Saül demeurait un ennemi juré[9]. La solitude, la frustration et la peur étaient devenues des compagnes familières pour David. Traqué nuit et jour, il n'avait ni le temps ni l'énergie de se concentrer sur autre chose que la prochaine stratégie pour échapper à ses poursuivants. Lui restait la perspective de monter un jour sur le trône d'Israël, mais les années qui le séparaient de cette étape cruciale n'étaient pas enviables !

Dieu met David « au large »

Il existe une bénédiction plus précieuse que la délivrance et le salut : Dieu ménage une place à nos angoisses. Dans Psaumes 18.19-20, David dit : « [...] mais le Seigneur était mon appui. Il m'a fait sortir pour me mettre au large », et au verset 37 (version Nouvelle Bible Segond) : « Tu me fais marcher au large ». Citons aussi Psaumes 31, qui évoque la même idée d'espace au verset 8 : « Tu m'as mis au large. » Cette prière de détresse commence par les mots : « Ô Éternel, en toi j'ai un refuge : épargne-moi toujours de connaître la honte » (verset 2). David poursuit : « Sois pour moi un rocher entouré de murailles, une solide forteresse où je trouverai le salut ! Oui, tu es pour moi un rocher, et une forteresse[10] » (versets 3-4).

Le psalmiste aborde ici un principe fondamental. Si nous nous réfugions en Dieu et si nous nous abandonnons à lui, nous connaîtrons une paix et un repos inexplicables. Notre appartenance à l'Éternel nous procure un sentiment de sécurité qui surpasse nos problèmes. Ce privilège n'implique pas que nous ne traverserons jamais de moments de peine ou d'angoisse. Mais, dans ces moments mêmes, nous jouirons d'une ferme assurance. Elle nous permettra de tenir bon, comme sur un roc, lorsque les tempêtes de la vie feront rage autour de nous. La conviction que les bras puissants du Seigneur nous soutiennent[11] nous empêche de perdre pied. C'est pourquoi David a cette expression : « mes jambes ne fléchissent pas[12] ».

Celui ou celle que Dieu met « au large » entre dans une réalité qui surpasse les choses terrestres. Quand bien même les circonstances présentes sont désespérantes, nous avons la conscience d'un lieu plus élevé, d'une perspective plus vaste, dissimulés aux yeux de ceux qui ne connaissent pas Dieu, mais révélés à ses enfants. Dès lors, nous pouvons vivre différemment ici-bas. En pratique, il s'agit de garder les yeux fixés sur l'Éternel et de nous accrocher à notre connaissance de ce qu'il est. Sans cesse, David affirme : « Ceux qui le prennent pour refuge trouvent en lui un bouclier. Qui est Dieu, sinon l'Éternel ? Qui est un roc ? C'est notre Dieu ! ». C'est ainsi que nous devenons plus stables et moins vulnérables.

Pour quelle raison nous sentons-nous si souvent acculés comme au pied d'un mur au lieu de jouir de cette « liberté » ? Dans son livre intitulé *Je ne suis pas celui que tu crois*[13], J. B. Phillips suggère que le problème de nombreux individus aujourd'hui est de ne pas avoir trouvé de dieu assez grand pour leurs besoins. Ils cherchent peut-être, mais jugent inadapté ce qu'ils trouvent. La responsabilité n'en incombe pas au Seigneur, mais plutôt à la vision que nous avons de lui.

Certaines conceptions de Dieu proviennent d'idées véhiculées pendant l'enfance, d'une éducation chrétienne particulière, ou bien d'expériences négatives, passées ou présentes. Tout cela peut nous avoir marqués au point de nuire à notre compréhension des Écritures et nous empêcher de développer une notion juste de Dieu. Si nous le voyons comme décevant, cruel, rabat-joie… il est évident que nous ne pouvons être libérés et « mis au large ». Grandir dans la foi signifie aussi nous défaire de certaines conceptions oppressantes.

Il y a une variante de ce problème, mais qui aboutit au même résultat. Nous pouvons avoir une conception de Dieu tout à fait biblique, mais totalement étouffée par nos circonstances. Celles-ci occupent tellement de place que nous sommes incapables de regarder à Dieu. Lorsque nous sommes proches du Seigneur, il nous donne accès à un large espace pour y évoluer en toute liberté, mais si nous nous concentrons sur nos problèmes, ceux-ci nous acculent comme dans une voie sans issue.

Voilà pourquoi la louange et l'adoration sont si essentielles et pourquoi elles devraient précéder nos prières d'intercession pour nous et pour les autres. C'est simple : si nous regardons d'abord à Dieu et si nous confessons qui il est, les faits seront replacés dans une perspective juste et nous serons lucides sur leur importance réelle. David appliquait toujours ce principe dans ses Psaumes ; c'était son secret pour tenir bon quand tout se liguait contre lui. En se concentrant sur l'Éternel, il entrait dans le vaste espace de l'amour, de la grâce et de la bonté de Dieu. Ainsi s'expliquent ses paroles émouvantes du Psaume 31 : « Loué soit l'Éternel, car il m'a témoigné son merveilleux amour lorsque j'étais comme une ville que l'on assiège. » (verset 21).

L'expérience de la bonté de Dieu

Penchons-nous maintenant sur le Psaume 34, également écrit par David pendant ses années de cavale. Le texte contient cette affirmation extraordinaire : « Goûtez et constatez que l'Éternel est bon ! Oui, heureux l'homme qui trouve son refuge en lui. » (verset 8). Aux versets 18 et 19, il ajoute : « Lorsque les hommes justes lancent leurs cris vers lui, l'Éternel les entend ; aussi, il les arrache à toutes leurs détresses. Car l'Éternel est proche de ceux qui ont le cœur brisé. Il sauve ceux qui ont un esprit abattu. »

L'expérience de la bonté de Dieu dépasse tout le reste et ne dépend pas de nos circonstances. David loue la bonté de l'Éternel alors qu'il est cerné de toutes parts par des gens qui veulent sa mort. Il l'a découverte ou « goûtée », non pas parce qu'il a été délivré, mais parce qu'il a rencontré Dieu personnellement en cherchant refuge en lui. Dans cet abri, il a trouvé l'amour infini de Dieu et c'est tout ce dont il avait besoin pour tenir bon. Il affirme dans Psaumes 63.1-3 :

> *Ô Dieu ! tu es mon Dieu, je te cherche ; mon âme a soif de toi, mon corps soupire après toi, dans une terre aride, desséchée, sans eau. Ainsi je te contemple dans le sanctuaire, pour voir ta puissance et ta gloire. Car ta bonté vaut mieux que la vie : mes lèvres célèbrent tes louanges.*

Dieu désire nous faire connaître sa bonté et sa beauté. Il se sert parfois de traversées du désert ou de situations de dépouillement pour créer en nous une profonde soif de lui afin que nous le cherchions et que nous découvrions sa personnalité. Car elle suffira en soi à remplir nos mains et notre cœur.

Ce principe est clairement exposé dans le livre d'Osée. Israël traversait une période de pluralisme religieux et adorait le dieu Baal. Mais l'Éternel désirait restaurer la relation avec son peuple élu : « C'est pourquoi, je vais la reconquérir, la mener au désert, et parler à son cœur[14]. ». Le désert symbolise la stérilité. Lorsque nous avons épuisé toutes nos ressources, nous en venons à être bien plus disponibles pour une rencontre intime avec Dieu.

Parfois, il n'y a aucun moyen d'échapper à l'épreuve, comme ce fut le cas de David, malgré les interventions de Dieu. La haine et la persécution de Saül ont pesé sur lui pendant des années. D'autres difficultés devaient l'assaillir par la suite. Il arrive que nos prières ne soient pas exaucées selon nos attentes. Une réponse inattendue peut cependant surgir, qui nous soulage différemment : en instaurant une relation plus profonde et plus précieuse avec le Seigneur. Voici ce qu'en dit le prophète Habaquq :

> *Car le figuier ne bourgeonnera plus, et il n'y aura plus de raisins dans les vignes, le fruit de l'olivier trompera les espoirs, les champs ne produiront plus de pain à manger. Les moutons et les chèvres disparaîtront de leurs enclos, les bœufs de leurs étables. Mais moi, c'est à cause de l'Éternel que je veux me réjouir, j'exulterai de joie à cause du Dieu qui me sauve. L'Éternel, le Seigneur, c'est lui ma force : il rend mes pieds pareils à ceux des biches, il me fait cheminer sur les lieux élevés*[15].

En d'autres termes, si mes attentes ne sont pas satisfaites et si le succès m'échappe, j'ai quand même de quoi me réjouir parce que ma joie et ma paix ne dépendent pas des changements que j'espère, mais uniquement de la bonté de Dieu. Il me met « au large » et dans les « lieux élevés », et il rend mon pied léger comme celui d'une biche. Plus question ici de subir ma pénible situation en traînant des pieds de plomb, croulant sous le poids du fardeau ! De façon remarquable, cette notion de légèreté et de hauteur est également présente dans le chant de louange de David en 2 Samuel 22.34 et Psaumes 18.34.

Revenons à David. Il est utile de repérer les Psaumes qui se réfèrent à la période où David était pourchassé par le roi Saül et de les relire en gardant les événements à l'esprit. Si on prend par exemple Psaumes 57, l'intitulé annonce « Calme au milieu des ennemis » (version Semeur) et précise : « lorsqu'il s'enfuit, poursuivi par Saül et se réfugia dans la caverne ». Le chant évoque les événements rapportés dans 1 Samuel 22.1 et

24.3-24. Nous retrouvons, comme dans les autres Psaumes cités, cette apparente contradiction entre les sentiments de David et sa situation : il reste ferme et loue Dieu alors qu'il affronte de graves problèmes. Il est calme parce qu'il s'est réfugié, non pas dans la grotte où il se cache, mais sous les ailes du Seigneur ! Il commence par exposer sa situation : « Aie pitié de moi, ô Dieu ! Aie pitié ! Car en toi je cherche mon refuge : je me réfugie sous tes ailes tant que durera le malheur » (verset 2), puis il décrit le fruit produit par sa décision : « Mon cœur est tranquille, ô mon Dieu ! mon cœur est tranquille. Oui, je chante et je te célèbre en musique [...] Ton amour atteint jusqu'aux cieux, ta fidélité jusqu'aux nues. » (versets 8, 11).

Les événements avaient pris une tournure favorable pour David[16]. Alors qu'il se cache au plus profond d'une grotte, Saül choisit cette même grotte pour se soulager ! La situation est particulièrement dangereuse pour David, mais il comprend tout à coup que le sort de Saül est entre ses mains puisque le roi se trouve à cet instant sans défense. La possibilité de se débarrasser de son persécuteur se présente donc clairement à lui, mais il décide d'épargner la vie du roi. Il semble qu'en trouvant refuge en Dieu, nous recevions « de l'espace » non seulement pour nous-mêmes, mais aussi pour les autres. Autrement dit : la vengeance et la rétribution ne font plus partie de nos objectifs et nous sommes libres d'adopter un autre comportement. Plus tard, Saül reconnaîtra : « L'Éternel m'avait livré en ton pouvoir et [...] tu ne m'as pas tué[17] ».

À première vue, cet épisode marque un tournant dans la situation de David. Quand le roi comprend que le jeune homme n'a pas l'intention de lui faire du mal, il dit : « Tu es plus juste que moi, tu m'as traité avec bonté, alors que moi je t'ai fait du mal. [...] Que l'Éternel te récompense pour ce que tu as fait pour moi en ce jour ! » Sur ces mots, il fait jurer à David de protéger ses descendants et son nom[18]. Voilà qui ressemble à un accord. Pourtant, la promesse était unilatérale car, dans 1 Samuel 26, Saül persécute à nouveau David, dans le désert cette fois. David épargne à nouveau la vie du roi, avant de poser cette question : « Pourquoi mon seigneur poursuit-il ainsi son serviteur ? Qu'ai-je fait ? Quel crime ai-je commis ? » (verset 18) et Saül répond par une promesse : « J'ai commis une faute, reviens, mon fils David, je ne te ferai plus de mal [...] J'ai agi comme un insensé et j'ai commis une grave erreur. » (verset 21). C'est une belle promesse, mais David a perdu confiance en Saül et s'enfuit dans le pays des Philistins. Là-bas, enfin libéré de la persécution, il trouve du repos[19].

Garder confiance

Comment garder confiance lorsqu'on ne voit pas les promesses de Dieu s'accomplir ? Dieu avait confié une mission sans équivoque à David, qui avait même déjà reçu l'onction royale du prophète Samuel. Pourtant, dans les faits, les choses ne semblaient pas évoluer dans ce sens ; elles paraissaient même complètement contrarier la promesse.

Nous avons vu en détail comment David affrontait cette situation : traqué par Saül, il a parfois frôlé le désespoir, sans pour autant cesser de s'accrocher à son Seigneur. Dans son angoisse et sa détresse, il s'est constamment référé à ce qu'il savait de Dieu : l'Éternel est un refuge, l'Éternel est un rocher, l'Éternel est le Dieu Saint. David a gardé confiance dans le Dieu qui est fidèle à ses promesses. Confronté à des faits visibles très décourageants, il a choisi de se concentrer sur l'invisible qui prendrait forme au temps fixé par Dieu.

L'auteur de l'épître aux Hébreux dit à ce propos : « La foi est une façon de posséder ce qu'on espère, c'est un moyen d'être sûr des réalités qu'on ne voit pas. » (11.1). Plus loin dans le même chapitre, des hommes et des femmes sont cités pour la foi dont ils ont fait preuve pendant leur vie et David figure parmi eux (verset 32). Certains de ces témoins se sont accrochés aux promesses de Dieu pendant des années, sans jamais en bénéficier personnellement, se contentant de les voir « de loin » (verset 13). Dans ce chapitre bien connu, une expression revient sans cesse, comme un écho : « Par la foi... » ! Nous lisons : « Par la foi, Abraham... » (verset 8), « Par la foi, Sara [...] était convaincue que celui qui avait fait la promesse est digne de confiance. » (verset 11), « Par la foi, Abraham [...] lui qui avait eu la promesse. » (verset 17), Moïse « avait, en effet, les yeux fixés sur la récompense à venir [...] il est resté ferme, en homme qui voit le Dieu invisible. » (versets 26-27). L'énumération de ces exploits ne fait pas pour autant l'impasse sur les grandes difficultés qui les ont accompagnées ; elles sont mentionnées ouvertement et honnêtement : le dépouillement, la persécution et les mauvais traitements. Ces hommes et ces femmes ont été durement éprouvés, beaucoup ont péri, mais dans leur persévérance fidèle, ils ont été fortifiés (verset 34) et leur foi a été consolidée.

David n'a pas cessé de chercher à échapper à la folie meurtrière de Saül, mais il a aussi obéi aux plans de Dieu pour sa vie. Il aurait pu opter pour un chemin différent, plus aisé. Il aurait pu renoncer à l'appel de Dieu et à son futur règne et se retirer quelque part où il serait ensuite tombé dans l'oubli. Au lieu de cela, il a persévéré sur ce chemin difficile qu'il n'avait pas choisi, démontrant ainsi sa fermeté et sa fidélité à son Dieu. Il n'a pas laissé les obstacles ou les épreuves le détourner de sa voie.

Dieu est fidèle envers ses enfants et il accomplit toujours ses plans et ses promesses. Parce qu'il était convaincu de cela, David savait que la chasse à l'homme menée par Saül n'était pas vaine, et qu'elle n'aurait pas raison de lui. Il pouvait donc continuer à se réjouir de l'accomplissement des promesses au sujet de son règne sur Israël. En outre, ses épreuves ont été pour lui une école de dépendance et de confiance envers l'Éternel, deux vertus qui lui seraient particulièrement nécessaires dans la suite de sa vie.

Chapitre 8

Quand nous succombons à la tentation

Après avoir considéré les années pendant lesquelles David a été persécuté par le roi Saül, nous nous intéresserons à présent à la phase suivante de sa vie, marquée par de nouvelles difficultés. Cette fois, David ne doit ses problèmes qu'à lui-même car ils sont clairement la conséquence de son péché. En plus de la douleur d'avoir péché contre Dieu, David subit les conséquences de sa faute à un moment où il était à la fois extrêmement performant et profondément engagé envers le Seigneur. Sous la persécution de Saül, David avait appris à s'appuyer sur l'Éternel et à ne dépendre que de lui. Les Psaumes composés pendant cette période montrent à quel point Dieu lui était devenu précieux. Après la mort de Saül, quand David monte enfin sur le trône d'Israël, l'inimaginable se produit : lui, le roi choisi par

Dieu, commet l'adultère. Cet incident, rapporté dans le livre de Samuel (2 Samuel 11), est l'exemple parfait d'un moment d'égarement aux conséquences cruciales.

Le règne de David

Après des années de lutte périlleuse, David voit les promesses de Dieu s'accomplir dans sa vie. Dès la mort de son prédécesseur Saül, David est oint roi de la maison de Juda par les chefs de sa tribu (2 Samuel 2.4). Ensuite, il s'installe à Hébron où il règne pendant sept ans et demi. Pendant les deux premières années, David reste confronté à une certaine agitation car un conflit civil oppose ses hommes et les partisans de Saül qui ont intronisé l'un de ses fils, Ish-Bosheth. Après la mort de cet homme et de son bras droit Abner, l'opposition prend fin et David devient roi des douze tribus d'Israël[1]. Peu après, il prend ses quartiers à Jérusalem où il règne pendant trente-trois ans. « David était âgé de trente ans à son avènement, et son règne dura quarante ans. Il régna sept ans et six mois sur Juda à Hébron, et il régna trente-trois ans sur tout Israël et Juda à Jérusalem. » (5.4-5).

Attardons-nous à présent sur la période qui suit son installation à Jérusalem jusqu'au moment où il succombe à la tentation. David est un dirigeant très compétent : sur le plan militaire, il est pratiquement imbattable et remporte victoire sur victoire, mais il excelle aussi dans d'autres domaines : il bâtit un palais, construit des routes et crée des axes commerciaux. Entre-temps, sa vie privée a considérablement changé. Après son installation à Jérusalem, sa famille s'est élargie avec l'arrivée de nouvelles épouses et concubines et de nouveaux enfants (5.13). Cette période est fructueuse à maints égards, y compris sur le plan spirituel. Dans 2 Samuel 6, nous lisons que David ramène l'arche de l'alliance à Jérusalem et l'installe dans une tente spécialement fabriquée à cet effet. David entretient une relation intime avec le Seigneur qui, par la voix de son prophète Nathan, lui adresse de grandes promesses pour l'avenir[2]. Pour résumer, on pourrait dire que ces années sont une période faste de sa vie tant socialement que politiquement et spirituellement. Relevons quelques éléments marquants de sa relation avec l'Éternel.

David reconnaît l'intervention de Dieu

David est conscient de l'action divine dans sa vie et de ce qu'il doit à l'Éternel (2 Samuel 5.12 : « David reconnut alors que l'Éternel le confirmait comme roi sur Israël et qu'il donnait de l'éclat à son règne à cause d'Israël, son peuple »). Il le répétera dans sa prière de louange[3], dans laquelle il témoigne d'un profond respect pour son Dieu.

David s'appuie sur Dieu

Il est manifeste que David entretient une relation intime avec Dieu et que, même dans la position d'autorité qui est la sienne, il dépend profondément de son Père céleste. Il consulte l'Éternel pour savoir comment réagir dans certaines situations, et il tient compte de son conseil (voir par exemple 2 Samuel 5.19, 23-24). Dans 2 Samuel 5.25, nous lisons que David obéissait à Dieu de façon inconditionnelle : « David fit ce que l'Éternel lui avait ordonné. »

David attribue la première place à Dieu dans sa vie

Bien qu'occupant une position prestigieuse et privilégiée, David paraît davantage soucieux de plaire à son Dieu qu'à ses sujets. Dans 2 Samuel 6, nous lisons comment l'arche de l'Éternel est amenée à Jérusalem, un événement assorti de sacrifices (versets 13, 17), de danses, de cris de joie et de musique (versets 14, 15). Quand la femme de David, Mikal, méprise son mari pour son exubérance et son enthousiasme (le verset 16 dit qu'elle le vit « sauter et danser devant l'Éternel »),

David répond qu'il est prêt à se comporter de façon humiliante devant l'Éternel et à s'abaisser davantage encore (verset 22). Autrement dit, il se soucie peu de se ridiculiser pour louer l'Éternel Dieu.

David est émerveillé par les promesses de Dieu

Le prophète Nathan énumère les promesses abondantes et merveilleuses accordées à long terme par le Seigneur (2 Samuel 7.1-17). Dieu s'engage envers Israël (le peuple aurait son propre territoire et ne serait plus agressé par ses ennemis) et envers le fils de David, Salomon, qui règnerait à sa suite et serait chargé de bâtir la maison de l'Éternel. Dieu lui-même serait son père et ne lui retirerait jamais sa faveur (verset 15). L'une des promesses concerne aussi la maison de David et son royaume : « Je rendrai stable pour toujours ta dynastie et ta royauté, et ton trône sera inébranlable à perpétuité. » (verset 16). Parmi toutes ces bénédictions, notons ces paroles émouvantes prononcées par Dieu aux versets 8 et 9 : « Je suis allé te chercher dans les pâturages où tu gardais les moutons, pour faire de toi le chef de mon peuple Israël. Je t'ai soutenu dans toutes tes entreprises [...] » Dans sa prière de louange, David répond notamment : « Seigneur Éternel, qui suis-je et qu'est donc ma famille pour que tu m'aies fait parvenir où je suis ? » (verset 18) et « C'est parce que tu l'as promis et que tu en as décidé ainsi que tu as accompli ces grandes choses, et qu'en plus tu les as révélées à ton serviteur. Que tu es grand, Éternel Dieu ! Il n'y a personne comme toi, il n'existe pas d'autre Dieu que toi » (versets 21-22).

Les promesses adressées à David ont une portée qu'il ne pouvait imaginer car elles se réfèrent à son descendant, Jésus, qui incarnera l'accomplissement ultime de toutes les prophéties formulées ici. Le roi-berger David est le précurseur du grand Berger-Roi qui prendrait soin d'un troupeau très différent de celui de David et dont le Royaume n'aurait pas de fin. Un détail de la prière de David semble suggérer qu'il a une certaine conscience des grandes choses à venir : « Seigneur Éternel, voilà que tu fais encore à ton serviteur des promesses pour l'avenir lointain de sa dynastie. » (verset 19). Le Seigneur donne parfois à ses serviteurs un discernement spirituel qui leur permet de voir au-delà du visible !

Vulnérables à des moments inattendus

Nous en venons à 2 Samuel 11, le chapitre consacré à David et Bath-Shéba, un épisode sombre de la vie du roi. Les conséquences de l'incident montrent sans équivoque possible que l'on peut se retrouver les mains vides à cause de son propre péché. Nous connaissons les faits et ce qui les a amenés : le roi se délasse sur la terrasse de son palais dans la fraîcheur du soir (une scène bien orientale) et de ce point de vue surplombant, il voit une très belle femme prendre son bain. Il ne prend pas le temps de la réflexion. Il se renseigne à son propos et la fait venir au palais. Une décision catastrophique qui débouche sur l'adultère et le meurtre.

La tentation survient souvent quand nous l'attendons le moins. Elle se présente ici à David dans une période spirituelle intense et cela n'a rien d'exceptionnel.

De même, au début de son ministère sur la terre, alors qu'il revient du Jourdain rempli du Saint-Esprit après avoir été baptisé et avoir miraculeusement reçu la confirmation de sa filiation, Jésus-Christ est tenté. L'évangile de Luc au chapitre 4 rapporte qu'au lendemain de ces événements extraordinaires, Jésus est durement tenté par le diable, pendant quarante jours, dans le désert, comme si Satan avait attendu dans l'ombre à l'affût de ce moment précis ! Il est dit que c'est le Saint-Esprit qui amène Jésus dans le désert pour le dernier acte de sa préparation à sa mission sur la terre. Il doit y subir une épreuve redoutable sous la main du diable. Jésus ne bronche pas et se révèle une proie inaccessible pour son adversaire. Il manifeste, au contraire, une loyauté indéfectible envers son Père céleste, ce qui le rend prêt à retourner en Galilée. Le récit de la tentation se termine ainsi: «Jésus, rempli de la puissance de l'Esprit, retourna en Galilée.» (verset 14).

Les tentations auxquelles Jésus est exposé dans le désert ont pour but de discréditer et de miner sa filiation divine. Le diable le met au défi de faire un usage non prévu par Dieu de sa puissance, de satisfaire des désirs de domination en se soumettant à lui et non à Dieu, tentant de le faire douter de l'amour de son Père. Le diable s'efforce de faire chuter Jésus à propos de sa puissance, de ses richesses et de sa relation avec Dieu, en particulier sa soumission, autant de domaines dans lesquels nous sommes également vulnérables et trébuchons souvent. Pourtant, pendant ces quarante jours d'épreuve, Jésus manifeste une obéissance ferme et sans compromis. Inébranlable, il se réfère constamment à la Parole de Dieu: «Il est dit dans l'Écriture…», révélant ainsi que la soumission à l'Éternel est indissolublement liée à la connaissance, à l'amour et au respect de sa Parole et de sa personne. Ce principe est souligné dans Psaumes 119.2-3: «Heureux les hommes qui suivent ses préceptes et cherchent à lui plaire de tout leur cœur. Ils ne commettent pas le mal, ils suivent les chemins que Dieu leur a tracés.»

Nous devons comprendre que la tentation fait partie de la vie et de la stratégie de l'ennemi de Dieu, qui cherche sans relâche à nous séparer de lui. Il y a toutefois de l'espoir! La victoire de Jésus sur la tentation du diable à l'aube de son ministère trouve son apogée environ trois ans plus tard, sur le chemin de la croix et de la mort: dans cette terrible épreuve, il n'a pas failli, mais est resté fidèle et obéissant à son Père jusqu'au bout. Sa victoire désormais totale sur Satan a fait de Jésus-Christ un souverain sacrificateur capable de nous soutenir lorsque nous sommes tentés. C'est ce qu'explique Hébreux 4.15-16:

> *En effet, nous n'avons pas un grand-prêtre qui serait incapable de se sentir touché par nos faiblesses. Au contraire, il a été tenté en tous points comme nous le sommes, mais sans commettre de péché. Approchons-nous donc du trône du Dieu de grâce avec une pleine assurance. Là, Dieu nous accordera sa bonté et nous donnera sa grâce pour que nous soyons secourus au bon moment.*

Dans Hébreux 2.18, nous lisons : « Car, puisqu'il a lui-même été éprouvé dans ce qu'il a souffert, il peut secourir ceux qui sont éprouvés. » Le diable est peut-être très actif et ses tentations très concrètes, mais la grâce et l'aide qui nous sont offertes dans le Seigneur Jésus sont tout aussi tangibles et beaucoup plus puissantes ! Jésus est plus qu'un homme qui a réussi sa vie : il est le Fils de Dieu, qui a vaincu la mort et qui, depuis sa résurrection, est assis à la droite du Tout-Puissant. Lorsque nous prions, nous faisons plus qu'exprimer nos sentiments ou nous décharger de nos soucis ou de nos craintes. Nous déposons nos préoccupations et notre inquiétude aux pieds du Dieu vivant, qui ne se contente pas de nous écouter, mais qui nous tend la main, nous soutient et nous fortifie pour que nous puissions persévérer. Si Satan utilise la tentation comme moyen de nous abattre, Dieu peut l'utiliser pour notre bien !

La tentation sexuelle

Quand David a succombé à la beauté de Bath-Shéba et à sa propre convoitise, il est devenu la proie de l'une des trois principales tentations auxquelles l'être humain est confronté : l'argent, le sexe et le pouvoir. Trois domaines qui possèdent le potentiel d'engendrer de grandes bénédictions ou de graves malédictions dans la vie d'un homme ou d'une femme. Ce sont des domaines que nous ne maîtrisons pas bien et que nous avons tendance à utiliser à mauvais escient. Utilisés avec sagesse et discernement, ils peuvent produire de grandes bénédictions, pour nous comme pour les autres. En revanche, si nous n'y prenons pas garde, ils nous contrôleront et nous manipuleront, et ils étoufferont notre relation avec Dieu. Un mauvais usage de ces dons peut séparer l'homme de Celui qui les a accordés.

L'ennemi de Dieu est parfaitement conscient de cette réalité. Par exemple, dans son combat pour détruire l'Église de Jésus-Christ, il a conçu une stratégie extrêmement intelligente puisqu'il se concentre sur le péché sexuel parmi les responsables chrétiens et sur la rupture des mariages chrétiens. Ce ne sont pas des hommes qui ont élaboré cette stratégie si pernicieuse, mais l'ennemi de Dieu en personne. Le plus horrible est qu'elle s'avère efficace car l'adultère est aussi un fait dans les milieux chrétiens. Ses conséquences sont dévastatrices, non seulement pour les personnes impliquées, mais aussi pour le nom de Dieu et pour son œuvre, qui en sont déshonorés. La société repère ainsi promptement les hommes de Dieu qui servent davantage leurs intérêts matériels que le Royaume de Dieu et elle s'empresse aussi de dénoncer le péché sexuel qui frappe les leaders religieux.

Étant conscients de ces faits, quelle application devons-nous en tirer ? D'abord, nous devons nous montrer réalistes et reconnaître que la tentation est une réalité qui n'épargne pas les dirigeants (spirituels ou autres) respectés pour leur position importante. Intercédons instamment pour la pureté et la fermeté des responsables de nos communautés et prions pour ceux qui exercent une responsabilité dans l'église ou une organisation missionnaire, pour les membres des comités ou conseils d'administration et pour les prédicateurs ou les chefs religieux qui se trouvent sous les projecteurs. Nous croyons souvent que ces hommes et ces femmes ont « réussi » et qu'ils sont immunisés contre les problèmes auxquels les gens ordinaires sont confrontés. Nous considérons leur ministère plus ou moins naturel et nous oublions que leur mariage pourrait souffrir de leur engagement dans le ministère. Ces personnes occupent une position isolée et vulnérable et elles ont besoin d'un soutien et d'une protection particuliers dans la prière. Nous sommes prompts à les juger quand la situation dérape, mais nous devons veiller à nous examiner nous-mêmes : ne serions-nous pas coupables de les avoir négligés dans nos prières et d'avoir manqué de sollicitude à leur égard ?

Deuxièmement, on peut élargir l'exemple de David à tout un chacun, et retenir comme leçon que personne n'est immunisé contre tout péché. Chacun d'entre nous peut être tenté de laisser tomber sa communion avec Dieu pour une chose très séduisante, mais néanmoins néfaste. Comme pour David, la tentation de faire le mal peut surgir quand nous nous y attendons le moins, même lorsque nous sommes proches de Dieu et en bonne santé spirituelle. Dans sa première épitre aux Corinthiens, Paul écrit : « Si quelqu'un se croit debout, qu'il prenne garde de ne pas tomber[4]. ». Ses mots prennent place dans un passage consacré aux Israélites qui, dans le désert, « ont tous marché sous la conduite de la nuée, ils ont tous traversé la mer, ils ont donc tous, en quelque sorte, été baptisés "pour Moïse" dans la nuée et dans la mer. Ils ont tous mangé une même nourriture spirituelle. Ils ont tous bu la même boisson spirituelle, car ils buvaient de l'eau jaillie d'un rocher spirituel qui les accompagnait ; et ce rocher n'était autre que le Christ lui-même. » (verset 1-4). Les circonstances vécues par ce peuple étaient idéales. Dieu était proche et, pourtant, le péché habitait parmi eux et la majorité ne suivait pas l'Éternel. Paul écrit alors au verset 6 : « Tous ces faits nous servent d'exemples pour nous avertir de ne pas tolérer en nous de mauvais désirs comme ceux auxquels ils ont succombé. » Après cette remarque essentielle, l'apôtre énumère plusieurs dangers concrets, notamment l'immoralité sexuelle.

Au moment où il cède à la tentation, David est un homme puissant, un roi élevé au-dessus de tout son peuple. Il est aussi un homme de Dieu dont le règne a été voulu et confirmé par l'Éternel. Il est performant et respecté. La population l'admire. Autant d'ingrédients qui favorisent la solitude et la vulnérabilité.

Où dirigeons-nous notre regard ?

Le simple fait d'avoir posé les yeux sur Bath-Shéba n'était pas un péché, même si l'instant était chargé de tentation. La séduction est devenue une réalité quand David a laissé son regard s'attarder sur Bath-Shéba. Quand, au lieu de détourner les yeux, il a choisi de les fixer sur cette femme. La situation est alors devenue le terreau idéal de la convoitise. En la regardant, David prenait déjà possession d'elle. C'est à ce moment qu'il a franchi la limite et que le péché, la souffrance et la mort sont entrés dans sa vie.

La faute de David illustre un mécanisme que Jean dénonce dans sa première épître : la convoitise du regard. Nous désirons l'objet sur lequel se sont posés nos yeux. Pour Jean, cette envie est associée aux « mauvais désirs qui animent l'homme livré à lui-même », à « la soif de posséder ce qui attire les regards » et à « l'orgueil qu'inspirent les biens matériels » qui, tous trois ne viennent « pas du Père, mais du monde[5] ». La Nouvelle Bible Segond traduit : « le désir de la chair, le désir des yeux et la confiance présomptueuse en ses ressources, tout cela n'est pas du Père, mais du monde. » Il est important de comprendre qu'ici, les « mauvais désirs » de la nature humaine ne parlent pas uniquement du péché sexuel. Dans ce contexte, ils désignent la recherche de la satisfaction de ses propres envies plutôt que des choses de l'Esprit. Paul approfondit le sujet dans Galates 5.13-26, où il énumère de nombreux désirs et œuvres de la chair, notamment l'adultère et l'immoralité. Mais il existe aussi de nombreux fruits de l'Esprit, dont la maîtrise de soi. La fidélité et l'amour, également. Dans la situation d'un adultère potentiel, ils sont aussi déterminants que la maîtrise de soi. En réalité, les trois sont étroitement liés. Il est évident que notre fidélité et notre amour pour Dieu, pour notre partenaire et pour l'autre personne impliquée pèsent énormément dans la décision de nous maîtriser et de résister à la tentation sexuelle.

Jésus évoque clairement toutes ces questions. Il affirme que quiconque regarde une femme en la convoitant a déjà commis l'adultère dans son cœur. Il dit aussi qu'il vaut mieux arracher l'œil qui nous pousse au péché et s'en débarrasser plutôt que finir en enfer[6]. Jacques ne mâche pas non plus ses mots au sujet de la tentation : « Lorsque nous sommes tentés, ce sont les mauvais désirs que nous portons en nous qui nous attirent et nous séduisent, puis le mauvais désir conçoit et donne naissance au péché. Et le péché, une fois parvenu à son plein développement, engendre la mort[7]. ». Il ajoute au verset 16 : « Ne vous laissez donc pas égarer », autrement dit : « Ne vous leurrez pas ! »

Quelque part entre la montée du désir et son éclosion se situe le moment d'opérer un choix décisif. Comme Joseph, je peux fuir le péché par ma volonté. Ou, comme David, je peux faire un pas en avant en m'attardant un peu plus. Nous attarder est aussi une décision volontaire de notre part, même si nous cherchons généralement à nous convaincre que c'était plus fort que nous et que nous avons été le jouet des événements. Si nous sommes tentés d'excuser notre attitude et de mettre en avant notre impuissance, nous devons relire l'avertissement de Dieu à Caïn en Genèse 4.7 : « [...] le péché est tapi à ta porte : son désir se porte vers toi, mais toi, maîtrise-le ! »

Je me souviens d'une anecdote qui montre clairement que nos yeux peuvent s'habituer dès le plus jeune âge à regarder dans la mauvaise direction. L'un de mes amis (il se nomme Hubert), enseignant dans le secondaire, accompagnait un groupe d'élèves de douze ans en voyage scolaire. Un jour, il vit un groupe de filles s'extasier et glousser en feuilletant des magazines pornographiques. Il fut profondément choqué, mais il le fut plus encore de constater que ses collègues n'y voyaient aucun mal et trouvaient même la chose amusante. Hubert, par contre, comprit que ce passe-temps prétendument inoffensif avait le potentiel d'accoutumer les jeunes à la perversité. Le jeune professeur eut le courage de se lever pendant la veillée ce soir-là et de dire aux enfants et à ses collègues ce qu'il en pensait. « Si vous remplissez vos yeux et vos pensées d'images pornographiques et si vous vous accoutumez à la perversité, vous ne tarderez pas à vouloir expérimenter ces choses et quelques-unes d'entre vous, les filles, subiront leur premier avortement à quinze ou seize ans, dit-il. À l'âge de dix-neuf ou vingt ans, vous ne serez plus capables de développer une relation pure et ayant du sens, ni de vous émerveiller dans la découverte de votre sexualité. Vous aurez alors perverti le don merveilleux prévu par Dieu pour être une bénédiction dans le contexte du mariage. » Hubert exagérait-il ? Faisait-il une montagne d'une taupinière ? Je ne crois pas. En fait, son refus du compromis était le fruit de sa marche avec Dieu. Il *devait* dénoncer le mal. Parmi tous les professeurs présents, Hubert fut le seul à défendre ses convictions.

Ainsi, nous savons qu'en passant des heures devant la télévision, et sans contrôle parental, nos enfants sont susceptibles d'entendre beaucoup de grossièretés et de visualiser d'innombrables actes de violence, d'immoralité et de perversité. Pourtant, beaucoup les laissent seuls devant le petit écran. Cela nous arrange parce qu'ils ne sont pas dans nos jambes et qu'ils sont occupés, mais n'oublions pas que pendant ce temps ils sont exposés à un spectacle susceptible de les influencer, de polluer leur esprit et leur âme. Ce que nous lisons ou regardons peut aussi nous causer du tort à l'âge adulte. La pureté en pensée et en acte est étroitement liée à la pureté des yeux !

La veillée d'Hubert a connu une fin intéressante. Après avoir jeté trois magazines confisqués cet après-midi-là dans le feu de camp autour duquel ils étaient réunis, il demanda aux élèves d'aller chercher tous les magazines pornographiques qui se trouvaient encore dans leurs chambres et il proposa de les racheter. Plus de vingt magazines furent rassemblés, ce qui lui coûta presque cinquante euros. Après les avoir tous brûlés, un acte spontanément applaudi par les ados, l'un deux fit remarquer : « Ce n'était pas très malin de votre part de rembourser les magazines, M'sieur. Regardez ce que ça vous a coûté ! » La réponse du professeur fut très profonde : « J'ai seulement payé cinquante euros pour quelques magazines, mais Dieu a payé pour nos péchés en sacrifiant son propre Fils ! »

Le Psaume 25 est une prière de repentance prononcée par David après qu'il a laissé son regard s'attarder sur Bath-Shéba. Sans savoir de quelle situation précise il s'agit, nous lisons que ces paroles se rapportent aux péchés de sa jeunesse et à ses fautes passées (verset 7). « Mes yeux sont constamment tournés vers l'Éternel, car c'est lui qui dégage mes pieds pris au filet », dit-il (verset 15). En mentionnant à la fois ses yeux et ses pieds, David associe clairement ce qu'il voit ou regarde à ce qu'il fait.

Cela paraît si simple. En gardant les yeux fixés uniquement sur Dieu, en ne craignant que lui et en marchant avec lui, nous ne pécherons pas. L'expérience nous a malheureusement appris que cela ne fonctionne pas toujours de cette façon, mais plutôt comme le décrit Jean : « Si nous prétendons n'être coupables d'aucun péché, nous vivons dans l'illusion, et la vérité n'habite pas en nous[8]. ». La mauvaise nouvelle est que nous renonçons régulièrement à notre communion avec Dieu pour une petite escapade dans les ténèbres. Le péché est une réalité dans la vie de tout individu. La bonne nouvelle, par contre, c'est que la grâce de Dieu nous invite à revenir sans cesse vers le refuge qu'il nous offre. Là, nous pouvons confesser nos péchés et bénéficier de sa fidélité et de sa justice, être pardonnés et purifiés « de tout le mal que nous avons commis[9] ».

Notre soif d'abondance

Un aspect tragique dans le péché de David est sans doute qu'il avait beaucoup reçu. Ses mains étaient pleines et il ne manquait de rien. C'est d'ailleurs ce que le Seigneur lui dit par la bouche de Nathan: «Je t'ai conféré l'onction pour t'établir roi d'Israël et je t'ai délivré de Saül. [...] je t'ai établi chef sur Israël et sur Juda; et si cela était trop peu, j'étais prêt à y ajouter encore d'autres dons[10].». Ces paroles de l'Éternel s'appuient sur une vérité incroyable: Celui qui nous a créés et nous connaît parfaitement (une vérité pleinement assumée par David dans le Psaume 139) sait ce dont nous avons besoin et ce qui est bon pour nous. Parce qu'il est un Dieu d'amour, nous pouvons avoir l'assurance qu'il ne veut nous priver d'aucun bien, mais prend au contraire plaisir à nous bénir abondamment.

David reconnaît tout cela dans sa prière de reconnaissance: «Seigneur Éternel, qui suis-je [...] pour que tu m'aies fait parvenir où je suis? Et comme si ce n'était pas déjà suffisant à tes yeux, Seigneur Éternel, voilà que tu fais encore[11] [...]». Cet émerveillement, David l'exprime à de multiples reprises et, en particulier, dans les Psaumes, qui montrent toute sa reconnaissance envers la bonté du Tout-Puissant.

Comment, en tant qu'enfants de Dieu, pouvons-nous avoir l'impression de manquer de quelque chose? Tout d'abord, en nous concentrant sur ce que nous ne possédons pas. En regardant dans cette mauvaise direction, nous oublions de considérer ce que nous avons! Depuis le toit de son palais, où il avait tout ce qu'il désirait, le roi David a laissé son regard errer sur une des rares choses qui ne lui appartenaient pas: la femme d'un autre. Il a cru qu'il avait besoin d'elle pour parfaire son bonheur. Adam et Ève sont tombés dans le même piège. Ils possédaient tout ce que leur cœur désirait et tout ce dont ils avaient besoin, mais ils ont souhaité la seule chose que Dieu avait interdite: le fruit de l'arbre de vie. Ils ont ainsi inauguré cette mauvaise tendance humaine: nous recherchons la satisfaction à travers des moyens inappropriés, et tant que nous agissons de la sorte, nous restons insatisfaits au plus profond de notre être.

Voici une variante du même ressort: nous pensons qu'il nous manque quelque chose lorsque nous nous concentrons sur les éléments négatifs de notre vie, au point de ne plus distinguer les bénédictions accordées par Dieu. Or, comme nous l'avons déjà vu, nos circonstances douloureuses doivent être reconnues à leur juste place et ne pas nous masquer la présence de Dieu. C'est là la plus grande bénédiction, qui surpasse toutes les autres. Ayant redécouvert cela, nous pourrons dire avec David : « L'Éternel est mon berger. Je ne manquerai de rien[12]. ». Ézéchiel 34 aussi évoque la bénédiction abondante de Dieu en des termes propres aux bergers. Comme le berger humain, Dieu cherche à offrir la meilleure nourriture et les meilleurs soins à ses brebis :

> *Voici ce que déclare le Seigneur, l'Éternel : Je vais moi-même venir m'occuper de mon troupeau [...] Je les ferai paître dans de bons pâturages, et elles trouveront leur herbage sur les hautes montagnes d'Israël ; elles reposeront dans une belle prairie et elles se nourriront dans de gras pâturages sur les montagnes d'Israël. [...] C'est moi qui ferai paître mon troupeau et c'est moi qui le ferai reposer [...] Je chercherai la brebis qui sera perdue, je ramènerai celle qui se sera éloignée, je panserai celle qui a une patte cassée, et je fortifierai celle qui est malade*[13]. ».

Quand Jésus se désigne comme le bon Berger, dans Jean 10, il promet à ses disciples « une vie abondante » (verset 10). Le mot « abondant » est la traduction du terme grec *perissos*, qui apparaît six fois dans le Nouveau Testament sous la forme que nous trouvons ici en Jean 10.10. L'étude du contexte dans lequel le mot *perissos* est utilisé nous livre six situations complètement différentes et donc six traductions différentes. La comparaison des six termes permet de dégager un facteur commun : ce sont tous des superlatifs, employés généralement en comparaison d'une chose de moindre importance ou de moindre valeur. Il s'agit du *privilège* d'un individu sur un autre, d'un objet qui en *excède* un autre, d'une expérience *supérieure*, d'une chose *extraordinaire* ou *nécessaire plus* que tout le reste et, enfin, d'une réalité *abondante*. Voilà ce que Dieu offre à ses enfants. Lorsque nous prenons conscience du potentiel et de l'impact de cette abondance, notre vie est transformée et déborde autour de nous.

Cependant, nous ne pouvons avoir accès à cette abondance qu'en Jésus-Christ puisque sa promesse est indissociable de sa personne. Le pourvoyeur de ces dons est lui-même le don le plus gigantesque et le plus extravagant que Dieu pouvait nous accorder. En lui, nous recevons toutes les richesses et la plénitude que nous pouvons désirer. Des richesses totalement différentes de celle que les médias nous décrivent et nous proposent sous les paillettes et le glamour. Ces plaisirs peuvent nous divertir un temps, mais ils ne peuvent nous satisfaire vraiment. Nos yeux doivent s'ouvrir pour distinguer la véritable abondance et nous devons rencontrer Jésus pour y accéder. Paul a dit en Philippiens 4.19 : « Mon Dieu subviendra pleinement à tous vos besoins ; il le fera, selon sa glorieuse richesse qui se manifeste en Jésus-Christ. » Si nous désirons connaître la véritable abondance pour l'éternité et la satisfaction au plus profond de notre être, nous devons rechercher la présence de Dieu et nous réfugier en lui, en et à travers Jésus-Christ. À l'abri de ses ailes, nous trouverons le repos et nous n'éprouverons plus le besoin de poursuivre d'autres sources de contentement. Nous constaterons que le Seigneur en personne nous comble pleinement. Malheureusement, l'expérience démontre que, même dans la foi, nous persistons à poursuivre de nouvelles sources de satisfaction au lieu d'apprendre à la puiser auprès de celui qui est la source même de la vie en abondance.

Chapitre 9

Quand nous souffrons des conséquences de nos péchés

Les conséquences de l'adultère de David se sont avérées dramatiques. Par la bouche du prophète Nathan, le Seigneur annonce au roi ce qui s'ensuivra, et cela touche à la fois sa vie politique et familiale[1]. La faute de David a déclenché toute une série d'événements douloureux et néfastes, et il faudra attendre des années avant de voir la tendance s'inverser avec l'accession au trône de son fils Salomon. La violence ne quittera jamais sa maison, qui ne cessera de connaître des conflits et des troubles. Dieu appellera le désastre sur David du cœur même de sa propre famille, en ce que le premier enfant né de sa liaison avec Bath-Shéba mourra (12.15-18). Plus tard, le fils de David, Absalom, organisera une puissante révolte contre son père en ralliant des hommes d'Israël à sa cause. David sera contraint de prendre la fuite pour la seconde fois de sa vie (chapitre 15). En son absence, dix concubines restées sur place pour prendre soin du palais (15.16) seront publiquement violées par Absalom sur le toit où David a aperçu Bath-Shéba pour la première fois (16.21-23). Après le retour du roi, elles seront contraintes de vivre en recluses au palais, comme des veuves (20.3). David lui-même sera agressé pendant sa fuite par un certain Shimeï et ses hommes (un descendant de Saül, 16.5-14). Même après la mort de son fils Absalom et son retour à Jérusalem, la division et la rébellion perdureront (chapitre 20). Une famine de trois ans frappera le pays et les combats reprendront entre les Philistins et Israël (chapitre 21). À ce stade, le roi sera épuisé et ne participera plus activement à la bataille. Enfin, nous savons d'après le premier chapitre du livre des Rois que David, désormais très âgé, connaîtra des soucis de santé, et que certains tenteront d'empêcher l'accession au trône de Salomon.

David a donc traversé de multiples épreuves au lendemain de son adultère avec Bath-Shéba. Cela nous montre que, même après avoir obtenu le pardon de Dieu et avoir pris un nouveau départ, les conséquences de nos actes répréhensibles peuvent nous gâter la vie pendant longtemps.

Il y a quelques années, un responsable chrétien très connu a commis le même écart que David. Après un certain temps, un petit groupe d'amis a appris sa liaison. Le pasteur et sa maîtresse ont reconnu les faits et se sont repentis ; ils ont mis un terme à leur relation. Par la grâce de Dieu, l'épouse et les enfants de ce pasteur ont pu lui pardonner et le couple s'est attelé à reconstruire les liens conjugaux et familiaux. L'homme a poursuivi son ministère et la vie a repris son cours du mieux possible. Je précise « du mieux possible » parce que l'adultère fragilise les relations pendant de nombreuses années après la repentance et le pardon. Dans ce cas précis, la situation a évolué favorablement pendant plusieurs années jusqu'à ce que l'un des amis « de confiance », qui avait été informé de la situation à l'époque, oublie de tenir sa langue et évoque l'adultère en public. Le scandale a subitement éclaté alors que la relation du couple avait retrouvé une certaine stabilité. Malheureusement, la nouvelle s'est répandue, provoquant un flot de spéculations aussi fantaisistes les unes que les autres et mettant en péril la réputation du ministère dans lequel cet homme était engagé. Il a fini par démissionner pour éviter de déshonorer l'œuvre et le nom de Dieu. Toutes les personnes impliquées ont à nouveau beaucoup souffert et, une fois encore, la famille a dû affronter les conséquences d'un acte commis et résolu des années auparavant.

Bénis malgré notre faute

David subira les conséquences de sa liaison avec Bath-Chéba jusqu'à la fin de sa vie ; il a beaucoup perdu, dans plusieurs domaines. Pour autant, était-il les mains vides après son adultère ? Est-ce en les dépouillant de tout que Dieu punit ses enfants ? Nous aborderons ici la question du pardon et de la restauration, des dons accessibles en Dieu, alors que les hommes se montrent généralement prompts à condamner, lents à pardonner et incapables d'oublier. Nous sommes naturellement enclins à penser que si une personne a commis une erreur, elle doit la payer. Si quelqu'un nous a blessés, nous désirons sans nous l'avouer qu'il souffre à son tour ; et s'il nous a très profondément blessés, peut-être lui souhaitons-nous le pire. Il en va différemment de Dieu ! Même lorsque nous péchons, il ne nous prive pas de sa bonté. David avait gravement déshonoré et blessé Dieu, mais il a été comblé à nouveau, en dépit des dégâts provoqués par sa faute. En effet, l'Éternel a continué à bénir David, non pas en restaurant complètement sa situation ou ses relations, mais à d'autres égards.

Dieu a pardonné à David

Aux yeux de Dieu, la gravité de notre péché importe peu; il ne parle jamais de «grands» ou de «petits» péchés; devant lui, le péché est le péché. Et dans sa grâce, il est toujours disposé à nous pardonner lorsque nous nous repentons. Dans 2 Samuel 12.13, David dit au prophète Nathan: «J'ai péché contre l'Éternel!» Et Nathan de répondre: «Eh bien, l'Éternel a passé sur ton péché.» David revient sur la question dans Psaumes 32, un texte qui traite de la bénédiction de Dieu en réponse à la confession de nos péchés. Au verset 5, il dit: «Je t'ai avoué ma faute, je n'ai plus caché mes torts, j'ai dit: "Je reconnaîtrai devant l'Éternel les péchés que j'ai commis." Alors tu m'as déchargé du poids de ma faute.» Les deux premiers versets du même Psaume seront cités par Paul dans sa lettre aux Romains[2]: «Heureux l'homme dont la faute est effacée, et le péché pardonné! Heureux l'homme au compte de qui l'Éternel ne porte pas le péché [...]».

Le pardon de Dieu repose uniquement sur sa grâce. Autrement dit, notre comportement ou nos bonnes intentions n'influencent pas son attitude envers nous. Par contre, Dieu exige que nous nous repentions sincèrement et que nous croyions en la mort expiatoire du Christ sur la croix pour nos péchés, et en sa résurrection. Tous ceux et celles qui viennent à Dieu ainsi reçoivent un pardon inconditionnel et complet. Dans Psaume 103, David loue l'Éternel pour sa grâce car il est celui qui «pardonne tous tes péchés [...] qui t'arrache à la tombe» (versets 3-4). Dès l'instant où un péché est nommé et confessé, puis pardonné par Dieu, il disparaît à ses yeux et reste à jamais effacé. «Autant l'Orient est loin de l'Occident, autant il éloigne de nous nos mauvaises actions.» (verset 12). Il est impossible d'imaginer distance plus grande que celle qui sépare l'Est de l'Ouest. Il en va ainsi de la compassion de Dieu—la compassion d'un père envers ses enfants (verset 13). Notre Père céleste nous offre non seulement le pardon, mais toutes sortes de bénédictions en plus : « C'est lui qui te couronne de tendresse et d'amour, et qui te comble de bonheur tout au long de ton existence » (versets 4-5). Voilà, une fois encore, une vérité dont la profondeur ne nous est pleinement révélée que lorsque nous nous réfugions en Dieu et que nous laissons sa compassion devenir une réalité dans notre cœur.

La grâce de Dieu nous libère de la culpabilité et nous délivre simultanément de la honte. Elle fait de nous des êtres libres. Notre relation avec Dieu est restaurée et nous avons de nouveau accès à son intimité. S'il est vrai que le péché mène à la mort, le pécheur repenti et pardonné par la grâce de Dieu peut poursuivre sa route et vivre.

Dieu n'a pas abandonné David

Malgré son péché, David expérimente à nouveau la présence et l'intervention de Dieu. L'Éternel ne le laisse pas tomber, sa main reste étendue sur sa vie. Au plus profond de sa détresse, Dieu reste proche de lui. Il montre sa miséricorde en préservant la vie et le règne de David et en lui accordant de nouvelles victoires militaires. Ainsi, quand Absalom conspire pour prendre le trône de son père, sa tentative reste vaine malgré la qualité de ses plans et le nombre de ses partisans. L'un d'eux était le conseiller de David, Ahitophel. Son mauvais conseil aurait dû signer la perte du roi, mais l'Éternel retourne magnifiquement la situation[3]. Dans la foulée, David remporte une victoire militaire fracassante qui permet son retour à Jérusalem. L'énumération du nom et des actes des héros de David dans 2 Samuel 23 précise à deux reprises que l'Éternel accorda la victoire (« une grande victoire » puis « une victoire éclatante », verset 10-12). David en était conscient et ses paroles dans 2 Samuel 24.14 révèlent avec force à quel point la présence de Dieu lui était demeurée précieuse : « Oh ! Tombons plutôt entre les mains de l'éternel, car ses compassions sont grandes ; mais que je ne tombe pas entre les mains des hommes. »

Dieu est resté fidèle à ses promesses

C'est par le fils de David et de Bath-Shéba, Salomon, que s'accompliront les bénédictions promises par Dieu en 2 Samuel 7.12-16. Il est dit de lui que «l'Éternel l'aima[4]» et qu'il devait succéder à David sur le trône. Salomon est devenu célèbre pour sa beauté, sa sagesse et sa grandeur et c'est lui qui a bâti le temple de Dieu. Son histoire, qui débute avec son accession au trône, nous est rapportée à partir de 1 Rois 1.

Dieu a accordé de la sagesse à David

Arrêtons-nous enfin sur la bénédiction de la sagesse. Peu avant sa mort, David appelle son successeur et fils Salomon et lui donne le conseil le plus sage que l'on puisse transmettre à un autre homme. Ses adieux à son fils (entre-temps devenu roi) sont rapportés dans 1 Rois 2.3-4: «Suis fidèlement les ordres de l'Éternel ton Dieu, en marchant dans les chemins qu'il a prescrits et en obéissant à ses lois, ses commandements, ses articles de droit et ses ordonnances, tels qu'ils sont consignés dans la Loi de Moïse. Alors tu auras du succès dans tout ce que tu entreprendras et partout où tu iras.» Ce sont là les paroles avisées d'un homme qui n'a pas toujours fait ce qu'il conseille et qui a subi les conséquences de sa désobéissance à Dieu. Cette leçon durement apprise a porté en lui le fruit de la sagesse. Alors qu'il prononce ces mots, David souffre probablement encore des ses erreurs passées. Pourtant, il peut s'exprimer avec espoir et confiance parce qu'il a bénéficié du pardon et de la restauration de Dieu. Il est certain que Dieu est fidèle à ses promesses envers ses enfants, en dépit de leurs manquements et de leurs échecs.

Nous pouvons conclure de ces diverses bénédictions que l'Éternel n'a pas permis que David soit dépouillé, le faisant au contraire bénéficier de sa miséricorde, de sa grâce et de sa présence. Le péché de David a été effacé aux yeux de Dieu, mais ses conséquences sont cependant demeurées telles des cicatrices.

Lorsque nous sommes responsables de notre souffrance

L'histoire de David et Bath-Shéba illustre comment nos propres actes peuvent engendrer de la souffrance et quel lien il peut exister entre nos péchés et les difficultés qui nous assaillent. On trouve de nombreux autres exemples de cela, à la fois dans l'Ancien et le Nouveau Testament.

Jean 4 décrit la rencontre entre Jésus et une femme, au bord du puits de Jacob à Sychar, en Samarie. Elle avait multiplié les relations et vivait désormais avec son sixième partenaire. Son mode de vie très libre ne lui avait pourtant pas apporté le bonheur. Lorsqu'elle demande à Jésus de lui donner de l'eau pour apaiser sa soif, elle évoque en réalité son vide intérieur (verset 15). En d'autres termes, elle souffre de sa propre manière de vivre, répréhensible et frivole. Sa conversation avec Jésus semble indiquer qu'elle se réjouit de la venue du Messie. Elle ignore pourtant ce que signifie être sauvée et être enfant de Dieu. En lui offrant de l'eau vive, Jésus affirme pouvoir étancher sa soif intérieure. Il ne prétend pas, en revanche, que cette eau garantit une existence exonérée de tout souci.

Lorsque nous devenons enfants de Dieu, nous restons vulnérables devant la tentation du mal et nous ne sommes jamais exemptés de la souffrance qui s'ensuit. Lorsque nous franchissons les limites fixées par Dieu et que nous lui désobéissons, nous devenons nuisibles pour nous comme pour les autres. Nous avons été prévenus, mais nous continuons quand même à fixer nos yeux et notre cœur sur les choses mêmes que Dieu nous a interdites, jusqu'à nous faire mal. Tout a commencé avec Adam et Ève. Ils étaient richement bénis, ils vivaient dans un monde merveilleux et jouissaient d'une relation pleine et entière entre eux et avec Dieu. Au lieu de jouir de ces généreux bienfaits, ils ont voulu un petit extra qui n'était justement pas à leur portée. Après avoir succombé à ce désir, ils ont été chassés du Jardin et des failles sont apparues dans leur vie et dans leur relation. Ils avaient reçu de Dieu des possibilités et des promesses infinies, mais ils ont fini à l'extérieur du Jardin, les mains vides.

Reconnaître notre péché

Lorsque la vie devient pesante à cause de nos fautes, nous sommes généralement conscients du rôle que nous avons joué dans les événements. La plupart d'entre nous n'avons pas de peine à distinguer le bien du mal, mais il nous arrive d'opérer un choix peu judicieux et, parfois même, d'opter délibérément pour le mal. Les conséquences de nos fautes ne se manifestent pas toujours d'emblée, ce qui nous laisse la possibilité de nous leurrer en nous disant que nos actes étaient répréhensibles, mais pas franchement mauvais. Nous pouvons nier la vérité, comme le petit enfant avec lequel j'ai joué un jour à cache-cache et qui se croyait invisible tant qu'il gardait les yeux fermés ! Nous sommes un peu comme lui : nous sommes tentés de fermer les yeux, nous persuadant que certains faits n'existent pas ou ne se sont pas produits. Bien sûr, la réalité est tout autre. La maturité spirituelle se traduit par le courage d'affronter la vérité et de reconnaître nos manquements et nos péchés. C'est la première étape de la résolution d'une situation qui a peut-être eu le temps de se complexifier et de s'envenimer.

Dieu nous montre nos péchés

Qu'en est-il des situations où c'est nous qui nous refusons à reconnaître les faits ? Ayant appris la grossesse de Bath-Shéba, David cherche avec angoisse à s'extraire de cette situation épineuse et à dissimuler son méfait. En vain. Il s'arrange alors pour que l'époux de Bath-Shéba meure au combat. Désormais veuve, Bath-Shéba le rejoint au palais, il l'épouse et elle donne naissance à leur fils. On pourrait croire que David s'en sort relativement bien. Il a dû s'organiser efficacement et prendre des mesures radicales, mais ce n'est pas un problème pour un roi. Il n'a pas non plus à craindre de devoir rendre des comptes parce que son statut lui confère une sorte d'immunité. Du moins, en apparence! Car Dieu ne peut pas tolérer le péché dans la vie de ses enfants et il nous révèle nos travers. Nous lisons dans 2 Samuel 11.27: «Mais ce que David avait fait déplut à l'Éternel», puis au verset suivant: «L'Éternel envoya Nathan chez David.» (12.1). Par l'intermédiaire du prophète, Dieu a une conversation privée avec David à propos du mal qu'il a commis et des conséquences. Le roi comprend que ses transgressions ont provoqué de la souffrance et déshonoré le nom de Dieu. Ce n'est pas tout: son péché a fragilisé sa relation avec l'Éternel. À la lumière de ces choses, il est pratiquement impossible pour David de continuer à se voiler la face, il sait que la conséquence du péché est la mort. C'est par la grâce de Dieu que la vérité lui est révélée.

La plupart du temps, nous sommes non seulement prompts à dissimuler nos péchés, mais aussi relativement doués pour excuser notre comportement. La culture moderne nous pousse à considérer un criminel comme la victime d'une enfance dysfonctionnelle; son forfait s'explique par son contexte de vie. Nous sommes donc nous-mêmes impuissants face au péché. Il y a certes une part de vérité dans ces considérations, mais le péché n'en demeure pas moins le péché, quelles que soient les circonstances. Nous nous cherchons des excuses pour minimiser ou justifier notre comportement, mais Dieu ne «mesure», ne minimise et n'excuse jamais le mal, car le péché n'est pas une question de proportion. Sa seule existence est un fait abominable et intolérable pour un Dieu saint. Et il nous en tient responsables.

La Bible nous rappelle souvent que le péché offense la sainteté de Dieu en ternissant son nom. Dieu dit dans 2 Samuel 12.14 que les actes de David ont donné aux ennemis de Dieu «une occasion de le mépriser». À la racine de sa transgression se situe la désobéissance : il a ignoré la Parole de Dieu et Dieu lui-même (12.9-10).

Dieu a donc révélé ses péchés à David par un acte de grâce. Dans le Nouveau Testament, c'est Jésus-Christ qui, étant lui-même la Lumière, révèle le péché au grand jour. Revenons à sa rencontre avec la Samaritaine devant le puits[5]. Après qu'elle a décrit sa soif profonde, Jésus poursuit la conversation en abordant sa vie sentimentale : elle a vécu avec cinq hommes et partage aujourd'hui le lit d'un sixième sans pour autant être sa femme. Craignant l'étalement de sa vie privée, elle change rapidement de sujet et demande à Jésus où le peuple doit adorer Dieu. À l'époque, cette question est un sujet de conflit entre les Juifs et les Samaritains. La femme ne l'ignore sans doute pas, mais elle ne peut supporter d'être confrontée à la vérité. C'est pourtant exactement ce qui s'est produit dès l'instant où elle a rencontré Jésus. De même encore aujourd'hui, quiconque entre dans sa présence et se tient dans sa lumière voit les ombres de sa vie écartées. La communion avec Dieu et la marche dans les ténèbres sont incompatibles car la sainteté et l'impureté ne peuvent aller de pair[6]. Dès lors, si nous rencontrons le Seigneur Jésus et si nous désirons sincèrement le suivre, notre péché sera mis à nu.

De quelle manière Dieu nous montre-t-il notre péché ?

La Parole de Dieu nous parle

À travers ses dix commandements, Dieu nous fournit des règles de vie fondamentales. Ne nous contentons pas de les laisser sur des tablettes de pierre et gravons-les sur notre cœur. L'auteur du Psaume 119, qui est une ode à la loi de l'Éternel, écrit : « Mon lot, ô Éternel, je le redis, c'est d'obéir à ta parole. » (verset 57) et « Tes lois sont des merveilles, aussi je les garde avec soin. » (verset 129). L'obéissance aux Écritures est indissociable d'un amour profond pour Dieu. On pourrait même dire que la sincérité ou la profondeur de notre amour pour Dieu est révélée par la façon dont nous considérons sa Parole. Si nous l'aimons et si nous nous y plongeons, c'est non seulement elle que nous connaîtrons mieux, mais également Dieu lui-même, que nous aimerons plus intensément. En lisant et en étudiant ses Écritures, nous nous familiariserons avec sa personnalité et sa volonté. Ce faisant, nous distinguerons mieux le bien du mal, de sorte que nous pourrions voir la Parole nous interpeller directement au sujet de notre péché et nous appeler à une obéissance radicale.

Notre conscience nous dérange

Il est clair que divers facteurs peuvent nous empêcher d'adopter une attitude mûre et responsable envers notre péché. Heureusement, Dieu nous a donné une conscience qui nous rappelle ce qui est mal, et donc nous accuse, le cas échéant. Ce mécanisme n'est toutefois pas naturel. La conscience a besoin d'être éduquée. Lorsque nous marchons avec Dieu et que sa grâce est à l'œuvre en nous, notre conscience devient de plus en plus sensible car elle se met au diapason du Saint-Esprit ; notre capacité à entendre notre conscience augmente. Le théologien Jim Packer a dit :

> *La stimulation de la conscience est un signe de croissance chrétienne ; sans elle, notre vie chrétienne serait incomplète. À l'inverse, on pourrait dire qu'une conscience insensible est un signe d'immaturité spirituelle.*

Il est intéressant de lire le Psaume 32 dans lequel David évoque la joie du pardon. Les versets 3 et 4 décrivent le violent conflit qui peut nous torturer lorsque le péché n'est pas confessé. Lorsque David taisait sa faute, la main de Dieu pesait lourdement sur lui. Sa première impulsion a consisté à étouffer sa culpabilité en la renvoyant dans son subconscient, mais elle a ressurgi sous la forme de troubles physiques. David s'efforçait de museler sa conscience mais, dans sa bonté, l'Éternel n'a cessé de le harceler. Au verset 5, il écrit : « Je t'ai avoué ma faute, je n'ai plus caché mes torts ». Le résultat est qu'il a trouvé le pardon, puis la joie dans le Seigneur (verset 11). Il est important de comprendre que notre conscience peut nous interpeller et nous parler, mais qu'elle peut aussi être réduite au silence, réprimée ou même corrompue de sorte qu'elle n'accomplit plus sa fonction. Dans sa lettre à Tite, Paul écrit que certains prétendent connaître Dieu tout en lui désobéissant. Ce sont à la fois leur esprit et leur conscience qui sont corrompus[7].

Notre souffrance peut être révélatrice

Il arrive que ce soit notre souffrance elle-même qui nous pousse à reconnaître que nous nous sommes égarés. La parabole du fils prodigue[8] met en scène un jeune homme qui exige sa part d'héritage. Il quitte alors la maison paternelle et se rend dans un pays lointain. Loin de chez lui, il mène la grande vie jusqu'à ce que l'argent vienne à manquer et qu'il commence à souffrir de la faim et de la pauvreté. Parti avec tout ce qu'il désirait, il finit gardien de cochons. Il est tellement affamé qu'il est prêt à manger la nourriture des animaux, mais même cela lui est interdit. C'est alors que les douleurs de la faim et de la solitude lui rendent sa lucidité : il se rend compte (verset 17) qu'il est personnellement responsable de ce qui lui arrive. Ainsi, le mal-être provoqué par nos péchés peut nous pousser à nous examiner et à nous poser des questions.

Le Saint-Esprit de Dieu parle clairement

Le Seigneur en personne et sa Parole, ainsi que notre conscience et notre souffrance, sont autant de moyens de comprendre le rôle que nous avons joué dans les circonstances qui nous accablent. Il en est un autre, non négligeable : le Saint-Esprit, la voix de Dieu par excellence qui s'exprime au cœur de notre être. Il nous interpelle au sujet de notre désobéissance. Il stimule notre conscience et remet nos pensées en question. Il nous rappelle la Parole de Dieu et il nous parle à travers d'autres personnes. Il fait tout cela (et beaucoup encore) pour nous garder proches du Père céleste et pour stimuler notre amour pour lui. Sa seule présence en nous implique que nous ne sommes pas seuls ! Nous avons reçu le Saint-Esprit, Dieu en nous et avec nous !

Une vie après le pardon !

Nathan dit à David[9] : « L'Éternel a passé sur ton péché. Tu ne mourras pas. » Ces paroles nous révèlent que la mort est l'issue logique de notre péché. Étant conscients de cela, nous mesurons combien Dieu s'est montré miséricordieux en envoyant Nathan auprès de David, non pas pour lui annoncer qu'il allait mourir, mais au contraire pour le sauver. En se servant d'une parabole, Dieu permet à David de comprendre lui-même la gravité et la portée de ses actes. Ainsi est-il amené à se reprendre, à confesser son péché et à demander pardon. Dieu ne nous piège pas, mais il nous place dans un lieu assez vaste pour que nous puissions reprendre vie.

Parfois, même après avoir reçu le pardon de Dieu, nous restons en proie à la culpabilité en continuant à nous condamner pour ce que nous avons fait. Sachons que, même après le pardon de Dieu, l'Ennemi s'efforce de nous faire douter et de saper notre foi. L'une de ses tactiques consiste justement à nous rappeler discrètement, mais constamment, les erreurs déjà confessées et donc pardonnées et effacées. Il s'acharne à nous accuser pour nous faire douter de notre salut et de notre relation avec Dieu. Dans ses efforts pour nous séparer de Dieu, Satan n'hésite pas à se saisir de nos émotions et de nos sentiments et à les alimenter, nous faisant crouler sous le poids de fautes que Dieu a déjà oubliées. Cette souffrance-là est inutile. Nous devons être conscients des manœuvres de l'Ennemi de Dieu et nous appuyer fermement sur la Parole et les promesses de Dieu pour y résister.

J'ai rencontré une femme qui s'était fait avorter quarante

ans auparavant. À l'époque, anéantie par la confusion et la peur face à une grossesse non désirée, elle n'a pas trouvé d'autre issue que l'avortement. Des années plus tard, le souvenir de cet épisode a commencé à l'angoisser profondément et elle a sollicité l'aide d'un professionnel. En revenant sur l'avortement et ses circonstances, elle a éprouvé un chagrin et une culpabilité intenses. Elle a confessé ces actes à Dieu en lui demandant pardon. Un poids immense a été retiré de ses épaules. Pourtant, depuis, chaque fois qu'elle entend parler d'une grossesse non désirée ou d'un avortement, son cœur se serre et elle se revoit en train de tuer son propre enfant. Elle reste minée par une profonde culpabilité. Se pourrait-il que Dieu lui parle ? Ne serait-elle pas vraiment pardonnée ? Si, elle l'est, car le pardon de Dieu est réel et la question, pour cette femme, a été réglée adéquatement et définitivement ; pourtant, elle est incapable de se défaire de sa culpabilité alors que Dieu l'en a exonérée.

Je me souviens de l'un des récits préférés de Corrie ten Boom qui lui servait à illustrer la perfection du pardon de Dieu. Elle disait que Dieu jetait nos péchés dans un lac très profond devant lequel il avait placé cet écriteau : « Pêche interdite ! » Il est inutile de ressasser le passé : le pardon de Dieu est parfait et nous permet d'avancer à nouveau sur une bonne base. Quelle honte de vouloir réécrire ce qui a été effacé ! En agissant de la sorte, nous mordons à l'hameçon du diable et nous écoutons ses murmures, entravant ainsi le plan de Dieu pour notre vie. Nous lisons en Ésaïe 1.18 : « Venez et discutons ensemble, dit l'Éternel : si vos péchés sont rouges comme de l'écarlate, ils deviendront aussi blancs que la neige. Oui, s'ils sont rouges comme la pourpre, ils deviendront aussi blancs que la laine. » Lorsque nous nous sommes repentis, Dieu nous pardonne et nous revêt d'un vêtement blanc. Bien sûr, ce vêtement se tachera à nouveau. Mais à chaque fois, Dieu veut le rendre d'un blanc toujours aussi éclatant, sans trace des anciennes taches. Dieu ne se lasse pas de nous laver lorsque notre âme a été souillée par le péché. Accrochons-nous à cette vérité et ne laissons jamais d'anciennes souillures refaire surface. Lorsque Dieu a prononcé notre acquittement, nous n'avons plus à nous condamner. Même si nous sommes confrontés à nos erreurs et si nous regrettons le passé, il ne doit jamais nous accabler, dominer nos pensées ou nous lier d'une façon quelconque. Jésus est venu pour nous rendre libres !

Quelle joie de savoir que, dans les souffrances que nous avons personnellement provoquées, nous pouvons nous appuyer sur la promesse du pardon de Dieu et aller de l'avant débarrassés du joug pesant de la condamnation. Quel repos de pouvoir nous réfugier sous les ailes de l'Éternel malgré nos péchés passés. Comme il est bon également de savoir que, même si nous continuons à souffrir des conséquences de nos erreurs, nous pouvons dans le même temps bénéficier du réconfort et de la force de Dieu. Et quelle miséricorde extraordinaire que Dieu nous voie comme un être pur après la repentance et le pardon. Malgré ses transgressions, David est mentionné dans Actes 13.22 comme un homme selon le cœur de Dieu. Plutôt que de regarder aux situations où il n'avait pas été à la hauteur des normes divines, Dieu a vu l'homme qui, en dépit de toutes ses faiblesses, a continué à chercher sa face. Car, les Psaumes le montrent, David désirait ardemment devenir ce que Dieu discernait déjà en lui : un homme selon lui.

Deuxième partie

Chapitre 10

Nous réfugier dans l'amitié

Il y a plusieurs années, alors que je séjournais à l'étranger, j'ai dû subir deux opérations en urgence. Pendant cette période difficile, loin de chez moi, j'ai reçu une lettre d'une amie qui m'est par la suite devenue très précieuse. Elle disait notamment : « Comme j'aimerais être à tes côtés en ce moment, pas forcément pour parler, mais pour passer du temps avec toi dans la présence de Dieu. »

J'ai songé à Ruth. Je ne pense pas qu'elle ait beaucoup parlé pendant le trajet jusqu'à Bethléhem aux côtés de Noémi. Sa seule présence suffisait. Sachant personnellement ce que signifiait se réfugier en Dieu, elle était elle-même en mesure d'offrir à sa belle-mère de la compagnie et un refuge. Je me suis aussi souvenue de l'amitié décrite par cette maman endeuillée après la perte de son fils (cf. chapitre 3). En ces jours sombres, plusieurs amis ont déserté et seules quelques personnes sont restées. Elles ont apporté de la consolation par leur fidélité et par le simple fait d'être là, sans pour autant faire de longs discours. Ces amis, capables d'être à la fois présents et silencieux, sont devenus extrêmement précieux pour la famille endeuillée. En réalité, ils étaient des messagers de Dieu en personne, le rappel tangible de sa proximité.

La lettre de mon amie exprimait le même message. Un message plus fort et plus profond que ceux qui figurent généralement sur les cartes de rétablissement, souvent superficiels et humoristiques. Ces cartes de vœux, faciles à se procurer, cherchent avant tout à nous dérider pour que nous oubliions nos soucis ! Mon amie, elle, cherchait à exprimer tout autre chose : « J'aimerais te présenter devant l'Éternel ; j'aimerais connaître et partager sa présence et son intimité avec toi. » ou « Dans ce moment de souffrance, j'aimerais me réfugier en Dieu avec toi. » Elle me souhaitait de jouir de la présence de Dieu, mais elle me proposait aussi une proximité humaine dans le refuge commun en lui.

David et Jonathan : l'amitié par excellence

Les amitiés centrées sur Dieu sont les meilleures et les plus précieuses. Selon moi, Dieu utilise nos amis pour nous donner un aperçu (nécessairement imparfait) de ce qu'il nous offre à travers notre relation avec lui. Certaines facettes de l'amitié humaine sont riches de vérités spirituelles. Songeons à David qui entretenait des liens étroits et intimes avec Jonathan, le fils du roi Saül. En période de profonde détresse et de grande incertitude, il a pu trouver du réconfort auprès de Jonathan, mais les deux amis se réfugiaient aussi en Dieu ensemble ; l'un fortifiait la foi de l'autre. L'amitié entre croyants revêt ainsi une dimension spirituelle. À travers ses épreuves, David avait appris à se réfugier en Dieu. Son amitié avec Jonathan a joué un rôle essentiel à cet égard. L'amitié qui unit deux chrétiens est pleine de richesse.

Lorsque David était persécuté par le roi Saül, Jonathan l'a soutenu avec force, se révélant d'une fidélité à toute épreuve. Alors que David était en fuite devant Saül, Jonathan l'a averti des projets de meurtre de son père. Il était déterminé à protéger David. Une attitude assez remarquable puisque David était son rival pour l'accession au trône. Jonathan a donc consciemment choisi de s'effacer devant David, l'homme choisi par l'Éternel pour succéder à Saül. Dès le début, Dieu a désiré et nourri leur amitié. Après son triomphe sur Goliath, le champion des Philistins, David a été amené devant Saül par Abner, le commandant de l'armée. Jonathan était présent et ce moment a vu naître leur amitié. La Bible dit : « Quand David eut terminé de parler avec Saül, Jonathan s'était profondément attaché à David et s'était mis à l'aimer comme lui-même [1]. ».

Amour et unité

Les mots « Jonathan s'était profondément attaché à David » sont très forts. Une connivence totale s'installe d'emblée entre ces deux garçons qui ne se connaissent pas du tout. David, le jeune berger sans prétention, entré au service du roi grâce à ses talents musicaux, devient aussi l'un des porteurs de son armure [2]. Jonathan est le prince royal. Lorsqu'ils se rencontrent et se lient immédiatement d'amitié, les différences d'arrière-plan, d'éducation et d'expérience, ainsi que toute rivalité potentielle, s'effacent. Leur complicité de pensée, de cœur et d'esprit débouche sur une amitié plus qu'ordinaire. Ces deux jeunes hommes sont profondément attachés à Dieu et leur connivence implique davantage que le partage d'intérêts communs ; elle possède une dimension spirituelle profonde car ils ont en commun leur foi en l'Éternel ; à travers lui ils sont unis l'un à l'autre.

Mes compatriotes, les Néerlandais, répugnent à parler d'amour dans le cadre d'une amitié. Leur naturel les pousse à dissimuler leurs sentiments les plus intimes. Ainsi, il est acceptable d'aimer son conjoint ou ses enfants, mais on « aime bien » ou on « apprécie » ses amis. La Parole de Dieu se montre moins réservée. Jésus appelle ses disciples à s'aimer les uns les autres comme il nous a lui-même aimés[3]. Dans ses lettres, Paul, qui n'était certes pas un sentimental, n'hésite pas à exprimer la profondeur de son amour pour ses amis. Relisez ses épîtres et vous constaterez que les mots « amour » et « affection » prédominent dans ses salutations. Voyez ses adieux dans l'épître adressée à Tite : « Salue ceux qui nous aiment dans la foi[4]. ». Dans 1 Corinthiens 15.58, il s'adresse à ses « chers frères » et clôt sa lettre par ces mots : « Mon amour vous accompagne tous, dans l'union avec Jésus-Christ. » (16.24). Il entame sa lettre à Philémon avec l'expression suivante : « Paul [...] et Timothée, notre frère, saluent Philémon, notre cher ami et notre collaborateur » (verset 1). Pierre, à son tour, félicite ses lecteurs d'« aimer sincèrement [leurs] frères » et il ajoute : « Aimez-vous donc ardemment les uns les autres de tout votre cœur[5]. ».

Je crois que des chrétiens peuvent s'aimer profondément parce qu'ils sont unis en Christ. Mais je suis également convaincue que nous ne connaîtrons au mieux qu'une ou deux amitiés spirituelles semblables à celle de David et Jonathan. Il est impossible de les provoquer, car elles sont un don de Dieu. Ces liens du cœur particuliers permettent aux amis de trouver refuge l'un auprès de l'autre. De telles amitiés nous consolent et nous rafraîchissent, elles nous édifient et fortifient notre foi. Ce sont des amitiés spirituelles et c'est à ce titre que je les mentionne dans ces pages consacrées au thème du refuge. En effet, elles accordent la première place à Dieu tout en concrétisant la communion et l'amour fraternels.

D'après l'auteur Gordon Aeschliman, l'amitié spirituelle est le cadre affectif le plus authentique et qui permet de comprendre au mieux l'église locale. « L'église n'est pas avant tout une structure ou une organisation[...] Son cœur se compose plutôt d'individus qui, à travers leurs liens réciproques, illustrent concrètement ce qu'est la famille de Dieu.» Aeschliman a le privilège d'avoir quelques amis qu'il aime et qui l'aiment en retour. Il évoque une rencontre quasi mystique, comparable au lien qui unit deux conjoints.

> *Il existe quelques êtres humains dont je suis amoureux [...] Nous avons été réunis dans la tendresse du Saint-Esprit, considérant l'autre comme un trésor plus précieux que nous-mêmes. Nous nous apportons le réconfort réciproque que le Christ a prévu pour le cadre familial; nous nous encourageons, nous nous exhortons, nous nous honorons, nous nous pardonnons, nous passons de bons moments et nous luttons ensemble. Nos relations sont empreintes de dignité. Oui, nous avons, en quelque sorte, discerné Jésus en l'autre et nous aimons sa création.*

Aeschliman poursuit:

> *J'espère que ceci ne ressemble pas trop à un roman à l'eau de rose car c'est une histoire d'amour [...] Nous avons relevé l'autre à maintes reprises, nous avons mis du baume sur nos blessures, nous avons veillé jusqu'au petit jour, nous avons prié désespérément pour la survie de l'autre, nous avons pénétré son enfer d'où nous avons émergé ensemble, brûlés par les flammes dévorantes. Qu'y a-t-il d'étonnant à cela? N'est-ce pas l'œuvre de l'amour que de donner sa vie pour un frère ou une sœur? Je remercie Dieu pour l'ami qui aime en tout temps*[6].

David et Jonathan ont conclu un pacte qu'ils ont confirmé à plusieurs reprises. Cette alliance est mentionnée pour la première fois dans 1 Samuel 18.3: «Jonathan conclut un pacte d'amitié avec David parce qu'il l'aimait comme lui-même.» Il est significatif que le mot traduit par «pacte» dans ce verset soit identique à celui utilisé par l'Éternel pour décrire son alliance avec Israël. Par leur amitié et leur fidélité réciproque, David et Jonathan nous révèlent un aspect de l'alliance de Dieu avec son peuple. Nous, êtres humains, sommes incapables de manifester la fidélité telle que Dieu l'envisage, et il est vrai que nous sommes souvent déçus par les relations, conjugales ou amicales. Le fait d'être chrétiens ne nous immunise pas contre l'échec et la déception. Christ, cependant, nous pouvons persister à tendre vers le meilleur et nous nous priverions de grandes bénédictions si nous laissions les blessures infligées par nos relations humaines prendre le dessus et déterminer la profondeur de nos amitiés. L'exemple de David et Jonathan est un encouragement pour nous. Ces deux hommes appartiennent à la catégorie d'amis dont Aeschliman dit qu'ils sont « amoureux ». Ils figurent parmi les rares au monde qui ont connu ce point de rencontre, parmi les rares au monde qui ont connu une telle communion, comparable à celle qui existe entre deux conjoints, et qui trouve sa source dans leur amour pour Dieu, cette complicité comparable à celle de deux conjoints.

Fidélité et responsabilité

La fidélité de Jonathan envers David est allée très loin. Il a sacrifié son confort de prince royal. Il a pris de gros risques pour protéger son ami en persévérant même dans des situations très périlleuses. Les conséquences de sa fidélité ont été considérables puisque son propre père a tenté de le tuer pour sa loyauté envers David, devenu un ennemi aux yeux de Saül[7]. Ce récit nous donne à voir une mise en pratique des paroles de Jésus : « Il n'y a pas de plus grand amour que de donner sa vie pour ses amis[8]. ».

La fidélité a un prix et il s'est avéré particulièrement élevé pour Jonathan. Ainsi existe-t-il des phases dans une amitié, où l'un des deux doit se montrer plus fort et prendre un engagement spécifique ou agir de façon décisive. Quand Noémi et Ruth ont parcouru ensemble la route menant à Bethléhem, c'est la jeune femme qui a soutenu sa belle-mère, amère et négative. Quand David a eu besoin de Jonathan, ce dernier a prouvé sa disponibilité. Plus tard, la situation s'est inversée. Après la mort de Jonathan,

David (entre-temps devenu roi) a recherché les membres de sa famille encore en vie. Il a demandé : « Reste-t-il encore un survivant de la famille de Saül ? J'aimerais lui témoigner ma faveur par amitié pour Jonathan[9]. ». Et, de façon plus pressante au verset 3 : « Reste-t-il encore quelqu'un de la famille de Saül ? Je voudrais lui témoigner ma faveur comme je l'ai promis devant Dieu. » Lorsqu'il apprend que l'un des fils de Jonathan est en vie, un garçon handicapé suite à un accident[10], il le fait venir au palais et pourvoit à ses besoins comme s'il était son propre fils[11]. Cet exemple de fidélité en amitié me rappelle la requête adressée par Jésus à son ami Jean (« le disciple qu'il aimait[12] »), alors qu'il agonisait sur la croix. Il lui demande de prendre soin de sa mère et Jean n'hésite pas une seconde : « à partir de ce moment-là, le disciple la prit chez lui[13]. ». C'est là un engagement concret, dont la portée et la responsabilité sont très grandes. De vrais amis peuvent compter l'un sur l'autre en toutes circonstances.

Quelle joie de savoir que Dieu désire nous doter d'amitiés qui illustrent l'amour inconditionnel, l'unité, la fidélité et la responsabilité ! Même si elles sont parfois émaillées de déceptions, ces relations sont particulièrement réconfortantes et précieuses parce qu'elles nous révèlent des facettes de la personnalité de Dieu. Je crois sincèrement que nous pouvons prier pour connaître la bénédiction de telles alliances et, si Dieu consent à nous en accorder, prions pour les gérer avec le plus grand soin et une extrême sensibilité.

On ne peut pas exclure de voir les amis s'éloigner. Beaucoup voient leur entourage se réduire en période de maladie ou de deuil, quand le chômage persiste ou quand les enfants ou le couple rencontrent de graves difficultés. Les proches ne prennent pas forcément leurs distances par indifférence mais, le plus souvent, parce qu'ils se sentent impuissants et ignorent quoi dire ou comment gérer la situation ou le chagrin de leur ami. Parce qu'ils sont incapables d'apprécier ou de comprendre le comportement de l'autre et le temps dont il a besoin pour se remettre de sa douleur. Ou parce que leurs conseils bien intentionnés n'ont pas été suivis et qu'ils en conçoivent du rejet. Il se peut aussi que la personne éprouvée fasse délibérément le vide autour d'elle par amertume et par colère. Apprenons à demeurer fidèles dans des circonstances diverses. Fidèles signifie ici proches, disponibles et dévoués dans la prière.

Dans sa seconde lettre à Timothée, Paul écrit : « Comme tu le sais, tous ceux de la province d'Asie m'ont abandonné, entre autres Phygèle et Hermogène. » Il poursuit : « Quant à Onésiphore, que le Seigneur manifeste sa bonté à toute sa famille. En effet, il m'a souvent réconforté et il n'a pas eu honte de moi parce que je suis en prison. Au contraire, dès son arrivée à Rome, il s'est mis activement à ma recherche, et il a fini par me trouver[14]. ». Onésiphore s'est montré un véritable ami dans le Seigneur et un homme à la hauteur de son nom (« qui apporte un profit »). Alors que Paul était emprisonné à Rome, il a fait tout ce qu'il pouvait pour retrouver sa trace et lui rendre visite. Il a malheureusement été le seul : tous les autres chrétiens d'Asie avaient opté pour la facilité en abandonnant l'apôtre dans le désarroi ; son amitié à lui a perduré en des temps difficiles. C'est ainsi qu'il a pu être une oasis pour Paul et que Dieu, à travers lui, a manifesté sa fidélité.

Dieu au centre

La foi en Dieu était au cœur de l'amitié entre Jonathan et David. 1 Samuel 23.16 dit : « Jonathan […] se rendit auprès de David à Horsha pour l'encourager en affermissant sa confiance en Dieu. » Ces mots, répétés ailleurs, confirment le secret de l'unité durable entre les deux hommes. Jonathan et David étaient dépendants l'un de l'autre, mais leur relation personnelle avec Dieu préservait l'équilibre de leur amitié en l'empêchant de devenir malsaine.

Dieu s'est servi de Jonathan pour renforcer la foi de David.

En plus de protéger physiquement le jeune homme et d'être son confident, Jonathan le ramenait vers Dieu, le refuge ultime. Les moments passés avec Jonathan étaient fructueux pour David. 1 Samuel 30.6 est l'un des passages qui décrit son désespoir à cause des menaces qui pesaient sur sa vie : « David était dans une situation très angoissante parce que ses compagnons étaient pleins d'amertume en pensant chacun à ses fils et à ses filles, et ils parlaient de le tuer à coups de pierre. » Comment a-t-il réagi ? « Mais David puisa de nouvelles forces en se confiant en l'Éternel son Dieu. » On peut penser que la fidélité de Jonathan a contribué à ce que David apprenne à se confier en Dieu. Si nous bénéficions de la présence de personnes sur lesquelles nous pouvons nous appuyer, veillons à ce qu'elles ne nous empêchent pas d'apprendre à nous reposer sur le Seigneur. Il doit devenir naturel pour nous de nous tourner instinctivement vers lui au lieu d'appeler nos amis à l'aide.

Un autre fait montre que Dieu occupait la première place dans l'amitié entre David et Jonathan. Ce dernier dit dans 1 Samuel 23.17 : « [...] tu règneras sur Israël, et moi je serai au second rang près de toi. » Jonathan qui, selon la logique humaine, était destiné à accéder au trône, s'est toutefois écarté devant David parce qu'il savait que l'Éternel nourrissait certains projets pour son ami. Il le faisait en connaissance de cause car il voulait que les plans de Dieu s'accomplissent même si cela représentait un énorme sacrifice pour lui. Mesurez-vous l'abnégation dont il a dû faire preuve pour dire : « Prends ma place, je m'efface » ? De vrais amis veulent le meilleur l'un pour l'autre, ce qui signifie, lorsqu'ils sont croyants, qu'ils veulent avant tout voir les plans de Dieu s'accomplir dans la vie de l'autre.

Un refuge réciproque

Je pense que les moments passés avec Jonathan versaient un baume sur l'âme de David. Leurs rencontres étaient sans doute empreintes de paix et de tranquillité dans une période marquée par l'angoisse et la peur. Dans ses psaumes, David exprime souvent le sentiment d'avoir été abandonné par les hommes et par Dieu. Jonathan, lui, est toujours resté à ses côtés pour le protéger dans la mesure de ses possibilités. Il était un refuge pour David. Il a pris son parti devant son père. L'amitié authentique comporte une certaine sécurité ; elle nous enseigne ce que fidélité et fiabilité veulent dire ; elle nous permet un soutien mutuel dans la prière. En trouvant refuge auprès de l'autre, nous comprenons mieux comment nous réfugier en Dieu. Les amitiés humaines nous procurent sous une forme imparfaite ce que Dieu nous offre à la perfection à travers Jésus-Christ : il intercède pour nous, nous aime inconditionnellement et nous protège jusque dans l'éternité.

Pour nous réfugier auprès d'un ami, nous devons oser nous montrer vulnérables et exprimer notre besoin de lui, choisir de lui faire confiance et mettre notre âme à nu. Nous croyons qu'il sera fidèle en priant pour nous. Il est tout de même important de dire qu'un ami n'est pas toujours disponible d'emblée (Jonathan ne pouvait pas être constamment à la disposition de David), mais que sa disponibilité existe par principe. De plus, toutes ces choses sont réciproques, car en amitié, nous donnons et nous recevons, dans le cadre d'une interdépendance saine et équilibrée.

Intimité et franchise

Même si le texte ne le mentionne pas, je pense que David et Jonathan partageaient leurs pensées les plus intimes. Ils entretenaient le genre de relation qui permet de communiquer ouvertement et de se montrer vulnérable. Ils osaient se dévoiler et se parler sans masque. Ils ont pleuré ensemble[15].

Combien de nos amis nous connaissent vraiment et nous cherchent à travers notre vulnérabilité ? Combien nous encouragent à nous confier à eux ? Et nous, dans quelle mesure sommes-nous prêts à partager notre souffrance ? Qui encourage notre franchise et notre honnêteté vis-à-vis de nous-mêmes ?

Qui est disposé à écouter l'exposé de nos douleurs ? Tous, en effet, ne supportent pas l'étalage de notre « faiblesse » ou de nos émotions.

Lorsque nous demandons « Comment vas-tu ? » à ceux que nous côtoyons, nous ne nous attendons pas à ce qu'ils s'étendent soudain sur les circonstances de leur vie, en particulier si elles ne sont pas heureuses. Nous voilà plutôt surpris qu'ils abordent ouvertement leurs problèmes, parce qu'en réalité nous ne sommes pas prêts à entendre autre chose que le standard « Très bien, merci ». Si quelqu'un a la liberté d'aller plus loin et décide d'évoquer ses soucis, nous nous sentons tellement embarrassés que nous nous efforçons de fournir un commentaire neutre avant de nous éclipser le plus vite possible. Pourquoi ? Parce que nous ignorons comment « gérer » la souffrance d'autrui. Il est tellement plus facile de réagir à un « Je vais bien » !

Les véritables amis, en revanche, s'invitent mutuellement à parler de leur vécu et de leurs sentiments. L'information purement factuelle ne leur suffit pas. Ils veulent sonder le cœur de l'autre pour développer et entretenir une véritable intimité, comme David et Jonathan. L'amitié des deux jeunes gens s'inscrit dans un contexte bien précis. David était celui qui traversait des circonstances difficiles, Jonathan était celui qui encourageait, consolait et fortifiait. Pourtant, dans 1 Samuel 20, nous les voyons pleurer ensemble. Certains prétendent qu'ils partagent un moment de faiblesse. Je crois personnellement qu'en laissant tous deux couler leurs larmes, ils affichent à nouveau une profonde unité. David avait confié sa peine de voir Saül le pourchasser perpétuellement. Au début, Jonathan a eu du mal à croire son ami, tout en demeurant prêt à l'aider. Mais il n'a pas tardé à se rendre à l'évidence (mesurant au passage les conséquences pour sa propre vie) quand, quelques jours après sa rencontre avec David, Saül a tenté de le tuer pour avoir « pris parti pour le fils d'Isaï » (verset 30). Nous lisons ensuite que Jonathan s'est levé de table en colère et n'a rien mangé ce jour-là « car il était trop affligé à cause de la manière injurieuse dont son père avait traité David » (verset 34). Le lendemain, il a rejoint son ami en fuite et « ils s'embrassèrent longuement en pleurant, David encore plus que Jonathan » (verset 41). Cette dernière indication n'est pas claire dans le texte hébreu et les traducteurs spéculent sur sa véritable signification. Peu importe en définitive qui a pleuré le plus, car une amitié véritable permet aux deux personnes des moments de force et de faiblesse, qui les poussent chacune à donner et recevoir et les font évoluer ensemble.

Redisons-le ici, cet échange n'est possible que si chacun se sent en sécurité auprès de l'autre. Auprès d'un ami digne de confiance, je peux ouvrir mon cœur en toute liberté, je n'ai pas besoin de taire certains détails. Et pourtant, même quand les conditions de l'intimité sont réunies, il peut nous arriver d'être déçus ou trahis par des amis proches, ou de décevoir nous-mêmes. Il faut beaucoup de pratique et de consécration pour être capable de garder le silence sur ce qui nous a été confié dans le secret ; plutôt que de rapporter à d'autres ces confidences, déposons-les devant Dieu seul, dans la prière.

À tous ces égards, l'amitié de David et Jonathan peut nous servir d'exemple car elle est proche de l'idéal voulu par Dieu, du genre d'amitié que lui-même nous offre. Dans Psaumes 25.14, David écrit que l'Éternel confie ses plans à ceux qui le craignent, ce qui suppose une relation d'intimité. Lui qui a appelé Abraham, Moïse et Énoch ses amis, à nous aussi il nous offre son amitié en son Fils Jésus. (Nous approfondirons ce sujet dans le chapitre suivant.)

À l'école des amitiés humaines

Dans un de ses livres, le professeur James Houston écrit :

> *Il existe un lien étroit entre notre besoin de relations humaines plus riches et notre besoin d'intimité avec Dieu.*

> *Chaque dimension (notre relation avec les hommes et avec Dieu) renforce l'autre. Nous passons de la dimension horizontale à la dimension verticale, et inversement, dans une constante interaction entre l'amitié et la prière. Chaque dimension influence profondément l'autre. Si nous rencontrons des difficultés à entretenir des relations durables avec ceux qui nous entourent, nous éprouverons d'autant plus de mal à entretenir une quelconque relation avec le Dieu que nous ne pouvons pas voir*[16].

Certaines vérités spirituelles peuvent être comprises ou clarifiées à travers ce que nous vivons ici-bas. Cela est vrai concernant notre relation avec Dieu : comment comprendre l'amitié avec Dieu si nous ne l'avons pas partagée avec un être humain ? Comment considérer Dieu comme un père si nous n'avons pas observée ou expérimentée personnellement la paternité ? Comment concevoir ce que signifie être « caché sous son plumage » ou trouver refuge sous son aile[17] si nous n'avons jamais été protégés et chéris ici-bas ? Lorsque ces notions ne nous renvoient à aucune expérience personnelle, nous pouvons les comprendre en observant le monde qui nous entoure. (Dans le Psaume cité, Dieu comme refuge est comparé à un oiseau qui protège ses petits.) En particulier dans le domaine relationnel, même si nos expériences amicales ne reflètent qu'imparfaitement ce que Dieu veut nous donner de manière parfaite, il les utilise néanmoins pour nous apprendre l'amour, la loyauté et la confiance, et pour nous faire entrevoir qui il est.

Aujourd'hui âgée de quarante-cinq ans, Françoise a grandi sans papa depuis l'âge d'environ trois ans. Voici ce qu'elle m'a confié : « Ma mère a fait tout ce qu'elle a pu pour que nous soyons heureux. Nous n'avons jamais manqué ni d'amour ni d'attention. Il y avait des rires et des larmes à la maison. Je suppose que nous formions une famille ordinaire. Pourtant, j'ai été en proie toute ma vie à ce que j'appelle le syndrome du nid à moitié vide. L'absence de mon père a laissé un trou dans les fondations de notre nid familial. Bien qu'extrêmement positive, notre famille était incomplète. Par conséquent, j'ai toujours dû lutter contre un sentiment d'insécurité qui est devenu un véritable obstacle en m'empêchant de croire en l'amour inconditionnel et en la fidélité absolue. » Le parcours de Françoise montre à quel point il est important pour un jeune enfant de connaître la sécurité. Les psychologues disent généralement que si, pour une raison quelconque, un enfant en est privé, ce manque peut le perturber pendant le reste de sa vie. Je ne nie pas cette réalité ni le fait que certains puissent avoir besoin d'une aide professionnelle pour surmonter ces difficultés. Mais je me réjouis qu'elle puisse aussi dépasser ces données psychologiques et s'appuyer sur Dieu, qui peut agir et guérir au-delà de notre compréhension et nos attentes. Nous pouvons choisir de vivre l'esprit ouvert et les mains levées, cherchant l'équilibre entre l'acceptation de la réalité terrestre et le vécu d'une réalité différente avec Dieu. Ainsi, notre mal-être cèdera la place à la paix, notre agitation au repos et nos blessures à la guérison.

Nos relations d'amitié nous offrent de quoi goûter à cette réalité céleste. Françoise a franchi une étape décisive dans sa vie lorsqu'une de ses amies lui a dit : « Je t'aime telle que tu es. Il est impossible que tu gagnes ou que tu perdes mon amitié parce qu'elle ne dépend pas de ton attitude. » Au début, Françoise a éprouvé des difficultés à la croire, mais au fil des années, cette déclaration s'est vérifiée. En expérimentant des amitiés positives et intimes, elle a appris à faire confiance aux autres. Mieux encore, ses amis lui ont apporté ce sentiment de sécurité fondamental qu'elle ne pouvait ni connaître ni concevoir auparavant. Dans sa grâce, Dieu les a utilisés pour l'amener à comprendre son amour inconditionnel, sa fidélité et sa bonté. Cet exemple montre que nous avons une grande responsabilité envers les autres. Notre vie et nos actes ont du poids.

Partenaires de prière

Une amitié profonde engendre l'engagement de prier l'un pour l'autre, non seulement dans le cadre privé, mais aussi dans des moments réguliers d'intercession en commun, où les amis deviennent des partenaires de prière, ce qui les soudent encore davantage. (J'ai d'ailleurs pu observer que souvent, les partenaires de prière sont déjà des amis de cœur.)

L'ami spirituel développe une vie de prière personnelle qui nous inclut régulièrement, et non pas seulement quand un besoin particulier se présente. En priant fidèlement pour nous, il parvient à comprendre notre situation, nos pensées et nos actes, au-delà des seules informations que nous lui fournissons. Il cherche Dieu avec nous et pour nous. Il ne se contente pas de regarder notre vie de loin, mais il s'y implique. Il cherche les voies de Dieu pour nous. En vertu de son engagement, nous pouvons attendre de lui qu'il se montre honnête et sincère envers nous. Il peut lui arriver de dire des choses difficiles à entendre ou à accepter et de ne pas être d'accord avec nos choix. Il ne nous donne pas toujours raison, mais il cherche avant tout à nous aider à suivre Dieu. Il désire que notre foi s'affermisse. Il est à la fois profondément engagé et capable de lâcher prise. Il est responsable envers nous, mais jamais ne revendique aucun droit de propriété sur nous.

Ceux qui ont trouvé un ami spirituel ou un partenaire de prière voient leur vie enrichie et sont stimulés dans leur marche avec Dieu. Je suis encouragée de voir que, dans mon pays comme dans beaucoup d'autres, les gens redécouvrent la valeur de l'amitié. Il s'agit peut-être d'une réaction salutaire à l'individualisme si répandu en Occident, où les gens sont de plus en plus isolés, la communication de plus en plus « informatisée » et la vie pressurée par le travail et les obligations. Nous devons revitaliser l'amitié dans le but de retrouver notre humanité. Et en tant que chrétiens, nous devons raviver et renforcer notre communion pour réapprendre à vivre ensemble et à nous stimuler mutuellement à rechercher Dieu. Nous avons besoin de cette communion pour conserver ses valeurs et ses règles de vie dans un monde incrédule.

L'Église de Dieu : un refuge sur la terre ?

Les statistiques montrent une augmentation croissante du nombre de personnes seules (personnes non mariées, divorcées ou veuves). Leur solitude n'est pas uniquement physique, dans le sens où ils n'ont pas de partenaire, mais elle est aussi, et peut-être avant tout, émotionnelle. Il leur manque ce que la plupart des conjoints vivent comme une évidence : le sentiment d'appartenance. La plupart des personnes seules ressentent intensément ce vide. Trouver un ami de cœur est souvent un besoin beaucoup plus impérieux pour eux que pour les personnes mariées, bien qu'elles aussi puissent aspirer à développer des amitiés spirituelles enrichissantes. Tout individu a soif de proximité et de complicité, car la sécurité émotionnelle et l'appartenance sont des besoins fondamentaux pour se construire.

Il faut accepter que tout être humain éprouve au plus profond de lui une solitude existentielle, qu'il soit marié ou non. Ce vide profond s'explique dans le contexte d'un monde brisé. Quand Dieu a créé l'homme, il lui a donné une partenaire parce qu'il a constaté qu'Adam n'était pas totalement heureux et qu'il avait besoin d'une créature semblable à lui. C'était une situation idéale, d'autant plus que leur relation avec Dieu était encore parfaite. Mais à cause de la déchéance de la créature, nos relations interpersonnelles sont désormais incomplètes et altérées, sans que pour autant notre soif de compagnie et d'appartenance disparaisse. Nous continuerons à désirer trouver cet être unique qui nous correspond entièrement et qui est en mesure de comprendre nos sentiments les plus profonds. Nous aspirons à une relation parfaite, à un refuge sûr. Mais ce monde est tellement dominé par l'individualisme et l'égoïsme que nous connaîtrons des déceptions — à moins de nous adapter en nous conformant à la tendance.

Les chrétiens sont appelés à être différents. Ils sont appelés à l'unité et à la dépendance mutuelle. Ce sont là des facettes essentielles de l'Église qui devraient caractériser les communautés. Nos interactions devraient montrer que nous sommes une famille. 1 Corinthiens 12.12-31 souligne avec force que les enfants de Dieu ont besoin les uns des autres et ne doivent pas vivre et fonctionner en individualistes. Nous sommes membres égaux du Corps du Christ et notre appartenance réciproque (versets 15-16) dépasse largement les liens conjugaux. Il est intéressant de noter que ces versets précèdent le chapitre consacré à l'amour, un don que nous sommes appelés à rechercher ardemment.

Les Écritures nous disent : « Recherchez avant tout l'amour[18] ». Si nous nous aimons les uns des autres, il y aura des manifestations concrètes de cet amour. Il faudrait aussi donner un exemple concernant Paul. Paul, qui était célibataire pour autant que nous le sachions (du moins pendant son ministère), se montre assez direct lorsqu'il appelle ses frères et sœurs à l'aide. Il leur appartient et ils lui appartiennent.

Nous devons réapprendre l'art de la proximité dans notre famille, mais aussi plus largement au sein de l'Église. Cette dernière devrait être un refuge sur la terre pour quiconque. Ménageons une place à tous sans distinction : aux jeunes et aux personnes âgées, aux couples et aux personnes seules. Cela demandera des sacrifices car, pour faire une place aux autres, il faut mettre une partie de notre propre espace à leur disposition. Mais parfois, il pourra aussi s'avérer légitime de protéger notre espace privé : besoin de se retrouver en couple ou en famille pour une raison quelconque, besoin de soins particuliers pour gérer une période critique chez un conjoint ou un enfant, besoin de temps pour permettre à une blessure de guérir... Toutefois, méfions-nous ! L'espace et le temps que nous nous réservons peuvent favoriser l'égoïsme. Nous apprécions tellement notre petit univers privé que nous en interdisons l'accès par peur que les autres ne l'envahissent. Cependant, nous sommes tous membres du Corps du Christ et ce statut, par principe, implique que nous donnions de la place à notre prochain. Non seulement quand c'est facile et que cela correspond à nos projets et notre rythme de vie, mais aussi lorsque c'est coûteux. Autrement dit, l'hospitalité est la règle et la porte close l'exception. L'espace dont nous parlons ici est physique, mais aussi émotionnel. D'ailleurs, si le cœur est disponible, les implications pratiques suivent naturellement.

J'ai rencontré plusieurs personnes seules qui disent être négligés par leurs amis mariés. « Je dois toujours attendre de savoir quels projets ils ont faits, m'a confié l'un d'eux. Je ne suis jamais impliqué dans la réflexion. Je dois m'adapter, c'est tout. » Il poursuit : « J'ai l'impression de faire la file pour prendre le bus et de devoir constamment laisser les autres passer devant moi. Je suis condamné à perdre dans une compétition qui n'est pas équitable. » Une jeune veuve a constaté qu'elle n'était plus systématiquement impliquée dans les activités des couples qu'elle fréquentait auparavant avec son mari.

Une autre jeune femme célibataire, après avoir subi une opération grave, a vécu la situation inverse. Des amis mariés lui ont offert l'hospitalité pendant sa convalescence. Elle a passé six mois parmi eux et leurs cinq enfants, avec un sixième en route. Les enfants ont déménagé leurs affaires pour qu'elle puisse disposer de sa propre chambre. Elle a ainsi bénéficié de la chaleur d'un refuge pendant cette période de maladie et d'incertitude. Beaucoup ont exprimé leur admiration pour cette famille d'accueil, mais le couple jugeait son attitude tout à fait naturelle. Il me vient à l'esprit un cas similaire, où de jeunes conjoints en crise ont trouvé temporairement refuge chez une dame célibataire. Le couple pensait rester quelques semaines, mais les semaines sont devenues des mois. La situation a nécessité des adaptations majeures et engendré quelques perturbations, mais elle a porté du fruit.

Ces cas de figure sont possibles dans la famille de Dieu. L'amour étant la clé dans le Corps du Christ, la miséricorde et l'hospitalité devraient faire partie intégrante de notre vie. Notre communauté locale, et chaque frère et sœur en son sein, devraient procurer cette chaleur, car c'est ainsi que Dieu désire nous voir vivre : soudés et liés les uns aux autres dans l'amour. Son Église sur terre a pour vocation d'être un refuge où les individus peuvent goûter à quel point Dieu est bon et comprendre ce que signifie se refugier en lui.

Chapitre 11

Se réfugier dans l'amitié de Jésus

Dans le chapitre précédent, j'ai souligné l'importance de l'amitié entre croyants. Comme David et Jonathan, ils peuvent exercer un impact spirituel profond et réciproque sur leur vie en s'encourageant mutuellement à marcher avec Dieu et à trouver refuge en lui. Dans ce chapitre, j'aimerais considérer l'amitié qui nous unit à Dieu, ce qui nous amènera à nous tourner vers Jésus.

Ami de Dieu

Au cours de sa vie sur la terre, Jésus a vécu de façon parfaite la marche et l'amitié avec Dieu. Il nous encourage, nous aussi, à rechercher cette amitié et à entretenir une relation personnelle et intime avec son Père. Il nous invite à suivre son exemple car c'est à travers lui et lui seul que nous pourrons réellement développer une amitié avec Dieu. En effet, à travers sa mort et sa résurrection, il a ouvert pour nous la voie de la réconciliation et de la communion avec Dieu et il siège désormais à la droite de son Père où il intercède pour nous. Si nous venons à Jésus et si nous croyons en lui, nous avons un libre accès au Père. Nous rejoignons alors notre véritable foyer et nous pouvons marcher dans la présence de Dieu avec la confiance d'un enfant. C'est pourquoi Jésus a dit à Thomas: «Le chemin, [...] c'est moi, parce que je suis la vérité et la vie. Personne ne va au Père sans passer par moi[1].».

Jésus, à travers sa vie terrestre, nous a montré ce que signifie avoir une relation avec Dieu. Mais également, il nous a fait connaître la personne du Père: en Jésus, nous voyons qui est Dieu et à quoi il ressemble. Quiconque voit Jésus, et apprend à le connaître, voit le Père et apprend à connaître le Père. C'est ce que Jésus a dit à Thomas: «Si vous me connaissez, vous connaîtrez aussi mon Père. Et maintenant déjà vous le connaissez, vous l'avez même vu[2].». Dans les versets suivants, quand Philippe demande à Jésus de leur montrer le Père, il répond: «Celui qui m'a vu, a vu le Père. [...] Ne crois-tu pas que je suis dans le Père et que le Père est en moi?» Jésus était l'incarnation humaine du Père, «l'image» du Dieu invisible[3].

Pour résumer, Dieu a prévu que l'amitié avec lui passe par son Fils Jésus et ce, pour trois aspects essentiels:

- la personne de Jésus nous révèle la personnalité et le cœur de Dieu;
- Jésus nous a montré par l'exemple ce que signifie marcher avec Dieu;
- Jésus nous a ouvert la voie vers Dieu à travers sa mort expiatoire et sa résurrection.

Voyons comment Jésus a marché avec Dieu pendant sa vie sur la terre. Quelles ont été les implications de ce lien particulier ? Comment a réagi le Fils de Dieu dans les diverses circonstances auxquelles il a été confronté ? Lorsque les foules l'adulaient, lorsqu'elles le rejetaient, lorsque ses disciples l'ont déçu... Comment sa filiation divine s'est-elle manifestée dans son attitude ? Et lorsqu'il a été abandonné par son Père ? Comment et pourquoi se réfugiait-il en Dieu ?

Voir et chercher

L'évangile de Luc (2.41-52) rapporte qu'une foule nombreuse de Juifs se rend à Jérusalem pour la Pâque et, parmi eux, Jésus et ses parents. Au lendemain de la fête, les pèlerins rentrent chez eux, mais Jésus ne se joint pas au groupe familial. Supposant que leur fils se trouve parmi les voyageurs, Joseph et Marie ne réalisent pas de suite qu'il est resté en ville. Au terme d'une journée de voyage, ils se mettent à sa recherche et constatent son absence. Ils retournent alors à Jérusalem et ils finissent par le retrouver au Temple, « assis au milieu des maîtres ; il les écoutait et leur posait des questions » (verset 46).

J'imagine l'immense soulagement de Joseph et Marie lorsqu'ils ont enfin aperçu leur fils. Un soulagement probablement mêlé de frustration devant son apparente indifférence. Jésus ne paraissait pas vraiment se soucier de l'inquiétude de ses parents. Lorsque sa mère évoque leur angoisse, il répond simplement : « Ne saviez-vous pas que je dois m'occuper des affaires de mon Père ? » (verset 49).

Ces paroles ont une portée considérable. Tout d'abord, parce qu'il s'agit des premiers mots de Jésus rapportés dans les Écritures. Ensuite, parce que ce sont des propos assez inhabituels pour un garçon de douze ans. On s'attendrait bien plus, de la part d'un jeune ado, à ce qu'il se soit laissé emporter par l'ambiance festive et les animations de la ville, au point d'oublier de rentrer. C'est d'ailleurs ce que ses parents ont sans doute cru.

Au verset 48, Marie l'interroge : « Mon enfant, pourquoi nous as-tu fait cela ? Tu sais, ton père et moi, nous étions très inquiets et nous t'avons cherché partout. » Lorsque Jésus explique sa présence au Temple, ils ne comprennent pas sa réponse (verset 50). Je trouve cette indication émouvante. Un peu plus de treize ans auparavant, Marie avait personnellement rencontré l'ange de l'Éternel. Il lui avait annoncé qu'elle aurait un fils et lui avait expliqué qui serait cet enfant[4]. À l'époque, elle avait sincèrement exprimé son obéissance au Père. Manifestement, elle connaissait le Seigneur et avait une foi profonde en lui. Mais là, à Jérusalem, lorsque ce même fils lui annonce qu'il doit passer du temps dans la maison de son Père, elle ne comprend pas ce qu'il veut dire. Elle vient de fêter la Pâque, pendant laquelle elle s'est concentrée sur la personne de l'Éternel et sur ses prescriptions, mais elle est incapable de comprendre ces paroles. Elle songe avant tout qu'il était temps de rentrer à la maison.

Que veut dire Jésus ? Il explique clairement que ses priorités sont d'un autre ordre que celles de Joseph et Marie. Ils s'en retournaient chez eux tandis que lui avait choisi de se concentrer sur les questions liées à son Père céleste ; ses parents terrestres devaient se plier à cette réalité.

Le texte grec de Luc 2.49 est légèrement ambigu. Les diverses traductions nous livrent deux versions principales. L'une d'elle est : « Je dois être dans la maison de mon Père » (français courant). L'autre (la plus répandue) est celle mentionnée ci-dessus : « Je dois m'occuper des affaires de mon Père. » Dans ma propre étude, j'ai pris en compte les deux traductions car chacune souligne un aspect différent de la même réalité. Si nous voulons apprendre à mieux connaître le Père, nous devons d'une part chercher sa présence, et d'autre part nous occuper de ses affaires. Dans le contexte de la situation décrite par Luc, on pourrait dire que nous devons d'une part être dans la maison de notre Père ou dans sa présence, et d'autre part nous occuper de sa volonté, c'est-à-dire lire, méditer sa Parole et en débattre . Nous devons le contempler (voir) et étudier sa Parole (chercher). Ces deux aspects sont en quelque sorte comme les deux faces d'une pièce de monnaie. Les deux se pratiquent essentiellement en privé, à « l'abri ».

Il est significatif que Jésus dise cela alors qu'il se trouve dans le Temple. En effet, cet édifice était plus qu'un lieu de rencontre ; il symbolisait l'endroit où se trouvait Dieu. Très tôt, donc, Jésus a énoncé clairement ses priorités dans la vie : la communion avec son Père et la gestion des affaires de son Père. Comme lui, nous devons marcher dans l'intimité de Dieu en cherchant continuellement sa face et en étudiant sa Parole.

Voir : je dois être dans la maison de mon Père

Les propos du Seigneur Jésus expriment son profond désir d'être avec Dieu, en communion avec lui ; sa soif de s'asseoir aux pieds du Père, de se réfugier auprès de lui. C'est la même aspiration que décrit David dans Psaumes 27.4-5 :

> *J'ai présenté à l'Éternel un seul souhait, mais qui me tient vraiment à cœur : je voudrais habiter dans la maison de l'Éternel tous les jours de ma vie afin d'admirer l'Éternel dans sa beauté, et de chercher à le connaître dans sa demeure. Car il me cache sous sa tente dans les jours du malheur. Au secret de son tabernacle, il me tient abrité [...].*

David aspire à une relation intime avec Dieu. Le désir d'être en sa présence est si intense que David dit qu'il s'agit, en réalité, du seul souhait qu'il ait réellement exprimé à Dieu.

Cette quête de la proximité de l'Éternel a animé Jésus pendant tout le temps de son passage sur terre. Il serait intéressant d'étudier, d'une part, les épisodes où il a fait l'effort volontaire de se retirer pour être seul avec son Père et, d'autre part, ceux où Jésus lui parle spontanément et ouvertement. Qu'il fût entouré de quelques proches ou d'une foule nombreuse, il lui était naturel de s'adresser à son Père. Mais il faisait aussi une priorité des tête-à-tête avec Dieu, loin du monde.

Ils lui étaient si nécessaires qu'il osait s'éloigner des gens—ce qui n'est pas chose aisée pour un leader constamment entouré dont l'emploi du temps est surchargé ! Jésus ne laissait pas les hommes ou les circonstances prendre le pas sur ses rencontres avec Dieu. Luc, en particulier, mentionne ces moments de communion délibérés entre le Fils et le Père. Luc 5.16 précise que Jésus se retirait souvent dans des lieux isolés pour prier. À un moment donné, il se rend dans les collines pour y passer la nuit en prière[5].

Dans Luc 9.18, il prie « à l'écart » pendant que ses disciples se trouvent à proximité. De même dans Luc 11.1 : les disciples, le voyant prier, sont poussés à lui demander de leur enseigner à prier. Manifestement, sa prière les avait touchés et leur avait donné le désir d'expérimenter, eux aussi, cette communion. Il arrivait que Jésus les emmène avec lui, comme dans Luc 9.28. Cette fois-là, Pierre, Jacques et Jean ont pu l'accompagner au sommet de la montagne. C'est là qu'ils ont assisté à une scène très particulière : sous leurs yeux, le Seigneur Jésus a été transfiguré et ils ont été les témoins de sa rencontre avec Moïse et Élie. Luc 22.39-46 nous rapporte l'un des moments les plus émouvants de la vie de prière de Jésus. Sur le Mont des Oliviers, il demande à ses disciples d'intercéder pendant qu'il se retire à l'écart (à un jet de pierre environ) afin de s'entretenir en privé avec son Père sur ses souffrances imminentes. Il livre alors un combat intense et solitaire. Lorsqu'il revient auprès de ses disciples, il les trouve endormis. Il les réveille et les exhorte à prier.

Sa relation d'amour avec Dieu précédait et surpassait tout le reste. Il ne lui suffisait pas de parler de sa part ou de le servir : il avait besoin de le rencontrer face à face souvent. À nouveau, je songe aux paroles de David dans Psaumes 27, lorsqu'il dit désirer admirer la beauté de l'Éternel et le chercher dans son temple (verset 4). « Au secret de son tabernacle, il me tient abrité » ou « il me cache sous sa tente » : ces mots révèlent à quel point la relation avec Dieu mérite d'être privée, intime, dissimulée aux yeux des hommes. Dieu nous appelle à le rejoindre sous sa tente afin de nous montrer qui il est vraiment. Il veut nous surprendre par sa beauté et nous submerger par sa bonté. C'est probablement les bénédictions recherchées par Jésus dans les moments où il se retirait pour être seul avec son Père. Dans Matthieu 6.6, selon son exemple, il nous exhorte à aller dans notre «lieu le plus retiré» pour nous entretenir avec l'Invisible dans le secret. Il nous recommande de rechercher cet isolement derrière une porte close. Là, dans sa seule présence, dans l'intimité d'un face-à-face et d'une rencontre cœur à cœur, nous nous tiendrons émerveillés dans la présence du Père, qui se révèlera à nous. Nous pourrons goûter à sa personnalité et apprendre à le voir tel qu'il est.

Parce que cette découverte de la beauté de Dieu s'effectue en privé, personne ne peut le faire à notre place. Nous pouvons être encouragés par le témoignage de ce que d'autres ont découvert dans leur propre marche avec l'Éternel, et il est bon de partager nos expériences réciproques, mais cela n'enlève rien à la nécessité de rencontrer Dieu personnellement. En effet, il ne désire pas seulement que nous entendions parler de lui, il veut nous rencontrer et nous parler directement. David demande souvent à l'Éternel de lui faire voir sa bonté et, presque toujours, c'est après s'être caché ou réfugié en lui qu'il est exaucé. Lisons Psaumes 36.8-9, par exemple: «Que ton amour est précieux, ô Dieu! Sous tes ailes, les humains se réfugient. Ils savourent les richesses des festins de ta maison. Au torrent de tes délices, tu leur donnes à boire.» Si nous voulons, nous aussi, connaître la bonté de Dieu, approchons-nous, réfugions-nous en lui et cachons-nous sous ses ailes. Là, nous serons comblés par «un torrent de délices», nous irons plus loin dans notre relation avec lui, à travers une rencontre profondément intime, et nous nous désaltérerons à la source d'eau vive.

Dieu veut se révéler à nous dans l'intimité d'une relation intérieure. Nous y verrons des choses naturellement invisibles et difficiles à évoquer car elles appartiennent à une autre dimension. David tente parfois de dépeindre ces mystères lorsqu'il expose avec lyrisme ce qu'il a vu de l'Éternel, mais les mots lui manquent car nul ne peut décrire la grandeur de Dieu. Nous pouvons cependant en découvrir une partie dans notre propre cœur ! Dans le « secret de son tabernacle », Dieu se révèle d'une manière spécifique à chaque individu. Ce que nous y « voyons » n'est pas forcément destiné à tout le monde, mais uniquement à ceux dont les yeux et les oreilles ont été touchés par le Saint-Esprit.

Pour « admirer l'Éternel dans sa beauté », comme l'écrit David, il est indispensable de passer du temps avec lui et de chercher sa face. Le manque de temps nuit à notre relation avec Dieu de même qu'à nos rapports humains. On perçoit bien ce que cela veut dire quand on est amoureux : un homme et une femme épris l'un de l'autre trouvent toujours le temps d'être ensemble ! Ils recherchent la compagnie de l'autre car ils aspirent à se connaître et se comprendre en profondeur. Malheureusement, cette période intense est souvent éphémère parce qu'ils ne tardent pas à être rattrapés par le tourbillon des activités de la vie. Plus tard, après quelques années de mariage, beaucoup de conjoints ont besoin d'aide parce qu'ils ont négligé leur relation. Dans le meilleur des cas, ils s'agit pour eux de redéfinir leurs priorités et de trouver des solutions concrètes pour sortir leur couple de l'impasse et progresser à nouveau dans la connaissance mutuelle. Il en va de même de notre relation avec Dieu. Ne nous contentons pas d'entendre parler du secret de notre chambre, entrons-y vraiment et passons-y du temps. Apprendre à connaître Dieu en profondeur nécessite du temps.

Il est essentiel de comprendre que la contemplation est un acte à part entière ! Si un ornithologue veut connaître une espèce d'oiseau, il va consacrer des heures à observer l'animal pour tenter d'en percevoir tous les détails. Il va faire l'impossible pour apercevoir l'oiseau, ne fût-ce qu'un instant, et va noter scrupuleusement toutes ses observations. Je me souviens d'avoir travaillé sur une série d'émissions consacrées aux oiseaux. Nous nous levions à des heures inhabituelles pour augmenter nos chances d'apercevoir les volatiles ! Nous avons ainsi appris à observer : un exercice intéressant et très gratifiant.

Chercher : je dois m'occuper des affaires de mon Père

Revenons à Luc 2.46. Lorsque ses parents l'ont retrouvé assis dans le Temple de Jérusalem, Jésus débattait avec les théologiens de son époque. Il était tellement absorbé par cette « étude biblique » que tout le reste n'avait plus la moindre importance. Jésus écoutait les maîtres de la loi et leur posait des questions. Tous étaient surpris par sa compréhension et ses réponses, sa sagesse et son discernement. De quoi débattaient-ils ? De la Torah, la Parole de Dieu. Ils l'étudiaient en profondeur, discutaient de son sens et de ses conséquences pour leur vie.

La Parole de Dieu était essentielle dans la vie de Jésus. Il la connaissait et la comprenait. Il continuait à l'étudier et il désirait l'appliquer au quotidien. Son obéissance aux Écritures était inconditionnelle. Sans cesse, le Fils recherchait la volonté du Père et sondait sa Parole. Il s'appuie sur la Parole de Dieu lorsqu'il est tenté par le diable au début de son ministère public[6]. C'est par l'expression « il est écrit » qu'il a résolument éprouvé et rejeté chacune des trois tentations offertes si effrontément par Satan. Sur le mont des Oliviers, alors qu'il est au seuil de l'épreuve et de la mort, il choisit d'obéir à la volonté de Dieu[7]. Les souffrances qui l'attendaient étaient si terribles qu'il suait des gouttes de sang en méditant sur son supplice. Malgré tout, il se plie à la volonté de son Père. Toute la vie de Jésus est marquée par l'obéissance à Dieu et à sa Parole. Pour nous réfugier en Dieu, nous devons garder sa Parole dans notre cœur.

Voilà ce que signifie s'occuper des affaires du Père : choisir d'accorder la priorité à sa Parole et donc de lui obéir dans toutes les situations de notre vie. Entretenir une relation avec Dieu ou trouver refuge en lui est indissociable de la connaissance des Écritures. Si nous aimons Dieu, nous ne pouvons pas ne pas aimer sa Parole. Psaumes 119.2 dit : « Heureux les hommes qui suivent ses préceptes et cherchent à lui plaire de tout leur cœur. » et au verset 10 : « Je veux te plaire de tout mon cœur, ne permets pas que je dévie de tes commandements ! » Les enfants de Dieu ne peuvent pas ignorer sa Parole, ils ne peuvent pas se permettre de la négliger et, en fait, ils ne le souhaitent pas ! Dieu se révèle à travers elle et il désire qu'elle soit notre nourriture spirituelle. Sans elle, nous ne pouvons pas améliorer notre communion avec lui et devenir les hommes et les femmes qu'il veut que nous soyons. La place que la Bible occupe dans notre vie en dit long sur l'amour que nous portons au Seigneur. Dès lors, posons-nous honnêtement la question : aimons-nous la Parole ? Vivons-nous avec elle et par elle comme le faisait Jésus ? Il dit dans Jean 14.21 : « Celui qui m'aime vraiment, c'est celui qui retient mes commandements et les applique. »

L'étude de la Bible, là encore, est une occupation privée. Il va de soi que nous tirons grand bénéfice des sermons, des conférences ou des cours donnés par des chrétiens instruits et sages, ainsi que des nombreux ouvrages consacrés à divers aspects de la foi. Tout cela nous est utile pour affiner notre étude et stimuler notre réflexion. Cependant, nous avons aussi besoin de nous immerger seuls dans la Parole, de l'étudier dans la prière et de la méditer. Nous devons la lire dans le calme pour qu'elle pénètre en nous et pour que le Saint-Esprit nous aide à la comprendre ou à l'appliquer dans notre situation personnelle. Nous devons la chérir et l'emporter partout où nous allons, éventuellement dans notre poche, mais toujours dans notre cœur.

En 1943, dans une prison japonaise, deux Britanniques, Margaret Dryburgh et Nora Chambers, ont énormément influencé et même remonté le moral de la plupart des prisonnières en introduisant la musique dans leur camp. Toutes deux musiciennes, elles ont réussi à reconstituer sur des petits bouts de papier quelques-unes des grandes œuvres de compositeurs célèbres comme Brahms, Mendelssohn, Beethoven et Tchaïkovski. Elles ont appris aux détenues à chanter les parties instrumentales, créant ainsi un « orchestre vocal ». Les voix reproduisaient ainsi le solo de violoncelle dans le quartet à cordes de Tchaïkovski, les parties du piano ou les lignes des instruments à vent. Helen Colijn était prisonnière dans ce camp. Des années plus tard, elle a relaté tous ces événements dans un livre où elle dit notamment de l'orchestre vocal : « Ce n'était pas une chorale féminine. Ce n'était pas non plus un orchestre même si je pouvais distinguer les violons et le hautbois. C'était de la musique céleste, un miracle de Dieu dans le camp de l'horreur. » J'ai entendu parler pour la première fois de cet orchestre vocal par Madame Colijn elle-même, que j'ai eu l'occasion d'inviter dans mon émission radiophonique hebdomadaire, puis par Dirk Jan Warnaar, qui a créé un orchestre vocal néerlandais dans les anciennes Indes néerlandaises en s'inspirant du modèle initial expérimenté dans la prison japonaise. Depuis, à chaque fois que j'y repense, je suis profondément touchée et interpellée par cette histoire. Je trouve extraordinaire qu'en proie à d'atroces souffrances et à la famine, dans l'une des prisons japonaises les plus cruelles, des femmes aient conservé de la musique dans le cœur et, mieux encore, qu'elles l'aient aimée au point de l'apprendre par cœur. Elles ont réussi à se souvenir des compositions complexes écrites par des génies de la musique et à les noter laborieusement sur le moindre bout de papier. Nul doute qu'elles adoraient la musique.

Je me suis souvent demandé si nous aimions la Parole de Dieu à ce point. Connaissons-nous les Écritures par cœur au point de pouvoir reproduire les Évangiles, certaines épîtres de Paul ou un livre de l'Ancien Testament ? Parvenons-nous à retenir plus que les quelques versets favoris soulignés dans notre bible ? Cherchons-nous à nous mémoriser la Parole de Dieu en tant qu'une « musique céleste » ? En songeant à ces prisonnières affamées, contraintes pour la plupart de chanter assises parce qu'elles étaient trop faibles pour se lever, je me demande si les Écritures nous sont aussi précieuses que la musique l'était pour elles.

La Parole de Dieu est semblable à de la musique céleste : Dieu s'y révèle et nous parle. Nous y découvrons Jésus et le témoignage de ceux qui l'ont suivi et qui sont devenus membres de son Corps. C'est une Parole dynamique et vivante. Si nous la connaissons et si nous nous y conformons, elle nous transforme et devient l'expression bouleversante de l'immense amour de notre Père pour l'humanité !

Cependant, tout cela est impossible sans l'aide du Saint-Esprit, que Jésus appelle « l'Esprit de vérité[8] ». C'est lui qui nous ouvre les yeux, nous conduit dans la vérité et donc aussi dans la compréhension des Écritures. On peut en effet étudier la Bible pendant des années sans jamais en saisir le sens profond. Lorsque j'étais adolescente, j'ai rencontré un pasteur qui connaissait la Bible par cœur. Elle n'était cependant pour lui qu'un document culturel. Il avait accumulé beaucoup de connaissances sur les divers contextes historiques, les rois, les guerres et les questions sociales et politiques, mais les questions spirituelles demeuraient un mystère pour lui. Lorsqu'on l'interrogeait sur Jésus, il pouvait expliquer qui il était dans une certaine mesure, mais il ne comprenait pas la vérité profonde au sujet de cet homme, pas plus qu'il ne « discernait » les implications d'une vie consacrée au Christ. Il expliquait beaucoup de choses en termes de tradition, mais il ne discernait rien au-delà des faits historiques. Son cas est loin d'être unique.

On compte beaucoup de théologiens très érudits qui ne cessent d'accumuler des connaissances sur les Écritures, mais qui, ce faisant, s'éloignent toujours plus de la connaissance de l'Éternel. En étudiant les choses de Dieu, ils passent à côté de Dieu lui-même, alors que son désir est d'accorder des révélations qui dépassent la connaissance humaine. On peut dire que Nicodème fait partie de ces érudits. Figure religieuse prédominante à son époque, il était très instruit, mais il ne comprenait pas grand-chose à la personne de Jésus, ni à certains faits. Jésus lui annonce qu'il devait être « né de l'Esprit[9] ». Il est fascinant de constater combien ceux qui sont « nés de nouveau » voient leur intelligence s'ouvrir à une compréhension nouvelle de la Parole de Dieu et donc de sa personne. Ils n'ont pas d'autre désir, alors, que d'approfondir toujours plus.

Voir et chercher Dieu exige de passer du temps avec lui. L'association des deux verbes indique qu'il s'agit d'un processus dynamique qui ne s'achèvera jamais. Peut-être discernons-nous déjà la beauté de Dieu, mais notre exploration n'en est pas à son terme.

À l'écart en sa présence

Jésus établit clairement que notre marche avec Dieu ne peut devenir une réalité qu'à travers lui. J'ai déjà mentionné cette affirmation faite à Thomas : « Le chemin, [...] c'est moi, parce que je suis la vérité et la vie. Personne ne va au Père sans passer par moi[10]. ». Ces propos sont exclusifs et radicaux. Exclusifs, oui, mais uniquement à propos de la définition de ce chemin, car pour ce qui est de ceux qui l'empruntent, il est ouvert à tous. Jésus se compare aussi à « la porte[11] » qui mène à Dieu. En d'autres termes, notre relation avec le Père commence avec et à travers le Seigneur Jésus. C'est l'invitation qu'il nous lance lorsqu'il nous appelle à le suivre dans le cadre d'une relation vivante.

Je suis fortement interpellée par le fait qu'en décrivant le choix des douze apôtres, Marc souligne qu'ils sont désignés pour « être constamment avec lui[12] ». Ils allaient aussi se rendre utiles en proclamant le Royaume de Dieu, mais leur premier et principal appel consistait à être avec Jésus. Paul confirme cette vérité dans 1 Corinthiens 1.9 : Dieu nous a « appelés à vivre en communion avec son Fils, notre Seigneur Jésus-Christ ».

N'oublions jamais notre premier appel. Il est parfois plus facile d'être actifs et de « faire » des choses. Nous savons que nous sommes invités à vivre par la grâce, mais nous nous comportons souvent comme si nous avions encore besoin de gagner l'approbation et l'amour de Dieu. Beaucoup de chrétiens sont hyperactifs dans le ministère et les activités de leur église, comme s'ils allaient ne pas être jugés dignes à moins d'assumer plus encore. Dans Marc 3, pourtant, Dieu nous demande simplement d'« être ». Jésus se préoccupe davantage de notre dévotion à son égard que de notre service. Nous trouvons l'illustration de cette vérité dans Luc 10.38-42, où Jésus dit de Marie qu'elle a choisi la meilleure part en s'asseyant à ses pieds au lieu de travailler. Sa sœur, Marthe, s'est attelée au service qui, bien qu'il soit incontournable, ne doit jamais précéder ni remplacer notre communion avec Dieu.

Jésus ne veut pas d'une relation basée sur le travail, il désire une relation d'amour. Marie s'approche de lui pour l'écouter, et c'est bien là ce que désirent des amis : passer du temps ensemble. Jésus le souligne à nouveau dans Jean 15.15 : « Je ne vous appelle plus serviteurs, parce qu'un serviteur n'est pas mis au courant des affaires de son maître. Je vous appelle mes amis, parce que je vous ai fait part de tout ce que j'ai appris de mon Père. » Ces paroles sont faites de transparence et d'ouverture, elles ne montrent aucune réserve. L'amitié que Jésus cherche à entretenir avec ne laisse pas de place aux actions secrètes. Elle repose sur une confiance et un amour inconditionnels.

Assez communément, le temps que nous sommes exhortés à passer dans la présence intime du Seigneur est appelé « culte personnel ». Mais avec cette appellation vient parfois, en plus des données bibliques, toute une série de conditions et de règles qu'il convient d'appliquer avec rigueur. Jeune chrétienne, je me souviens d'avoir reçu pour consigne de me lever à six heures du matin au plus tard pour pouvoir consacrer au moins une demi-heure à la Bible et à la prière. Je devais diviser mon moment de prière en chapitres distincts : l'adoration et la louange, la confession des péchés, l'intercession, etc. Bien sûr, ces notions sont bonnes et nous avons besoin de discipline pour étudier la Parole et prier, sans quoi nous négligerions très vite ces priorités. En effet, nous n'avons pas toujours envie de passer du temps avec Dieu et nos bonnes intentions sont facilement supplantées par d'autres activités. La liste des tâches urgentes qui requièrent notre attention au moment précis de passer du temps avec Dieu est impressionnante. En conséquence, si nous n'acquérons pas une certaine discipline, nous pourrions constater que notre rencontre privilégiée avec Dieu est devenue la dernière de nos priorités. Si nous ne nous efforçons pas de mettre à part un moment régulier avec Dieu, il n'aura jamais lieu.

Cependant, il importe de savoir que la communion avec Dieu ne se résume pas à une méthode ou à des horaires, mais s'assimile à une façon de vivre, une marche quotidienne avec lui. Si notre relation avec Dieu est authentique, nous chercherons sans y être contraints des moments de solitude avec lui et notre désir de le connaître ne cessera de croître. Car une fois que nous avons goûté à la bonté de Dieu, nous aspirons forcément à plus et nous en venons à ne plus pouvoir nous en passer.

Nous réfugier en Jésus

« Combien de fois j'ai voulu rassembler tes habitants auprès de moi comme une poule rassemble ses poussins sous ses ailes ! Mais vous ne l'avez pas voulu[13] ! ». Ces paroles, prononcées par Jésus peu avant la fin de sa vie terrestre, expriment son profond amour, son souci maternel (à travers l'image de la poule), pour une nation qui ne veut pas de lui. Jérusalem avait tué les prophètes et lapidé les envoyés de Dieu. Et voici que son Fils en personne se tenait devant eux, incarnant tout l'amour du Père et apportant l'offrande nécessaire au pardon, à la réconciliation et à la communion avec le Tout-Puissant. Il offrait aussi un refuge, non seulement au peuple juif, mais à toutes les nations. Mais la plupart ont refusé de venir, préférant prendre soin d'eux-mêmes plutôt que d'accepter la protection offerte. Dans son Évangile, Jean l'exprime en ces termes : « Il est venu chez lui, et les siens ne l'ont pas accueilli [14]. ». Aujourd'hui, son invitation à venir s'abriter en lui est aussi pour nous.

Dieu se révèle en Jésus-Christ. Quelqu'un a-t-il jamais vu Dieu ? Il est dit de Moïse qu'il s'entretenait directement avec l'Éternel, comme avec un ami [15]. En d'autres termes, Moïse rencontrait l'Éternel, il connaissait sa présence, il entendait sa voix et il parlait avec lui. Mais l'a-t-il jamais vu ? Les mots qui lui sont adressés dans Exode 33.20 répondent à cette question : « Tu ne pourras pas voir ma face, car nul homme ne peut me voir et demeurer en vie [16]. » Jésus confirme cela lorsqu'il dit dans Jean 6.46 : « Personne n'a jamais vu le Père, sauf celui qui est venu d'auprès de Dieu. » Désormais, pourtant, les choses ont changé car, dans sa grande miséricorde, Dieu est descendu sur cette terre et il a vécu parmi les hommes en la personne de Jésus. Incroyable, mais vrai ! Cet homme nous révèle donc Dieu en personne. Comme le dit la Parole, il est l'image du Dieu invisible [17] dont Jean a dit : « Personne n'a jamais vu Dieu : Dieu, le Fils unique qui vit dans l'intimité du Père, nous l'a révélé [18]. ».

Incarnation du Dieu invisible, Jésus-Christ porte en lui toutes les caractéristiques du Père ; il est « plénitude de grâce et de vérité [19] » . Si nous voulons nous réfugier en Dieu, nous pouvons le faire à travers son Fils, qui ne désire que cela. Au début de son ministère, il a pris la parole dans une synagogue à Nazareth, la ville où il avait grandi. Il a lu un passage du livre d'Ésaïe et affirmé qu'il était Celui dont la venue était annoncée par le prophète. En effet, il est Celui qui est venu annoncer une bonne nouvelle aux pauvres, soigner ceux qui souffrent, annoncer la liberté aux captifs et consoler tous ceux qui sont endeuillés [20]. Il est le bon Berger qui offre un abri et une protection à ses brebis[21]. Il nous guide dans de verts pâturages et des eaux paisibles au cœur d'un monde tourmenté.

Jésus est le chemin et la porte pour trouver refuge en Dieu. L'amitié avec le Père présuppose la foi dans le Fils ; c'est là que tout commence. Notre étude de l'amitié qui unissait David et Jonathan nous a permis de relever des caractéristiques qui s'appliquent à la perfection à notre relation avec Jésus. Il nous offre plus que sa seule présence, il recherche une amitié intime, une relation de confidentialité, comme le souligne David dans Psaumes 25.14. Notre communion avec lui dépasse n'importe quelle amitié humaine. En effet, quelle que soit la profondeur de l'engagement et de la complicité entre deux amis, ils ne pourront jamais atteindre l'extrême degré de connivence que nous propose Jésus. Le refuge que peut nous offrir un être humain aura toujours ses limites car les hommes sont limités et imparfaits. L'intimité humaine se limite à être avec l'autre et, en tant que telle, elle ne pourra jamais procurer la sécurité et le bien-être absolus auxquels nous aspirons tant. Le Seigneur Jésus, lui, nous appelle à être en lui et lui en nous et il nous demande instamment de préserver cette relation[22]. Lui en nous, nous en lui. Dans les Psaumes, se réfugier auprès de Dieu signifie toujours se réfugier en lui. Or, toutes les traductions ne sont pas claires sur ce point. Ainsi, dans Psaumes 143.9, nous lisons : « Je cherche mon refuge auprès de toi » (Semeur) ou « Je me cache auprès de toi » (NBS) ; je pense qu'une traduction plus exacte serait « Je me réfugie en toi » car elle décrit avec plus de fidélité ce qui se produit lorsque nous nous abandonnons à Dieu. Je ne me cache pas derrière Dieu, mais je me cache en lui. Je ne peux pas jouir d'une protection plus optimale.

Chapitre 12

Chercher refuge en toute confiance

Nous ne pouvons nous réfugier qu'auprès d'une personne que nous jugeons fiable, et dont nous sommes sûrs qu'elle ne cherchera pas à nous nuire, mais qu'elle désire le meilleur pour nous. L'amour et la fidélité sont des aspects des relations humaines qui déçoivent profondément. Même si nous nourrissons les meilleures intentions, il nous arrive de ne pas tenir nos promesses, de trahir la confiance de nos amis, ou de les blesser au point qu'ils sont incapables d'accorder à nouveau leur confiance.

Il arrive que nos expériences douloureuses dans le domaine relationnel nous empêchent de nous réfugier en Dieu, car nous projetons notre méfiance et nos déceptions sur lui. Un homme qui a eu un père défaillant peut éprouver des difficultés à voir en Dieu un Père aimant. Une femme qui n'a pas été aimée pendant l'enfance peut avoir beaucoup de mal à croire en l'amour et en la miséricorde de Dieu. Un enfant puni trop souvent pourrait considérer chaque revers de sa vie d'adulte comme autant de punitions divines et avoir peur de Dieu au lieu de lui faire confiance. Nos préjugés et nos craintes peuvent nous conduire, plus ou moins inconsciemment, à essayer de mériter l'amour de Dieu par nos actes et à nous comporter plus comme des serviteurs qui craignent le bâton que comme des enfants bien-aimés. Lors d'un séminaire pour étudiants chrétiens, j'ai demandé aux participants ce qui pourrait les empêcher de consacrer toute leur vie et tout leur avenir à Dieu. Il s'est avéré que l'un des obstacles principaux était une certaine méfiance envers Dieu. Comment savoir si ses plans pour nous sont bons et, surtout, s'ils nous plairont? «J'aime garder le contrôle de ma vie, a répondu une jeune fille. Je préfère jouer la sécurité.» Sa remarque a trouvé un écho dans d'autres réponses, sous diverses formes. «J'aimerais me marier, a confié un étudiant, mais peut-être que Dieu veut que je reste célibataire.» Un autre a dit: «J'ai peur que Dieu me demande d'abandonner mes études ou même de partir sur le champ missionnaire.» La discussion nous a permis de constater que nous avions parfois peur que Dieu nous demande des choses contraires à nos idées ou nos désirs. Cette éventualité confère un certain risque à notre décision de lui consacrer notre vie. Elle engendre une certaine réserve qui s'oppose à notre appel car lorsque Jésus nous demande de le suivre, il exige une confiance et un engagement inconditionnels.

Il est utile d'examiner notre vision de Dieu et de nous demander ce qui l'a façonnée. Lorsque nous comprenons que notre image de l'Éternel est influencée par des éléments subjectifs, nous sommes mis au défi de chercher à connaître le Dieu de la Bible plutôt que de nous en tenir au Dieu de notre imagination. J'aimerais insister ici sur deux facettes de la personne de Dieu: la paternité et la sainteté.

Dieu comme père

Quand l'un des disciples a demandé à Jésus de leur apprendre à prier, il leur a enseigné à commencer par le mot « Père [1] ». Quand nous faisons cela, non seulement nous affirmons notre filiation, mais nous en appelons aussi à la relation particulière et intime qui unit un père à son enfant. Les implications sont multiples et profondes. Même au milieu de la nuit, nous pouvons frapper à la porte du Seigneur avec la certitude d'être bien reçus. On ne dérange pas n'importe qui à des heures indues ; vous comme moi ne pouvons certainement nommer qu'une ou deux personnes chez qui nous oserions faire irruption de la sorte. Je les appelle « les amis de la porte de derrière » : inutile de frapper à la porte d'entrée, il nous suffit de passer par la porte de la cuisine ; chez eux, nous pouvons faire comme chez nous. Avec Dieu, nous pouvons avoir la même liberté, car il prend soin de nous comme un père prend soin de ses enfants. Dans Luc 12, nous lisons que les hommes s'inquiètent et s'angoissent pour toutes sortes de besoins essentiels à la vie. Les chrétiens n'ont pas à s'inquiéter, dit Jésus, car « toutes ces choses [...] votre Père sait que vous en avez besoin » (verset 30).

Au fil de notre débat, les étudiants et moi avons convergé vers cette conclusion : c'est l'amour paternel de Dieu qui dissipe les craintes et apporte la paix. Lui qui se dit notre Père est incapable de nous donner de mauvaises choses. Le père n'est-il pas idéalement la personne sur qui nous pouvons toujours compter ? C'est l'un des messages importants de la parabole du fils prodigue [2]. Notre réflexion sur la façon dont Dieu est Père a réveillé bien des émotions chez certains participants, à cause de la conception « différente » qu'ils avaient de la paternité. Je connais une jeune chrétienne qui aime Dieu depuis des années, mais sans parvenir à l'appeler « Père » parce que, à ses yeux, ce mot est lié à la souffrance et à l'abandon. À notre époque, caractérisée par un nombre croissant de familles monoparentales, il est de plus en plus nécessaire d'expliquer le principe de la parentalité et de la paternité, comme on le fait systématiquement auprès d'enfants victimes de maltraitance déclarée.

Sollicitude et proximité

Quelle est la vision divine de la paternité? Au chapitre 13, nous nous attarderons sur les images dont Dieu se sert pour nous l'expliquer. Les Écritures emploient parfois des termes associés à la maternité: des images de sollicitude permanente et de tendre affection. Dans son épître aux Romains, Paul dit que Dieu est pour nous «Abba», l'équivalent de notre mot «Papa»[3]. «Abba» est un terme araméen qu'un enfant peut aisément prononcer, même à un très jeune âge. «Papa» est beaucoup plus intime que «Père», comme si Dieu voulait supprimer toute distance et tout formalisme entre lui et nous. Le Dieu saint et terrible nous offre le privilège de venir tout près de lui. Son invitation n'implique pas pour autant que nous puissions oublier tout respect pour lui et le traiter comme un copain, mais elle nous incite à une confiance enfantine et sans réserve. Dieu est celui qui dit en Jérémie 29.11: «Car moi je connais les projets que j'ai conçus en votre faveur, [...] des projets de paix et non de malheur, afin de vous assurer un avenir plein d'espérance.» Ces paroles, adressées aux exilés à Babylone, témoignent de la bienveillance de l'Éternel et de son amour pour ses enfants. Une fois que nos yeux s'ouvrent à cette réalité, nous pouvons oublier notre méfiance, nos doutes et nos soupçons. «C'est si vous revenez à moi, si vous restez tranquilles, que vous serez sauvés, c'est dans le calme et la confiance que sera votre force!» dit le Dieu souverain, le Saint d'Israël[4]. Le fait que Dieu soit notre Père nous apporte la sécurité.

Fidélité

On pourrait s'étonner que David, si souvent confronté aux épreuves et aux déceptions, évoque la fidélité de Dieu avec autant de persistance. Il le fait en temps de délivrance, c'est-à-dire après avoir expérimenté la fidélité de Dieu, comme dans son cantique de louange en 2 Samuel 22.51 : « [L'Éternel] traite avec bonté celui qui a reçu l'onction, David et sa postérité, pour toute éternité », écrit-il après avoir été délivré de ceux qui le persécutaient. Mais il le fait aussi en temps de profonde détresse, comme dans le Psaume 57, qui se réfère au moment où David se cachait dans une grotte pour échapper à Saül : « Mon cœur est tranquille, ô mon Dieu [...] je veux te louer [...] Ton amour atteint jusqu'aux cieux, ta fidélité jusqu'aux nues. » (verset 8, 10-11).

Soyons assurés que l'Éternel respectera ses promesses et accomplira sa volonté pour notre vie[5], qu'il ne nous abandonnera pas, qu'il ne nous laissera pas peiner seuls en proie aux circonstances et qu'il ne perdra jamais le contrôle de la situation. Autant de certitudes qui nous donnent le courage de continuer même lorsque notre chemin devient déroutant ou désespérant. Nous pouvons même affirmer que, quoi que Dieu suscite dans la vie de ses enfants, il poursuit toujours leur bien ! Au fil de notre étude, nous avons pu constater que Dieu orchestre souverainement les événements pour accomplir sa volonté et nous amener là où il le désire ! David souligne encore cette vérité dans le verset 10 du Psaume 25 : « Toutes les voies de l'Éternel sont amour et fidélité pour ceux qui sont fidèles à son alliance et obéissent à ses commandements. » Cette vérité apporte la paix au cœur troublé.

La fidélité avérée de Dieu nous pousse alors à l'action. Lorsque l'Éternel dit à Abraham de quitter son pays, sa famille et la maison de son père pour se rendre dans le pays qu'il lui indiquerait, Abraham part « comme l'Éternel le lui avait demandé[6] ». Il obéit et prend la route, certain de la fidélité de Celui qui l'envoie.

La fidélité de Dieu nous rend aussi persévérants. Quand Dieu a promis qu'il ferait d'Abraham une grande nation[7], le patriarche n'a pas douté qu'il serait fidèle à sa promesse. Romains 4.18 rappelle qu'Abraham a effectivement cru « alors que tout lui interdisait d'espérer» et qu'il est ainsi «devenu *le père d'une multitude de peuples* conformément à ce que Dieu lui avait dit». Contre toute attente et malgré tous les obstacles liés à l'âge et à la stérilité, «sa foi ne faiblit pas» et il ne douta pas de la promesse de Dieu (versets 19-20).

La fidélité de Dieu affermit notre foi. Abraham a dû attendre très longtemps avant de voir les promesses de l'Éternel s'accomplir partiellement, mais sa foi en a été fortifiée. Nous lisons dans Romains 4 : «Il trouva sa force dans la foi, en reconnaissant la grandeur de Dieu et en étant absolument persuadé que Dieu est capable d'accomplir ce qu'il a promis.» (versets 20-21).

La sainteté de Dieu

Dieu est un père pour nous, mais un père saint, ne l'oublions pas. En tant que Père, il est amour, et, en tant que saint, il est parfait. Il nous faut veiller à ne pas privilégier l'une ou l'autre de ces deux caractéristiques, car elles sont indissociables.

La perfection de Dieu s'exprime dans plusieurs qualificatifs contenant le préfixe «omni». Dieu est omnipotent (tout-puissant), omniprésent (présent partout) et omniscient (il sait tout). Ces attributs le rendent unique et le distinguent de tout autre être vivant. Lui seul est digne d'être appelé «le Dieu très-haut[8]». Quand l'Éternel a sauvé David de la main de ses ennemis, celui-ci a dit : «La voix du Dieu très-haut résonne [...]» et «Qui est Dieu, sinon l'Éternel ? Qui est un roc ? C'est notre Dieu[9] !». Le mot «roc» exprime la fermeté et la stabilité, un roc est inébranlable. D'autres termes employés par David pour décrire son Dieu expriment la même idée : il est «un bouclier qui me protège[10]» et «une forteresse[11]». La sainteté de Dieu est absolue et solide.

La sainteté et la perfection de Dieu ne nous laissent pas d'autre choix que nous prosterner devant lui, muets d'admiration et de crainte. Les Écritures évoquent la crainte de l'Éternel. Dieu ne se plie pas à notre volonté, c'est lui qui nous prend par la main, en exigeant de nous une obéissance sans compromis. Sa loi et ses voies sont parfaites, son caractère est immuable, ses promesses sont éternelles. Autant de critères de certitude. Nous pouvons donc être libérés du moindre doute et nous montrer fermes et inflexibles, même devant la souffrance.

Devant la souffrance, beaucoup doutent de la sainteté de Dieu ; la douleur les pousse à remettre en question certains aspects de la personnalité de l'Éternel, voire son existence. Car, s'il existe, comment peut-il permettre la souffrance, ou les atrocités qui ont lieu de par le monde ? Que révèlent ces événements déchirants sur son caractère, sa puissance ou sa fiabilité ? Que signifie sa grandeur devant l'affliction ? Dans notre lutte intérieure, nous trébuchons sans cesse sur les mêmes questions essentielles. L'auteur américain Jerry Bridges identifie trois principaux domaines de doute. Dans l'un de ses livres[12], il affirme que notre confiance en Dieu s'appuie sur sa souveraineté, son amour et sa sagesse. Il semble que ces trois facettes de la perfection divine soient les premières que nous remettions en question devant la souffrance. Serions-nous victimes d'une erreur ? Le Seigneur aurait-il perdu le contrôle et laissé les circonstances s'emballer ? Nous touchons ici à la souveraineté de Dieu. Ou bien, certains événements nous semblent incompatibles avec sa bonté : comment imaginer qu'un Dieu d'amour permette qu'un enfant naisse gravement handicapé ou qu'un mariage se solde par un divorce ? Nous voici en train de soulever la question de l'amour ou de la bonté de l'Éternel. Enfin, quand nous le soupçonnons d'être inconscient de nos maux, ou de laisser faire des événements qui n'ont pas de sens, alors c'est sa sagesse que nous mettons en doute.

J'aimerais à présent considérer ces trois caractéristiques, la souveraineté, la bonté et la sagesse de Dieu, à la lumière de sa Parole. À ce propos, je suis redevable à Jerry Bridges car ses réflexions m'ont inspirée et m'ont aidée à structurer ma propre pensée. Je le remercie d'avoir gentiment consenti à leur utilisation dans ce livre.

La souveraineté de Dieu

Quand le rabbin américain Harold Kushner a appris que son fils de trois ans souffrait d'une maladie rare qui déclencherait un processus de vieillissement précoce et entraînerait sa mort avant l'âge de quinze ans, son univers s'est écroulé. Cette nouvelle dramatique a déclenché en lui une lutte intense à propos de la bonté de Dieu et, par conséquent, de sa souveraineté. Kushner a livré le fruit de sa réflexion dans un ouvrage intitulé *Pourquoi le malheur frappe ceux qui ne le méritent pas*[13], où il avoue son incapacité à concilier la bonté de Dieu et l'adversité que les êtres humains doivent affronter. Il en arrive même à conclure que Dieu perd parfois le contrôle et laisse des événements se produire au-delà de sa volonté. Autrement dit, il ne parvient plus à croire en la souveraineté divine. Voici ce qu'il dit :

> *Je crois en Dieu. Mais mes convictions à son propos ont changé depuis mon enfance ou mes études de théologie. Je suis désormais conscient de ses limites. Son champ d'action est circonscrit par les lois naturelles, par l'évolution de la nature humaine et par la liberté morale des individus. […] Il m'est plus facile d'adorer un Dieu qui déteste la souffrance, sans pouvoir l'éradiquer, qu'un Dieu qui choisit de faire souffrir et mourir des enfants, pour un quelconque motif supérieur.*

À la fin de son livre, il écrit :

> *Pouvez-vous pardonner à Dieu et l'aimer alors que vous avez découvert qu'il n'était pas parfait, alors qu'il vous a laissé tomber et qu'il vous a déçu en permettant l'adversité, la maladie et la cruauté dans ce monde et en autorisant que certains de ces malheurs vous touchent personnellement ? Pouvez-vous apprendre à l'aimer et à lui pardonner malgré*

ses limites, à l'exemple de Job, comme vous avez autrefois appris à pardonner à vos parents et à les aimer en dépit du fait qu'ils ne sont pas aussi sages, aussi forts ou aussi parfaits que vous en aviez besoin?

Désireux de continuer à croire en la bonté de l'Éternel, mais incapable de la concilier avec son malheur personnel, Kushner a choisi, comme beaucoup d'autres, de penser que Dieu est impuissant. Il s'est alors construit un système dans lequel il pouvait continuer à l'adorer. Il a fait des lois naturelles, de la nature humaine et de la liberté morale des forces plus puissantes que Dieu. Il a conclu que Dieu non seulement avait permis à l'imperfection d'entrer dans le monde, mais qu'il en était lui-même devenu la victime.

La réaction de Kushner n'a rien d'exceptionnel. Victimes d'événements qui nous semblent injustes et cruels, nous avons tendance à dire: «Ce n'est pas la volonté de Dieu.» Ce constat est indubitablement vrai. Dès le commencement, l'Éternel n'a pas voulu du mal dans notre monde. L'univers qu'il avait créé était parfait et sa volonté pour lui et ses habitants était exclusivement bonne. En particulier, il a accordé la liberté de choix aux premiers êtres humains. Adam et Ève n'étaient ni des robots ni des marionnettes dépourvus de volonté propre, mais bien des individus dignes et responsables. Le fait qu'ils aient opéré un mauvais choix, aux conséquences incalculables, est révélateur de l'espace accordé par Dieu. Il leur avait montré ce qui était bon, mais ils ont choisi de faire le mal. Il va de soi que le Tout-Puissant aurait pu les en empêcher, mais, cohérent avec lui-même, il a laissé à ces deux êtres la liberté de choisir, même des choses nuisibles et contraires à sa volonté. Les fruits de ce mauvais choix initial restent manifestes aujourd'hui, mais pour autant ils ne sont pas hors du contrôle divin. Dieu n'a pas perdu la capacité d'intervenir. Il n'est pas paralysé par la déchéance de sa création.

Nous avons raison de dire: «Ce n'est pas la volonté de Dieu», sauf si nous entendons par là qu'il n'a pas de maîtrise sur ce qui arrive dans ce monde. Car cela impliquerait deux choses : nous serions des victimes ou des marionnettes à la merci des circonstances ou des individus, et Dieu lui-même serait démuni. Il pleurerait sur notre malheur sans pouvoir y remédier. Si nous en arrivons à penser cela, nous aurons, comme Kushner, réduit Dieu à des proportions humaines.

Il est exact que Dieu pleure sur notre malheur, mais ses larmes ne sont pas un aveu d'impuissance. Quand Jésus a vu Marie et la foule pleurer sur la mort de son frère Lazare, Jean rapporte qu'il fut « profondément indigné et ému » et qu'il « pleura[14] ». Le Seigneur était particulièrement ému que la mort existe sur la terre (le texte grec porte : « grommelait en pensée », ce que certains exégètes interprètent comme de la contrariété ou de la colère). Il est le Dieu de la résurrection et de la vie, le Dieu d'éternité qui efface toute notion de temporalité. Les émotions éprouvées par Jésus devant le tombeau de Lazare sont liées à l'absurdité et à l'injustice de la mort ainsi qu'au chagrin des personnes présentes et à sa propre peine devant la disparition d'un ami proche. Les larmes du Seigneur n'étaient pas alimentées par l'impuissance puisqu'un instant plus tard, il a démontré qu'il régnait sur la mort : là, à Béthanie, il a ressuscité Lazare. À travers cet acte, il a voulu stimuler la foi du peuple en lui et en sa souveraineté. Il dit au verset 15 : « Car cela contribuera à votre foi. » Voici donc un Dieu qui n'est en aucune façon impuissant ou limité, contrairement à ce qu'a écrit Kushner, car sa souveraineté va bien au-delà du tombeau, notre « ultime ennemi ». De nos jours encore, il est en mesure d'intervenir dans nos vies.

La souveraineté divine se manifeste tout au long des Écritures. C'est en sa qualité de Dieu souverain que le Seigneur se fait connaître. Lorsqu'il apparaît à Abram dans Genèse 17.1, il dit : « Je suis le Dieu tout-puissant. » Lui, le créateur du ciel et de la terre, règne sur la nature. Il peut calmer une tempête sur un lac. Il peut faire jaillir de l'eau d'un rocher et séparer les flots de la mer Rouge. Sa Parole rapporte d'innombrables miracles opérés avec majesté sur les éléments naturels. Il est aussi le Dieu de l'Histoire. Il a démontré sa souveraineté en faisant sortir le peuple d'Israël de son esclavage en Égypte et en le précédant dans le désert et au-delà. Enfin, il est le Dieu de l'individu. Dans le cadre de notre étude, nous avons vu sa souveraineté dans les vies personnelles. Il n'est ni démuni ni décontenancé face à des événements apparemment tragiques. Le veuvage de Noémi, Ruth et Orpa n'a pas échappé à sa volonté. La stérilité de Ruth n'était pas irréversible pour lui. Il est Celui qui peut ouvrir et fermer un ventre. Ruth, qui n'avait pas eu d'enfant au terme de dix années de mariage en Moab, a eu un fils de son second mari Booz. Il est dit de Rachel, incapable de concevoir pendant des années, que « Dieu eut égard à Rachel, il l'exauça et lui accorda la possibilité d'avoir des enfants[15] ». Quand Joseph a été vendu par ses frères à une caravane de marchands qui se rendait en Égypte, Dieu n'avait pas perdu le contrôle de la situation car Joseph est arrivé exactement là où il devait se trouver. L'Éternel était également présent et souverain pendant tout le temps où David était violemment persécuté par Saül. Même lorsque nous avons l'impression d'être emportés par les circonstances et de subir les événements, il reste le Dieu grand et souverain. Dans l'une de ses études, Oswald Chambers dit avec raison : « Ce ne sont pas le monde ni les circonstances qui président au déroulement des événements, mais le grand JE SUIS ! »

Dans les moments difficiles où les émotions nous submergent, et où nous doutons que Dieu soit aux commandes, accrochons-nous à sa Parole et aux témoignages de sa souveraineté au fil de l'Histoire. Les Écritures nous ont notamment été données pour nous rappeler qui est Dieu. Elles sont remplies de « monuments commémoratifs ». Nous devons en ériger aussi dans notre propre vécu : souvenons-nous de ce qu'il a fait pour nous dans sa souveraineté et sa fidélité. « Mais voici la pensée que je me rappelle à moi-même, la raison pour laquelle j'aurai de l'espérance, dit Jérémie, [...] ta fidélité est grande[16] ! ».

La bonté de Dieu

Si l'expérience personnelle de Kushner l'a amené à conclure que Dieu est bon, mais pas tout-puissant, Noémi est parvenue à la conclusion inverse. Dans notre examen du livre de Ruth, nous avons vu qu'elle avait continué à l'appeler « le Tout-Puissant » tout en désignant en lui l'auteur de son affliction et le père de son malheur : « Le Tout-Puissant m'a beaucoup affligée[17] ». Noémi n'était plus en mesure de croire en sa bonté à son égard, une réaction qui n'a rien d'exceptionnel et qui trouve son origine dans cette question séculaire : « Pourquoi Dieu permet-il la souffrance ? » Le raisonnement qui vient en réponse est que si Dieu est tout-puissant, il a le pouvoir d'éradiquer la douleur ; s'il ne le fait pas, il y a des raisons de douter de sa bonté. Pourquoi un Dieu bon permettrait-il que le malheur nous frappe ? Cela nous semble contradictoire avec sa personnalité et donc, illogique et impossible.

Si nous mesurons la bonté de Dieu à l'aune de ce qui nous arrive en laissant les circonstances influencer notre vision de Dieu, le doute ne tardera pas à s'insinuer dans notre esprit. L'ennemi de Dieu, le diable, aimerait s'introduire dans cette faille et l'élargir jusqu'à ce que nos doutes grandissent et se transforment en incrédulité, puis en rejet de Dieu. Ce fut d'ailleurs son premier geste en Éden. Là aussi, il a semé le doute au sujet de la bonté de Dieu. Si Dieu est vraiment bon, pourquoi Adam et Ève ne sont-ils pas autorisés à manger du fruit de cet arbre particulier, qui aurait pour seul effet de les rendre plus sages ? Le premier homme et la première femme ont chuté à cause de ce plan rusé et leur désobéissance a creusé un profond fossé entre eux et leur Créateur. Au lieu de considérer la bonté de Dieu, ils ont accepté de raisonner avec le diable et, ayant douté, ils se sont égarés.

De même que pour sa souveraineté, érigeons des monuments commémoratifs de la bonté de Dieu. Sa miséricorde se manifeste dès le paradis quand il rencontre Adam et Ève après leur désobéissance[18]. Et il est certain qu'il a déjà la solution à la séparation entre lui et les hommes ; il songe déjà au plus grand des monuments à sa bonté : la croix. Ce seul acte balaie le moindre doute au sujet de sa bonté, car il constitue la réponse compatissante de Dieu au problème du mal : le sacrifice de son Fils unique pour nous sauver de nos péchés. Jésus-Christ a été prêt à aller jusqu'au bout de la souffrance et de la mort pour accomplir ce qui nous était impossible à travers un acte d'amour inconditionnel. Paul l'évoque dans Romains 5.7-8 : « Mais voici comment Dieu nous montre l'amour qu'il a pour nous : alors que nous étions encore des pécheurs, le Christ est mort pour nous. » Je ne peux pas comprendre la profondeur des souffrances de Jésus. Aucune douleur humaine ne peut se comparer à ce qu'il a subi pour nous. Alors qu'il était seul sur le chemin qui le menait à la croix et même alors qu'il y était suspendu, ses ennemis ont mis sa foi en Dieu à l'épreuve. L'Éternel était capable de le sauver, n'est-ce pas ? N'était-ce pas sa volonté ? Dans ce cas, pourquoi n'intervenait-il pas ?

Comprenons-nous que ces questions attaquent la souveraineté et la bonté de Dieu ? Sommes-nous conscients que Jésus a lui aussi connu l'abandon[19] ? Pourtant, sa foi en Dieu et sa décision de boire la coupe amère pour nous sauver n'a pas été altérée. Sa vie et sa mort démontrent un amour inconditionnel et illimité. Elles apportent la preuve ultime de l'infinie bonté de Dieu. Mais il y a plus : la résurrection de Jésus fait que je ne suis pas seule et abandonnée par Dieu dans ma souffrance comme Jésus l'a été. Car, aujourd'hui, le Fils ressuscité siège à la droite du Père et non seulement il est avec moi dans mon chagrin, mais il est aussi en moi par sa puissance. Paul affirme que nous pouvons connaître Christ et la puissance de sa résurrection[20].

Il écrit aussi :

Mais ce trésor, nous le portons dans les vases faits d'argile que nous sommes, pour que ce soit la puissance extraordinaire de Dieu qui se manifeste, et non notre propre capacité. Ainsi, nous sommes accablés par toutes sortes de détresses et cependant jamais écrasés. Nous sommes désemparés, mais non désespérés, persécutés, mais non abandonnés, terrassés, mais non pas anéantis. Oui, nous portons toujours et en tout lieu, dans notre corps, la mort de Jésus, afin que la vie de Jésus soit, elle aussi, rendue manifeste par notre corps[21].

La bonté et l'amour de Dieu nous sont donc constamment rappelés à travers la personne et l'œuvre de Jésus. David aussi a beaucoup insisté sur la bonté de l'Éternel. Voyons par exemple le Psaume 13 où, persécuté, il interpelle Dieu dont il se sent abandonné ; il déclare néanmoins dans le dernier verset : « Pour moi, *j'ai confiance en ta bonté.* La joie remplit mon cœur à cause de ton grand salut. » (verset 6). Il le répète dans Psaumes 52.10 : « Je compte sur l'amour de Dieu à toujours, à jamais. » Les mots qui précèdent sont très éloquents : « Mais moi, je suis toujours comme un olivier verdoyant dans la maison de Dieu. » Ce sont là les paroles d'un homme capable de distinguer la bonté de l'Éternel même dans l'adversité ; il reconnaît que l'épreuve a pour but de le faire grandir, et en aucun cas de l'amener à dépérir. En effet, les plans de Dieu pour nous sont bons, d'une bonté qui n'est pas affectée par les circonstances !

Quand nous sommes dans l'adversité, nous fier à nos sentiments nous empêche de distinguer l'amour de Dieu. C'est pourquoi, comme David dans Psaumes 25.10, nous devons proclamer les vérités bibliques : « Toutes les voies de l'Éternel sont amour et fidélité pour ceux qui sont fidèles à son alliance et obéissent à ses commandements. » Il avait parfois besoin de se rappeler cette vérité pour s'y accrocher fermement. Lorsque ses sentiments lui disaient que Dieu l'avait oublié et était absent, il a affirmé: «Pour moi, j'ai confiance en ta bonté[22]». Nous devons nous en tenir à ce que nous savons de Dieu et non à nos sentiments: Dieu est bon.

Redisons-le à nouveau: c'est dans le cadre d'une rencontre personnelle que la bonté de l'Éternel nous sera révélée le plus clairement. David en témoigne dans Psaumes 31: «Combien est grande la bonté que tu tiens en réserve pour ceux qui te vénèrent, et que tu viens répandre, sur ceux qui s'abritent en toi [...]. Auprès de toi, tu leur donnes un refuge [...]. Loué soit l'Éternel, car il m'a témoigné son merveilleux amour» (verset 20-22) et dans Psaumes 63.3-4: «C'est pourquoi, dans ton sanctuaire, je te contemple pour admirer ta puissance et ta gloire. Car ton amour vaut bien mieux que la vie.» Dans Psaumes 90.14, Moïse dit: «Rassasie-nous tous les matins de ton amour.» De tels propos expriment une vérité importante: Dieu veut que nous cherchions sa bonté à sa source même, que nous le cherchions lui, car lui seul peut nous satisfaire parfaitement. Si nous comprenons ce principe avec le cœur (et non pas seulement par l'intellect), nous résisterons mieux aux aléas de la vie et aux doutes susceptibles de nous envahir. Alors, nous pourrons déclarer avec l'auteur du Psaume 94: «à peine ai-je dit: "Je vais perdre pied", que, dans ton amour, Éternel, tu m'as soutenu.» (verset 18).

La sagesse de Dieu

Comme nous l'avons dit, nos doutes sont souvent alimentés par notre incapacité à expliquer notre souffrance. Souvent, nous avons besoin de lui donner un sens pour parvenir à l'accepter. Or, c'est précisément là que se situe notre problème: nos limites humaines ne nous permettent pas de sonder toutes les facettes d'un événement, car notre point de vue est très obtus. Une fois confrontés à nos limites, il nous arrive d'accuser l'Éternel et de remettre sa sagesse en question!

La Parole de Dieu est sans ambiguïté sur l'ignorance de

l'être humain au sujet de la nature et de la pensée divines. Le Seigneur lui-même dit par la bouche de son prophète Ésaïe : « Car vos pensées ne sont pas mes pensées, et vos voies ne sont pas mes voies [...] ; autant le ciel est élevé au-dessus de la terre, autant mes voies sont élevées au-dessus de vos voies, et autant mes pensées sont élevées au-dessus des vôtres[23]. ». Paul exprime la même idée dans sa lettre aux Romains : « Combien profondes sont les richesses de Dieu, sa sagesse et sa science ! Nul ne peut sonder ses jugements. Nul ne peut découvrir ses plans. Car, *qui a connu la pensée du Seigneur ? Qui a été son conseiller*[24] *?* ». Dans Psaumes 139, en songeant à quel point l'Éternel sait tout de lui, David ne peut que s'exclamer : « Merveilleux savoir hors de ma portée, savoir trop sublime pour que je l'atteigne. » (verset 6).

Tous ces textes et bien d'autres encore confirment donc avec force la sagesse infinie de Dieu. On ne peut imaginer que le Tout-Puissant soit à bout de ressources et ignore comment réagir ou gérer une situation. Les hommes se fourvoient et sont facilement démunis, mais l'Éternel n'est jamais pris de court. De nombreuses choses échappent à notre compréhension, mais cela ne signifie en rien qu'elles soient hors de la portée de Dieu.

L'exemple le plus criant de notre compréhension humaine limitée est la réaction qu'a suscité l'incarnation de Jésus-Christ, le Fils de Dieu. L'une des erreurs commises à son époque consistait à vouloir lui assigner un rôle politique pour qu'il libère le peuple juif de la domination romaine. La foule a même voulu le couronner roi ; après tout, il évoquait souvent son « Royaume » ! Les fidèles ont mal interprété ses intentions. Lorsque Jésus a finalement été condamné à mort sur la croix, beaucoup y ont vu la preuve de son impuissance à remplir sa mission. Non seulement ses ennemis, mais aussi bon nombre de ses disciples, incapables de comprendre la tournure des événements et de surmonter leur désillusion. Ce n'est qu'après la résurrection qu'ils ont découvert que les circonstances correspondaient en réalité à « tout ce que tu avais décidé d'avance, dans ta puissance et ta volonté[25] ». Paul dit que la crucifixion de Jésus est « la sagesse de Dieu, secrète jusqu'à présent, et qui demeure cachée au monde ». « Il ne s'agit pas, bien entendu, de ce qu'on appelle "sagesse" dans ce monde, ni de la sagesse des grands de ce monde [...] Cette sagesse-là, les grands de ce monde ne la connaissent pas, car s'ils l'avaient connue, ils n'auraient pas crucifié le Seigneur glorieux[26] ». Un être limité ne pourra jamais comprendre un Dieu illimité ! Toutefois, grâce au Saint-Esprit, nous devenons capables de développer un regard spirituel et une sagesse céleste.

Simon et Hélène n'ont jamais pu avoir d'enfant. Ils sont pourtant impliqués dans un ministère parmi les petits et les aiment énormément. Pourquoi n'ont-ils pas pu devenir parents ? Je l'ignore. De même, j'ignore pourquoi Hélène a développé une sclérose en plaques vers l'âge de quarante ans. Même s'il est impossible de prédire l'avenir, la sclérose en plaques est une maladie progressive qui handicape de plus en plus ses victimes. Il est donc probable qu'Hélène se trouvera de plus en plus limitée dans ses mouvements et que sa vie, comme celle de Simon, ainsi que leur ministère commun, seront affectés par son état. Je suis incapable de comprendre les voies empruntées par Dieu dans ce cas précis. À mes yeux, ils auraient fait des parents formidables. Je pense aussi qu'ils sont tous les deux nécessaires au sein d'un ministère que j'estime capital. Dans notre société sans Dieu, les enfants ont besoin d'entendre le message de l'Évangile... En fait, en livrant ainsi mes réflexions et mon avis sur cette situation, je suis en train d'exprimer des doutes quant à la sagesse de Dieu dans ces circonstances spécifiques.

Qu'en pensent Simon et Hélène ? Ils ont traversé une période douloureuse lorsqu'ils ont compris que leur désir d'être parents ne se réaliserait pas. Il faut du temps et des efforts pour parvenir à dépasser une telle frustration. Il est difficile de voir d'autres couples avoir des enfants, de se réjouir avec eux et d'apprécier la compagnie de leurs petits sans éprouver de la jalousie. Simon et Hélène avaient franchi ce cap. Ils s'épanouissaient dans leur ministère, qui comptait énormément pour eux. C'est alors que la sclérose en plaques s'est déclarée. J'ai été en contact avec eux deux ans après le diagnostic de la maladie et près de vingt-cinq ans après avoir fait leur connaissance dans un collège biblique britannique où nous avions passé un an ensemble. J'ai retrouvé deux personnes très différentes de celles que j'avais connues un quart de siècle auparavant. Le changement qui s'était opéré en eux n'était pas seulement dû au passage du temps. Bien sûr, ils étaient désormais un peu plus vieux, un peu plus sages et un peu plus grisonnants, mais ce qui m'a frappée avant tout, c'est le reflet de la présence de Dieu sur leur visage, la force de leur union, leur profonde complicité spirituelle, leur amour intense pour Jésus et leur paix, une paix qui dépasse l'entendement.

Ces deux-là sont un témoignage vivant de l'intervention divine dans leur existence et affirment qu'ils n'auraient voulu manquer ce privilège pour rien au monde. Humainement, leur situation aurait pu être meilleure, car, forcément, nous considérons l'absence d'enfant et la maladie comme des circonstances adverses. Mais si je considère ce couple du point de vue de l'éternité, je prends conscience qu'il a été béni. Dieu dans son infinie sagesse, a choisi de faire ce qui est bon et sage — et qui tranche radicalement de ce que Simon et Hélène auraient projeté vingt-cinq ans plus tôt. Si j'ai la liberté d'écrire cela, c'est bien parce que Simon et Hélène considèrent leur vie exactement ainsi. Et cela est merveilleux.

Les difficultés de la vie ne doivent pas nous pousser à tirer des conclusions hâtives sur la sagesse divine. Comprenons que, tant que nous vivrons sur cette terre, nous n'aurons jamais une vision claire du plan global et de la sagesse parfaite de Dieu. Acceptons de nous abandonner à Celui qui sait toutes choses ! « L'Éternel dit ceci : Que celui qui est sage ne se glorifie pas de sa sagesse ; que celui qui est fort ne se glorifie pas de sa puissance ;

que celui qui est riche ne se glorifie pas de sa richesse. Celui qui veut se glorifier, qu'il se glorifie de ceci : d'avoir l'intelligence de me connaître, moi qui suis l'Éternel, qui agis avec bienveillance, qui exerce le droit et la justice sur la terre[27] ». En d'autres termes, la sagesse, la puissance et la richesse des hommes sont relatives. Ce qui importe vraiment, c'est la connaissance de l'Éternel. Une fois encore, David nous montre la voie d'une confiance enfantine en se réfugiant en Dieu : « Ô Éternel, [...] je ne me suis pas engagé dans des projets trop grands, trop élevés pour moi. Bien au contraire : je suis resté tranquille et dans le calme. Je me sentais comme un nourrisson rassasié dans les bras de sa mère, comme un nourrisson apaisé[28]. ».

La foi en la justice, en la souveraineté, en la bonté et en la sagesse de Dieu implique que notre volonté et notre esprit lâchent prise. Nous parvenons à comprendre les choses dans une certaine mesure, au-delà de laquelle nous sommes rattrapés par nos limites. Nous pouvons tenter d'expliquer la souffrance en songeant au « bien » qu'elle pourrait engendrer mais, dans notre impuissance, nous apportons des réponses faciles. Le fait est que la souffrance sera toujours tragique, malgré le fruit qu'elle porte et les leçons précieuses qu'elle nous enseigne. Il arrive aussi qu'elle n'engendre aucun bénéfice, du moins aucun que nous puissions discerner. Et pourtant, cela ne porte pas atteinte à ce qu'est Dieu : souverain, bon et sage.

Chercher refuge avec nos questions

Pour nous réfugier en Dieu, nous devons reconnaître notre impuissance et notre myopie spirituelle, et nous fier à sa personnalité. Je trouve les paroles prononcées par Job après des années de souffrance et d'incompréhension, extrêmement émouvantes et vraies :

> *Je sais que tu peux tout, et que rien ne saurait t'empêcher d'accomplir les projets que tu as conçus. « Qui ose, disais-tu,*

> *obscurcir mes desseins par des discours sans connaissance ? » Oui, j'ai parlé sans les comprendre de choses merveilleuses qui me dépassent et que je ne connaissais pas. [...] Jusqu'à présent j'avais seulement entendu parler de toi. Mais maintenant, mes yeux t'ont vu. Aussi je me condamne, je regrette mon attitude en m'humiliant sur la poussière et sur la cendre*[29].

Si certains, décontenancés par des événements adverses ou cruels, remettent en cause la justice de Dieu, d'autres, comme Kushner, renoncent à leur foi en sa souveraineté. Beaucoup, sans doute, s'identifient à Noémi, qui, frappée par une tragédie personnelle écrasante, n'a plus cru en la bonté de l'Éternel. Et qui d'entre nous n'a jamais douté de la sagesse divine face à des situations trop douloureuses pour être vraies ? Les questions ne tariront jamais, elles font partie de la vie. En réalité, plus je vieillis, plus je m'interroge. Pourtant, étrangement, le besoin de trouver à tout prix une réponse satisfaisante se fait moins pressant, non pas parce qu'il importe moins d'en trouver, mais parce que je comprends que tout mystère ne sera pas dissipé tant que je vivrai sur cette terre !

Reconnaître mes limites, ce n'est pas m'enfoncer la tête dans le sable, comme une autruche, pour éviter de regarder la réalité en face. Il m'arrive de poser des questions, mais je constate que ma propre ignorance et mon respect pour la sainteté de Dieu me réduisent au silence. Qui suis-je pour persister à interroger l'Éternel ? Nous ne serons jamais dignes de lui demander des comptes sur des sujets que nous sommes incapables de comprendre. Nous n'avons tout simplement pas le droit de lui adresser des reproches ou d'exiger une explication. Nos questions s'appuient souvent sur une idée fausse : nous pensons que Dieu nous doit quelque chose et que nous pouvons donc lui demander de justifier ses actes. Si nous le considérons de la sorte, nous le réduisons aux dimensions humaines, nous le faisons semblable à nous. Or, Dieu n'est pas un être humain, il est l'Éternel Saint. Nous ne sommes pas en droit de poser des questions, mais nous sommes pourtant invités à venir à lui pour épancher notre cœur. Si je réponds à son invitation, je constaterai parfois que mes interrogations se noient dans les flots de son amour. En me réfugiant ainsi en lui, je trouve du repos et je lâche prise en m'abandonnant à lui. C'est alors il se révèle davantage à moi.

Psaumes 73 (que j'ai déjà évoqué au chapitre 2) décrit ce processus. Après avoir énuméré tous ses griefs sur l'injustice divine, le psalmiste se rend dans le Temple de Dieu et là, il comprend (verset 17). Ses yeux s'ouvrent et il voit sous le bon angle ce qui le frustrait. Il se rend compte que la richesse et le bonheur apparents des méchants, qu'il trouvait injustes, ne mèneront à rien. Il perçoit la vanité des choses mêmes qu'il enviait. Plus important encore, il découvre que la bénédiction la plus précieuse est le privilège de connaître Dieu. « Mais je suis toujours avec toi, et tu m'as saisi la main droite, selon ton plan, tu me conduis, puis tu me prendras dans la gloire », dit-il aux versets 23 et 24. Cela peut paraître simpliste, mais n'en est pas moins vrai : connaître Dieu et lui appartenir, avec tout ce que cela implique aujourd'hui et dans l'éternité, surpasse toutes les circonstances douloureuses et déconcertantes auxquelles nous sommes confrontés ici-bas. Cette vérité, nous la découvrons en pénétrant dans le sanctuaire de Dieu, lorsque nous acceptons de nous défaire de nos questionnements et de notre orgueil et que nous entrons dans sa présence pour chercher sa personne — non pas uniquement pour trouver des réponses ou des solutions aux problèmes de la vie. Il n'est jamais garanti que cette dernière quête aboutisse. En réalité, même à la lumière du Christ, le mystère demeure.

Job et Asaph ont tous deux découvert l'objectif poursuivi par Dieu à notre égard. Il veut que nous le rencontrions au lieu de nous contenter de le connaître par ouï-dire. Il veut que nous le connaissions comme le Juste, le Tout-Puissant, le Bon, le Sage, le Père parfaitement digne de confiance. Dans le langage du

Nouveau Testament, il veut que nous soyons en communion avec son Fils Jésus-Christ. Être avec le Seigneur est à la fois notre destin sur la terre et notre avenir éternel. Tout ce que nous expérimentons ou endurons pendant notre existence terrestre peut être utilisé par le Seigneur pour nous amener à mieux le connaître et l'aimer. Voici qui semble contredire notre logique, selon laquelle les difficultés séparent plutôt qu'elles ne rapprochent. Mais les règles ne sont pas les mêmes avec Dieu. C'est souvent lorsque nous sommes à bout de forces et que nous avons touché le fond que nous cherchons sa présence avec la soif la plus intense et que nous le rencontrons dans l'intimité du tête-à-tête.

Renée

Pour clôturer ce chapitre, j'aimerais partager l'expérience d'un couple dont la fille est décédée dans un accident à l'âge de trente-quatre ans. Renée était une jeune femme pleine de vivacité, très talentueuse et animée d'une foi enthousiaste. Après avoir décroché un diplôme à l'université et dans une école biblique, elle a commencé à travailler parmi les jeunes. C'est lors d'un camp d'été qu'elle a été victime d'un accident mortel.

Lorsque j'ai rencontré les parents de Renée, ils m'ont décrit les circonstances de la mort de leur fille quatre ans auparavant et j'ai été interpellée par une remarque de son père, Charles. Il a dit : « Si nous n'avions pas fermement cru en la souveraineté de Dieu et si nous ne nous y étions pas accrochés, nous n'aurions jamais survécu à la mort de Renée. » Je lui ai demandé ce qu'il voulait dire par là et il s'est mis à me raconter les faits. Renée est tombée d'une hauteur très élevée pendant une descente sur câble. La structure consiste en un câble tendu entre une structure très élevée d'un côté, et un point d'eau de l'autre, au fond duquel il est amarré. Les participants portent un harnais attaché au câble et se laissent ainsi glisser jusque dans l'eau. Dans le cas de Renée, le câble n'a pas résisté parce qu'il était mal fixé. Lorsque ses parents ont été informés de l'accident, elle avait été transférée dans le plus grand hôpital de la région où les examens avaient déjà confirmé sa mort cérébrale. De ces premiers moments de stupéfaction et d'horreur surgit une question : Pourquoi ? Mais beaucoup d'autres ont dû être affrontées.

À leur arrivée à l'hôpital, les parents de Renée ont presque immédiatement été sollicités pour autoriser le prélèvement des organes de leur fille. Dans l'attente de leur décision, les médecins avaient relié la jeune femme à toutes sortes de tubes et d'appareils pour maintenir ses organes en vie. En la voyant dans cet état, ils ont douté de la validité du diagnostic (Était-elle vraiment morte ?) et envisagé la possibilité d'une guérison miraculeuse (Rien n'est impossible à Dieu, n'est-ce pas ?). « Nous devions prendre une décision sur-le-champ, raconte la mère de Renée, et faire confiance. Nous nous sommes concentrés là-dessus et cela nous a permis de tenir. La situation était à ce point horrible que notre esprit paraissait engourdi. Ce n'est que plus tard que nous avons pu réfléchir aux nombreuses questions qui nous ont assaillis sur le moment. Des questions sur l'absurdité de cet accident, sur la raison de mettre un terme si cruellement et si brutalement à une vie qui avait de la valeur... Nous avons dû consciemment accepter par la foi que Dieu avait le contrôle de cette situation. J'ignore comment, mais nous sommes parvenus à ne pas sombrer dans le désespoir. Des amis ont spontanément lancé une chaîne de prière et nous nous sommes sentis portés dans notre chagrin. Plus tard, Dieu nous a même permis de rencontrer une maman qui avait perdu sa fille à la suite d'un saut en chute libre. Nos cas étaient très semblables et nous avons pu partager notre douleur et nos questions. Il est extrêmement utile de trouver quelqu'un qui nous comprend vraiment. »

Le père de Renée dit que cinq points se sont imposés à eux :

- Nous avons décidé que nous n'avions pas le droit de douter des voies de Dieu ni de lui demander de se justifier de la mort de notre fille. Dans mes prières, j'ai exprimé qu'en tant que serviteur du Seigneur, je n'avais aucun droit au chapitre en la matière. J'ai veillé à le dire à voix haute parce que j'avais compris que l'Ennemi essayait d'utiliser nos « pourquoi » pour s'immiscer dans cette situation et miner notre foi. Il y avait tant de « pourquoi ». Notre fille était si prometteuse, si talentueuse. Elle profitait pleinement de la vie et elle servait Dieu.

- Plus nous sommes proches de Dieu, moins nous posons de questions. Dans notre vie et notre marche avec lui, nous apprenons à accepter ce qu'il met sur notre route parce que ces circonstances peuvent devenir un instrument entre ses mains pour nous façonner et faire de nous les personnes qu'il veut que nous soyons. Nous avions tous les deux soixante ans. Nous avions déjà traversé pas mal d'épreuves. Nous savions aussi que nous n'étions pas les premiers parents à perdre un enfant.
- Satan est l'ennemi de Dieu qui cherche à perturber et à entraver ses plans pour son Royaume. Renée n'était pas la seule à s'impliquer dans un ministère chrétien ; nous travaillions, nous aussi, pour le Royaume de Dieu. Dans le cadre de notre propre ministère au sein du personnel militaire, nous étions à la veille d'une conférence stratégique au cours de laquelle je devais prendre la parole. Qu'allais-je bien pouvoir dire ?
- Nous considérons notre vie comme un pèlerinage pendant lequel il est extrêmement important de garder les yeux fixés sur le plan ultime de Dieu, quoi qu'il arrive en route. Dans notre profond chagrin, nous avons continué à prier pour que la mort de notre fille engendre du fruit. Nous priions aussi sans cesse pour bénéficier de la compassion dont il est question dans Lamentations 3.32 : « Mais s'il

affligé, il [le Seigneur] aura aussi compassion selon son grand amour.»

- Pour les funérailles de notre fille, nous avons choisi Psaumes 84: «Bienheureux les hommes dont tu es la force: dans leur cœur, ils trouvent des chemins tracés. Car lorsqu'ils traversent la vallée des Larmes, ils en font une oasis, et la pluie d'automne vient la recouvrir de bénédictions. D'étape en étape, leur vigueur s'accroît et ils se présentent à Dieu en Sion.» (verset 6-8). En souvenir de notre fille, nous avons créé un fonds destiné à la transmission de l'évangile parmi les jeunes, et nous avons demandé aux gens d'y verser de l'argent au lieu d'acheter des fleurs afin de continuer à construire le rêve de Renée.

Quel privilège d'avoir rencontré ce couple engagé et fidèle et d'avoir entendu ce témoignage de la mère de Renée: «La Bible nous appelle à croire en la souveraineté de Dieu, en son amour et en sa sagesse. J'avais besoin d'accepter son choix pour ma fille même si mes sentiments et ma volonté s'y opposaient totalement. J'aimais tant ma Renée.»

Depuis l'accident tragique, ces parents ont reçu une centaine de lettres de la part de jeunes du monde entier, que leur fille avait touchés d'une façon ou d'une autre. La mort de la jeune femme avait marqué un tournant dans la vie de certains d'entre eux en les amenant à la décision de croire en Jésus. Ils témoignaient: «Je veux manifester dans ma propre vie la même consécration que Renée au service du Seigneur», ou «Je me suis relevé parce que Renée m'a accordé beaucoup de son temps.» Un autre: «Renée a cru en moi quand personne d'autre ne le faisait.»

Quelques années se sont écoulées. L'absence de Renée reste douloureuse et sa disparition marquera Charles et Carol pendant le reste de leurs jours. Ils souffriront à jamais du départ de leur fille, mais le dard a été retiré de la plaie. Ils disent à présent:

« On dirait que les choses ont été guidées. Renée avait achevé plusieurs projets. Elle se trouvait à un tournant important de son ministère. Elle avait réglé plusieurs questions. Elle s'était réconciliée avec des gens et certains points avaient été abordés ouvertement. Comme si elle avait mis les choses en ordre avant son départ. »

Les parents de Renée ont poursuivi leur travail et choisi de garder confiance en Dieu. Le Seigneur a béni leur décision. Ils ont trouvé du repos en se réfugiant en lui. Ils ont appris à voir au-delà de leurs circonstances et ils ont découvert les fruits de cette tragédie apparemment dépourvue de sens : une moisson de jeunes ont choisi de suivre Dieu et de faire de leur croissance spirituelle un objectif prioritaire.

Chapitre 13

Le mystère du refuge divin

Nous avons vu que Ruth s'était réfugiée « sous les ailes » du Dieu d'Israël. Dans le chapitre précédent, j'ai surtout analysé cette démarche en termes de confiance.

À présent, j'aimerais m'attarder davantage sur ce que j'appellerais le mystère du refuge divin : que se passe-t-il en nous et autour de nous lorsque nous apprenons à nous réfugier à l'abri du Très-Haut ?

Le texte qui nous servira de base est donc Ruth 2.12, dans lequel Booz (le second mari de Ruth) déclare que Ruth est venue « chercher un abri » « sous les ailes » de l'Éternel (NBS).

Le mot hébreu hasah, traduit par « chercher un abri » dans ce verset, apparaît à trente-sept reprises dans l'Ancien Testament, essentiellement dans les Psaumes. Il est généralement associé à un autre terme qui précise la nature du refuge ou le caractère de Celui qui offre ce refuge. Ce sont des mots tels que « tente » (amovible), «abri» (temporaire), «forteresse» (massive, défensive), «bouclier» (personnel) et «refuge» (protection et sécurité).

Dans Ruth 2.12, le refuge est associé aux ailes de l'Éternel (le Tout-Puissant). Le terme hébreu kanap, traduit par «ailes», apparaît à cent onze reprises dans l'Ancien Testament. Nous le trouvons en relation avec d'autres termes, notamment le mot «ombre», très fréquent.

Examinons le mot «ailes» et tentons de comprendre ce que cette image nous apprend sur la personne du Seigneur et sur la bénédiction qu'il accorde à l'enfant qui se réfugie en lui. Trois éléments peuvent être dégagés: 1) l'attention et la protection: le terreau propice à la croissance et au développement, 2) les soins attentifs: le terreau propice au changement et à la guérison, et 3) le repos et le rafraîchissement: le terreau propice pour gagner en force et en vigueur.

Attention et protection: le terreau de la croissance

Le mot hébreu kanap (ailes) apparaît pour la première fois dans Exode 19.4 où Dieu s'adresse à Moïse sur le Mont Sinaï: «Vous avez vu vous-mêmes comment j'ai traité les Égyptiens et comment je vous ai portés comme sur des ailes d'aigles pour vous faire venir jusqu'à moi.» L'image de l'aigle revient dans le cantique de Moïse: «L'Éternel l'a trouvé [...] Il a pris soin de lui et il l'a éduqué. Il a veillé sur lui comme sur la prunelle de ses yeux! Il fut comme un grand aigle qui pousse sa couvée à prendre son envol, planant sur ses aiglons, puis, étendant ses ailes, il les a pris et portés sur ses ailes. Lui seul les a conduits.»

Si vous avez déjà vu un aigle en liberté, vous avez probablement été frappé par son envergure, sa force et sa rapidité. L'aigle vit surtout dans des régions rocheuses. Il possède une tête caractéristique, avec un bec pointu et recourbé et des yeux très perçants. L'aigle qui plane (il est capable de voler très haut) offre un spectacle majestueux de force et de prestance.

La surface de ses ailes dépliées et son vol puissant lui permettent d'emporter une proie volumineuse à une altitude élevée. Il n'est pas étonnant que cet oiseau soit redouté des animaux de la campagne car, sur son territoire, aucun ne peut se mesurer à lui. L'aigle est un prédateur dit « absolu », c'est-à-dire qu'il se trouve au sommet de la chaîne alimentaire et n'a lui-même aucun prédateur naturel.

La force de ce rapace, magnifique mais terrifiant, contraste avec la grande tendresse dépeinte dans Exode 19.4 et Deutéronome 32.10-13. L'aigle craint par ses ennemis est un parent rempli d'amour et d'attention pour sa couvée.

Un aigle couve environ trente-cinq jours avant l'éclosion des œufs. Huit à onze semaines plus tard (selon l'espèce), les plumes se développent et les petits peuvent commencer à exercer leurs ailes. C'est à cette période que l'aigle encourage les aiglons à effectuer le grand saut hors du nid.

Pour ce faire, il doit parfois user de contrainte. Le jeune se sent bien dans le confort du nid et préfère parfois rester là où il se trouve. Pour l'aider à prendre son envol, l'aigle peut laisser son petit avoir faim. Si cela ne fonctionne pas, il arrive aussi qu'il retire la couche supérieure duveteuse du nid de sorte que le petit repose sur des branches épineuses. Une approche plutôt dure qui a pour but de forcer l'aiglon à quitter le nid.

Pendant les premiers vols, le parent plane au-dessus, autour et surtout en-dessous de ses aiglons pour pouvoir les rattraper sur ses ailes et les porter si l'exercice devient trop difficile ou trop fatiguant pour eux. Deutéronome 32.11 dit qu'il « les a pris et portés sur ses ailes ». Dans la nature, l'aiglon « s'appuie » sur le courant d'air ascendant créé par les battements d'ailes de son père ou sa mère, qui se déplace sous lui pendant ses premiers entraînements. Ainsi « porté » par ses parents, le jeune aiglon est protégé de l'accident, sans être empêché d'apprendre à voler, de se développer, et d'oser de nouveaux mouvements.

Dans le passage du Deutéronome mentionné ci-dessus, le

Seigneur est représenté par l'aigle ; la proie qu'il effraie, c'est l'Égypte ; les aiglons, ce sont ses enfants qu'il protège, porte et conduit. Notons les verbes de ces versets : il les a « trouvés », il les a « protégés », il a « pris soin » d'eux, il a « veillé » sur eux. Ce sont des verbes actifs qui témoignent de la sollicitude parfaite de Dieu envers ses enfants. Ils impliquent aussi son omniscience : il n'existe aucun lieu où il ne puisse nous voir, aucun endroit où il ne puisse nous atteindre. David exprime cette idée dans Psaumes 139.7-10 : « Où pourrais-je aller loin de ton Esprit ? Où pourrais-je fuir hors de ta présence ? Si je monte au ciel tu es là, et si je descends au séjour des morts, t'y voilà ! Et si j'empruntais les ailes de l'aube pour me réfugier aux confins des mers, là aussi ta main me dirigerait, ton bras droit me tiendrait. » Au verset 5, il écrit : « Tu es devant moi et derrière moi : tu m'entoures ; ta main est sur moi. »

Dans Deutéronome 33.26-27, nous retrouvons la même idée : « Chevauchant dans le ciel, il [Dieu] vient à ton secours, il est majestueux, monté sur les nuages. Le Dieu d'éternité est un refuge, il est depuis toujours un soutien ici-bas. »

Protection

La protection de Dieu est la sécurité profonde et fondamentale dont nous jouissons dans le cadre de notre relation avec lui, une sécurité exprimée par des mots tels que « forteresse », « rempart », « rocher » et « refuge ». Les Écritures associent ces images au refuge divin.

En période de danger, les populations se réfugiaient jadis dans des forteresses ou des châteaux. Une fois tout le monde à l'intérieur, la porte principale était fermée et fortifiée, tandis que des soldats prenaient position sur les remparts pour défendre la place et tous ceux qui étaient venus s'y réfugier. Cette stratégie était loin de garantir la survie. Les forteresses n'ont pas toujours été des lieux où la population se trouvait en sécurité car les hommes n'ont pas la capacité d'offrir une protection à toute épreuve. Pendant la Seconde Guerre mondiale, un petit nombre de Juifs traqués par les nazis ont trouvé refuge chez des personnes qui mettaient ainsi leur propre vie en danger. Beaucoup de clandestins n'ont pas survécu à la guerre, capturés lors de rafles et emmenés dans des camps de concentration. Leurs hôtes ne pouvaient pas les préserver de tout péril, pas plus qu'ils ne pouvaient assurer leur propre sécurité. Beaucoup de ceux qui ont caché des Juifs et d'autres victimes ont eux-mêmes perdu la vie. Un certain nombre étaient des chrétiens qui avaient placé leur espérance et leurs attentes en Dieu. Ils ont pourtant été arrêtés et exécutés. Que devons-nous en conclure ? Que signifie être en sécurité sous les ailes du Tout-Puissant ?

Corrie ten Boom pourrait répondre en connaissance de cause. Elle a été arrêtée, ainsi que son père et sa sœur, pour avoir caché des juifs. Son père est mort en captivité à Scheveningen (Pays-Bas) et sa sœur a perdu la vie dans le camp de concentration allemand de Ravensbrück où Corrie et elle avaient été incarcérées. Le parcours de la famille ten Boom a été retracé dans un livre, qui a ensuite fait l'objet d'un film au titre révélateur : *Dieu en enfer*, (1975).

Cette famille de Haarlem, aux Pays-Bas, aimait Dieu. Par obéissance au Seigneur et par amour du prochain, les ten Boom ont offert un toit à des personnes menacées. Eux qui mettaient leur confiance en Dieu ouvraient leur maison à autrui. Ils l'ont « payé » d'une souffrance personnelle profonde puisque le père et la sœur de Corrie n'ont pas survécu. Après sa libération, Corrie a consacré le reste de sa vie à proclamer l'évangile et la bonté de Dieu. Quelle contradiction ! pourrait-on penser. Comment parvenait-elle encore à appeler Dieu son refuge alors qu'elle avait tant souffert et tant perdu ?

Corrie ten Boom pouvait proclamer la bonté de Dieu parce qu'elle y avait goûté dans l'enfer des camps de concentration. Elle a pu témoigner de l'Éternel et répandre son amour dans cet endroit parce que sa présence était tangible, même s'il ne les préservait pas de ces conditions épouvantables où Corrie et sa sœur, amaigrie et à l'agonie, semblaient abandonnées à leurs bourreaux nazis. La libération de Dieu est d'un autre ordre : il bénit ses enfants à travers sa présence. Corrie ten Boom savait ce que signifiait se réfugier en l'Éternel ; il était pour elle un abri sûr au cœur de la souffrance.

Refuges invisibles

Dans l'un de ses livres[1], l'auteur américain Gordon MacDonald associe la notion de refuge à la présence de Dieu, indépendante de l'espace et du temps. Nous cherchons parfois sa présence dans un lieu précis sur terre, dans l'isolement d'un couvent ou dans une cabane perdue dans les bois. Pourtant, notre communion avec Dieu n'est pas attachée ou limitée à un lieu particulier. Le plus sûr des refuges, écrit MacDonald, est un abri de nature céleste qu'en réalité, nous portons en nous et avec nous et que nous pouvons invoquer en recherchant la présence de Dieu. Nous pouvons en bénéficier partout, lors d'une visite ou dans la voiture, au chevet d'un malade, pendant un entretien difficile, dans une situation conflictuelle ou au téléphone. Certains jugeront peut-être cette attitude excessive et irrespectueuse, mais ces conversations avec Dieu sont possibles et tout à fait raisonnables et respectueuses, car Dieu est notre Père. Tout entretien avec lui est confidentiel et, donc, partout possible. Le croyant peut prier et invoquer Dieu à tout moment. L'endroit où il se trouve devient alors un abri sûr parce qu'il est couvert par la présence de Dieu.

Le refuge divin que décrit MacDonald est-il toujours situé hors de la zone de danger ? Non, ce n'est pas son propos. La sécurité dont il parle est liée à la présence de Dieu et sa nature dépasse le moment présent, les circonstances immédiates. Cette vérité est illustrée par Étienne, le premier martyr chrétien dont nous lisons l'histoire dans Actes 6 et 7.

Il est dit d'Étienne qu'il était rempli « du Saint-Esprit et de sagesse » ainsi que « de la grâce et de la puissance divines ». Il avait été désigné par les disciples pour prendre soin des veuves. Un jour, le jeune homme est traîné devant le Sanhédrin pour avoir prétendument blasphémé contre Dieu. Après sa (brillante) défense, il est lapidé avec l'approbation de Saul (plus tard Paul). À ce moment tragique, sur le point d'être exécuté, il lève les yeux au ciel et il voit « la gloire de Dieu, et Jésus debout à la droite de Dieu ». En ce lieu et à cet instant, Étienne se réfugie en Dieu. Non seulement il expérimente sa présence et sa proximité, mais Dieu lui accorde une bénédiction supplémentaire en lui permettant d'apercevoir le ciel où Jésus est debout à la droite de Dieu. Ce dernier détail me frappe parce qu'il est dit du Seigneur Jésus qu'il est assis à la droite de Dieu depuis sa résurrection. Je vais peut-être trop loin dans l'interprétation, mais je trouve émouvant que Jésus se tienne debout en ces circonstances. J'y vois le signe de son grand amour et de sa sollicitude pour son disciple Étienne, sur le point d'être mis à mort par un procédé horrible, comme si Dieu lui disait expressément : « Je prie et j'intercède pour toi et je suis à tes côtés. » Étienne reçoit de Dieu la grâce et la force de ne pas plier devant la souffrance.

Pendant sa lapidation, le jeune martyr présente un parallèle curieux avec son Messie cloué en croix car il dit : « Seigneur Jésus, reçois mon esprit ! » puis « Seigneur, ne leur demande pas compte de ce péché ! » (versets 59-60). Dans son agonie, il s'abandonne au Dieu sur lequel il a fondé son espérance. En se réfugiant (une dernière fois) en lui, il reçoit la force de demander à Dieu de pardonner à ses assassins.

Vanya, un jeune soldat russe qui a connu le martyre pendant les années 70, a connu le « refuge » de Dieu de façon similaire[2]. Vanya était soumis à une pression énorme à cause de sa foi et le KGB cherchait à l'intimider depuis longtemps. Dans le cadre de son service militaire, il était privé de nourriture pendant plusieurs jours et il était interrogé pendant des heures en plein milieu de la nuit. Un jour, il a été contraint de rester pendant cinq heures à l'extérieur par moins trente degrés en uniforme d'été. Il a prié sans interruption pendant ces cinq heures et il n'a pas senti le froid. En situation de péril et soumis à une grande cruauté, il connaissait le « refuge » de la présence divine. C'est ce qui lui a permis de ne pas céder à la pression.

Le « refuge » décrit par MacDonald me fait penser à une sorte de cocon que le Seigneur tisse autour de nous. Enveloppés de manière invisible par les bras de Dieu, nous pouvons goûter à la paix quelles que soient les tensions que nous subissons : cloués à un lit d'hôpital, en proie à une situation très tendue, prisonniers d'une union sans amour… Ce cocon est là pour nous lorsque nous invoquons l'Éternel, mais nous pouvons aussi intercéder pour que d'autres en bénéficient. Ces « refuges » permettent de souffler au cœur de l'oppression car le Tout-Puissant nous porte.

Attention et protection : un espace pour grandir

Les bras éternels de Dieu autour de nous nous offrent une sécurité ultime qui dépasse le temps, l'espace et le champ des expériences humaines.

Comme l'oisillon, nous pouvons accepter ce par quoi Dieu nous fait passer avec l'assurance qu'il planera au-dessus, autour et en-dessous de nous pour nous rattraper et nous porter. L'Éternel exige parfois de nous un pas de foi. Alors, comme l'aiglon, nous devons sauter du nid en comptant sur sa présence et sur son aide. N'oublions pas que Dieu sera avec nous, comme il a été aux côtés de Ruth, Noémi, Joseph et David. Comme l'aigle qui plane dans les airs, ne quittant pas des yeux l'aiglon pas encore tout à fait mature, Dieu parcourt les cieux, prêt à nous aider. Quelle image merveilleuse !

Nous vivons tous des situations dont nous nous passerions volontiers : opération chirurgicale, entretien difficile, conflit relationnel, décision capitale à prendre, etc. Des circonstances où, peut-être, nous nous sentons profondément seuls. Bien naturellement, nous aimerions échapper à ces situations, aspirant à retrouver l'insouciance de l'enfant pour qui les parents assument toutes les responsabilités. Alors nous fuyons la réalité, recherchant la protection d'autres personnes.

Si cela nous arrive, rappelons-nous les paroles de Deutéronome 33.27 : « Le Dieu d'éternité est un refuge, il est depuis toujours un soutien ici-bas. » Mon refuge n'est autre que le Dieu de toute éternité et ses bras me soutiennent. Mais qu'est-ce que cela signifie concrètement pour moi ? Dans quelle mesure Dieu est-il ma protection et ma sécurité ? Le Seigneur qui parcourt les cieux et chevauche les nuages avec majesté n'est contraint par aucun lieu précis. La promesse de ses bras éternels est valable où que je me trouve. En réalité, grâce à la présence de Dieu dans ma vie, j'emporte constamment cet abri avec moi.

Il arrive que les réalités physiques et matérielles assombrissent nos convictions. Nous avons parfois besoin que des amis nous les rappellent et nous soutiennent dans la prière. Pendant un séjour à l'étranger, j'ai été confrontée à plusieurs événements inattendus et désagréables. J'ai pensé un moment : « Je fais mes valises et je rentre chez moi. Là, au moins, je n'aurai plus de souci. » C'était une attitude puérile que de vouloir fuir vers le cadre et les personnes qui m'étaient familiers. Heureusement, un ami a prié pour moi, mais aussi il m'a rappelé les paroles de Deutéronome 33.27 : les bras éternels de Dieu me soutenaient, même si je me sentais seule et dépassée par les événements ! Mes sentiments s'opposaient à la promesse de Dieu, et je devais choisir de saisir cette vérité. Mes difficultés n'ont pas été aplanies pour autant, mais j'ai été soutenue au point d'être profondément émerveillée par la grandeur et la bonté de Dieu. Rétrospectivement, cette situation m'apparaît comme une tempête qui transforme la mer étale en une masse d'eau tourbillonnante. Comme le naufragé, j'étais violemment ballotée par le courant, mais quand je me suis abandonnée dans les bras de Dieu, j'ai retrouvé un calme surprenant. Ayant d'abord réagi de façon immature, j'ai dû réapprendre une leçon que je connaissais pourtant déjà.

C'est dans l'obéissance à notre Père céleste que nous grandissons, devenant progressivement des hommes et des femmes de Dieu. Cet apprentissage durera toute notre vie. Certains sauts dans les profondeurs sont périlleux et nous préférerions les différer, mais ils sont nécessaires pour notre croissance et notre maturité (spirituelles). Comme l'aiglon, nous devons déployer nos ailes et apprendre à voler. Une différence cependant : si l'oiseau finit par abandonner ses jeunes à eux-mêmes, Dieu, lui, ne nous laisse jamais seuls ; nous ne serons jamais trop « grands » ou trop lourds pour être portés par lui ! Car ce qu'il a en vue, c'est notre relation approfondie avec lui.

Soins attentifs : le terreau propice au changement et à la guérison

Lorsque Booz dit que Ruth, pleine de désarroi et d'incertitude, est venue s'abriter « sous la protection » du Dieu d'Israël , nous voyons l'image d'un enfant choyé, protégé et réchauffé. Dans le Psaume 61, David dit au Seigneur : « Je voudrais demeurer pour toujours dans ta tentée, m'y cacher sous tes ailes. » (verset 5). Et dans Psaumes 91, il écrit : « Il t'abrite de son aile et, caché sous son plumage, tu trouves un refuge sûr. » (verset 4)

Reprenons l'exemple de l'aigle. On sait qu'en cas de chaleur extrême ou de déchaînement des éléments, l'adulte se tient debout dans son nid et étend ses ailes pour protéger ses jeunes. Quand le soleil brûle ou que la tempête fait rage, les aiglons sont en sécurité sous les ailes du parent. La vie animale abonde d'illustrations semblables : pensons à la chatte qui lave ses petits avec une tendresse exceptionnelle. Ou à la poule qui, entourée de sa progéniture, furette dans le pré à la recherche de grains. Cette scène paisible peut être soudainement perturbée par l'affolement (parfois inexplicable) des poussins. Aussi vite que leurs petites pattes le permettent, ils viennent alors de toutes parts se réfugier sous les ailes de leur mère. La raison de leur panique n'est pas toujours claire, mais leur besoin d'être rassurés est réel. Effrayés, ils cherchent la chaleur et les câlins de leur mère. Celle-ci lève immédiatement les ailes et laisse les petits s'y nicher le temps qu'il faut. Ils y sont protégés, mais aussi cachés. David s'exprime ainsi ; *Dieu le sauve et le cache.* Dans Psaumes 27, il dit : « Car il me cache sous sa tente dans les jours du malheur. Au secret de son tabernacle, il me tient abrité » (verset 5). Ces mots évoquent la chaleur et l'intimité. Et l'encouragement ! Il ne faut pas longtemps pour qu'un ou plusieurs poussins pointent le bec vers l'extérieur pour voir si la voie est libre. Au contact de leur mère, ils ont retrouvé le courage d'affronter la vie.

Nous aussi pouvons vivre cela lorsque nous nous réfugions en Dieu. Pour mieux comprendre combien il prend soin de nous, penchons-nous un peu plus sur le fonctionnement de l'enfant : qu'est-ce qui pousse un enfant à chercher la chaleur de sa mère ?

La peur

Un enfant effrayé appelle sa maman. Quand elle le prend dans ses bras et le câline, la peur recule déjà. Son contact est familier et rassurant. Plus rien ne peut lui arriver lorsqu'il est serré contre le cœur de sa mère.

Les situations qui font peur ne sont pas absentes de notre vie d'adultes. Elles peuvent s'inscrire dans notre quotidien, tels un supérieur hiérarchique redoutable, un collègue mal intentionné ou un conjoint brutal.

David a non seulement été pourchassé impitoyablement par Saül et son armée, mais aussi plus tard par son propre fils. À plusieurs reprises, ses jours ont été menacés. Il a connu des situations où sa peur a frôlé la panique. Mais au fil des années, sa confiance en Dieu a dépassé sa peur des hommes. En fuite devant son fils Absalom, il a composé le Psaume 3, dans lequel il écrit notamment : « Pourtant, ô Éternel, tu es pour moi un bouclier qui me protège. [...] Je me couche et m'endors l'esprit serein ; je me réveille en paix car l'Éternel est mon soutien. [...] Je ne craindrai donc pas ces multitudes qui sont postées autour de moi. » (versets 4-7).

David ne souffrait pas d'insomnie parce qu'il savait qui était à ses côtés. Lorsqu'il était harcelé par les Philistins à Gath, il a écrit : « Oui, mes adversaires, à longueur de jour, me harcèlent ! [...] Le jour où j'ai peur, je mets ma confiance en toi [...] je mets ma confiance en lui, et je n'ai pas peur. Que pourraient me faire de simples mortels ? ». Nous trouvons des propos identiques dans Psaumes 118 : « L'Éternel est pour moi, je ne craindrai rien, que me feraient les hommes ? [...] « Mieux vaut se réfugier auprès de l'Éternel que de compter sur les humains » (versets 6-8).

La peur peut aussi être due à l'incertitude devant l'inconnu et à la crainte de souffrir : peur de l'avenir, de la maladie, de la mort, des cataclysmes naturels. Nous nous efforçons de maîtriser ces risques par nos propres moyens. Les adeptes de l'occultisme cherchent à se familiariser avec des puissances invisibles pour les manipuler. L'horoscope est censé nous préparer à l'avenir. L'euthanasie doit nous préserver contre une souffrance inhumaine.

« N'ayez pas peur », a dit le Seigneur Jésus à ses disciples, frappés en pleine nuit par une tempête sur le lac. Ils trimaient de toutes leurs forces pour résister au vent et à la houle. Peu avant l'aube, Jésus les a rejoints en marchant sur l'eau. Sa seule présence a suffit à les calmer (ainsi que les flots !)

Notre Dieu est Seigneur des hommes, du présent et de l'avenir, de la maladie et la souffrance, des éléments et de la mort. « Qu'est-ce qui pourra nous arracher à l'amour du Christ ?

demande Paul dans Romains 8. La détresse ou l'angoisse, la persécution, la faim, la misère, le danger ou l'épée? [...] Mais dans tout cela nous sommes bien plus que vainqueurs par celui qui nous a aimés. Oui, j'en ai l'absolue certitude : ni la mort ni la vie, ni les anges ni les dominations, ni le présent ni l'avenir, ni les puissances, ni ce qui est en haut ni ce qui est en bas, ni aucune autre créature, rien ne pourra nous arracher à l'amour que Dieu nous a témoigné en Jésus-Christ notre Seigneur. » (versets 35, 37-39).

Lorsque nous plaçons notre confiance dans le Tout-Puissant, nous envisageons nos peurs sous une perspective plus juste. « Car tu es un refuge pour celui qui est pauvre et une forteresse pour l'indigent dans sa détresse. Tu es un sûr abri contre la pluie d'orage et tu es notre ombrage au temps de la chaleur. ».

Le chagrin

Un enfant cherche aussi le contact rassurant de sa mère lorsqu'il est triste.

Je me souviens de cette histoire rapportée par un ami au sujet de son frère cadet (décédé depuis). Sa vie avait été dominée par le chagrin. Sa mère avait quitté son mari et leurs cinq fils pour un autre homme. Elle était partie du jour au lendemain alors que le plus jeune n'avait pas encore deux ans. Elle était revenue une fois seulement. Mon ami se souvenait très bien de sa visite : « Mon plus jeune frère se tenait près du poêle et il pleurait misérablement en tendant ses petits bras vers elle. Ma mère ne lui a pas accordé un seul regard, comme s'il n'existait pas ! Sans dire un mot, elle a tourné les talons et elle est partie. Depuis ce jour, mon jeune frère n'a plus jamais cessé de pleurer. De nous cinq, c'est lui qui a le moins supporté la situation. Il était toujours très agité et d'humeur changeante, il avait de mauvaises fréquentations, il ne se sentait nulle part chez lui. Le jour de sa mort, il avait été impliqué dans une bagarre dans un bar et, sur le chemin du retour, il a été abattu. Quelques heures plus tard, il est décédé à l'hôpital après des tentatives vaines pour lui sauver la vie. »

Comment une mère peut-elle ignorer son enfant alors qu'il tend les bras vers elle en pleurant ? Et comment expliquer qu'à cet instant terrible, personne d'autre n'ait été là pour serrer ce petit garçon contre lui et le consoler, pour lui apporter la chaleur dont il avait désespérément besoin ?

De nombreux enfants sont abandonnés de la sorte dans notre monde, mais bien heureusement, nous sommes plutôt témoins de réactions exactement opposées, et naturelles. Quel parent n'étreint pas tendrement son enfant en pleurs, faisant durer le câlin jusqu'à ce qu'il se calme ? Là, les mots sont superflus ; toute la consolation passe par le contact physique. Adultes, nous avons encore besoin de ce réconfort. Certaines fois, il nous est apporté par un proche, qui passe son bras autour de nos épaules ; mais c'est auprès de Dieu, notre Père, que nous trouvons la véritable consolation. Certes, la tendresse humaine se manifeste par des gestes visibles, mais le réconfort divin n'est pas moins tangible, et nous nous privons d'une grande bénédiction si nous n'apprenons pas aussi à épancher notre cœur auprès du Seigneur et à venir vers lui avec notre chagrin et nos larmes.

« Heureux ceux qui pleurent, dit Jésus, car Dieu les consolera. »

Les coups qui font mal

Un petit qui trébuche et s'écorche recherche instinctivement les bras de sa mère, de même que s'il reçoit une gifle dans une bagarre ou s'il s'écrase le pouce avec un marteau. Écorchure ou fracture, l'enfant a besoin d'attention et de consolation. Un petit baiser de maman (ou de papa) et un moment sur ses genoux opèrent des merveilles.

Quel que soit notre âge, la vie fait mal, non seulement physiquement mais aussi émotionnellement et spirituellement. Certains drames du passé peuvent engendrer des traumatismes pendant des années, voire toute la vie : expériences malheureuses de notre jeunesse, divorce des parents, mauvais traitements ou négligence, abus physiques ou psychologiques ; ou encore décès d'un membre de la famille, mauvaise relation avec le père ou la mère... Notre vécu actuel porte aussi son lot de blessures : ce peut être un échec douloureux, l'infidélité ou l'abandon du conjoint, l'incompréhension de notre entourage sur un sujet particulier. Ce peuvent être aussi des détails apparemment « anodins » qui nous font souffrir : difficultés scolaires, mauvaises performances sportives, surpoids (ou sensation d'être trop gros, ou trop maigre), comparaisons incessantes avec un frère ou une sœur plus avantagé dans tel domaine. Quelle que soit la cause de notre malaise, nous avons soif de compréhension et de consolation.

Nous avons peut-être appris à être forts et à ne pas nous plaindre, à réprimer nos douleurs, à les prendre à la légère ou à les nier. Pourtant, nous pouvons choisir de les déposer aux pieds de Dieu. Si nous nous réfugions en lui, nous trouverons assez d'espace pour exprimer toutes nos souffrances. Il nous accueille avec nos petites égratignures et nos grandes douleurs ! Avec un genou écorché ou un cœur brisé.

« Que ton amour est précieux, ô Dieu ! Sous tes ailes, les humains se réfugient . »

La maladie

Alors que leur petit bout de quatre ans souffrait d'une maladie grave, deux de mes amis n'ont pas quitté son chevet. Pendant quelques mois, ils sont restés nuit et jour à l'hôpital où il était soigné. Ils dormaient dans sa chambre et ils restaient à ses côtés pendant ses soins, ses examens ou ses piqûres. Ils le tenaient dans leurs bras ou sur leurs genoux, ils se couchaient près de lui, ils lui lisaient des histoires ou lui chantaient des chansons. Voilà comment, dans ces circonstances, ils lui offraient consolation et refuge.

La présence calme et affectueuse d'un proche est apaisante. Un malade n'aspire pas à entendre de grands discours, mais plutôt à trouver de la sécurité. «Je voudrais demeurer pour toujours dans ta tente», prie David dans Psaumes 61.5. C'est de loin le meilleur des refuges, celui où nous trouverons la guérison.

«Ceux qui sont abattus, il les guérit. Il panse leurs blessures!»

Le simple désir d'être choyé

Un enfant grimpe parfois sur les genoux de son père ou de sa mère sans raison apparente, juste pour recevoir de l'affection. Un petit qui se blottit contre le parent témoigne ainsi de sa confiance (tandis que l'enfant qui se méfie garde ses distances et peut interpréter le moindre contact comme une menace).

L'évangile de Marc (10.13-16) rapporte que Jésus embrasse des enfants, leur impose les mains et les bénit. Les disciples voulaient l'en empêcher car il y avait plus important à faire, selon eux, que s'occuper de ces petits. Mais Jésus exprime clairement son désir que les enfants viennent vers lui. Il ne manquera jamais de place pour ceux qui s'approchent délibérément de lui avec le désir d'être touchés! Ils repartiront bénis.

David a exprimé plus d'une fois dans ses Psaumes combien son âme avait soif de l'Éternel. Cet homme de Dieu ne craint pas de se comporter comme un enfant devant son Père céleste; il n'a pas honte de confesser son besoin de chaleur et de tendresse. «Je me sentais comme un nourrisson dans les bras de sa mère, dit-il dans Psaumes 131.2, comme un nourrisson apaisé.» Il se réchauffe au contact de l'amour de Dieu.

Éprouvons-nous une telle soif de la présence et de la proximité du Seigneur? Le cherchons-nous pour le plaisir d'être avec lui et non parce que nous avons besoin de lui? Après avoir goûté à la tendresse de Dieu, nous en voudrons plus. Cette intimité est possible parce qu'il est prêt à se laisser trouver.

« Je suis resté tranquille et dans le calme. Je me sentais comme un nourrisson rassasié dans les bras de sa mère. »

Guérison et changement

Nous avons déjà dit que les ailes symbolisaient la sollicitude et la protection, qui favorisent la croissance. Les « ailes » de l'Éternel renvoient aussi à sa tendresse et à son acceptation de ce que nous sommes, ce qui nous permet de guérir et d'évoluer.

L'Éternel nous offre un refuge sûr et paisible lorsque nous sommes malades ou blessés. Il veut régner dans notre vie et panser nos blessures. Malachie dit que « la guérison sera sous ses ailes » ! Si nous venons à lui avec nos péchés et nos blessures, il nous purifie, il nous soigne et nous cajole. « L'Éternel est proche de ceux qui ont le cœur brisé. Il sauve ceux qui ont un esprit abattu », dit David dans Psaumes 34.19. Ou encore : « Ceux qui sont abattus, il les guérit. Il panse leurs blessures ! ». Le Seigneur promet par la bouche d'Ézéchiel : « Je panserai celle [de mes brebis] qui a une patte cassée, et je fortifierai celle qui est malade ». Des propos maternels dans la bouche du Seigneur, qui est aussi le bon Berger. Les paroles d'Ésaïe annoncent Jésus, le Bon Berger, dont il est dit qu'il viendra pour « panser ceux qui ont le cœur brisé ». À travers la tendresse apaisante de Dieu, nous serons guéris et restaurés. Nous recevrons la force de poursuivre notre route, consolés et relevés.

Luc nous relate l'expérience d'une femme voûtée depuis dix-huit ans : un simple contact avec Jésus l'a guérie, redressée. Après dix-huit ans ! En la voyant dans la synagogue où il enseignait, Jésus l'a invitée à s'approcher de lui, puis il a posé la main sur elle. Devant toute l'assemblée, notamment les chefs religieux qui exprimaient leur réprobation à haute voix, elle a trouvé un abri sûr auprès de lui. Les voix se sont tues, les regards critiques ne l'ont pas troublée, elle n'était plus consciente que d'une chose : elle était près de Jésus et sa main était posée sur elle. Plus tard, elle quitterait l'endroit le dos droit et la tête haute. Restaurée, renouvelée, transformée. En route vers un nouvel avenir.

Qui ne s'est jamais senti écrasé par les soucis, déformé à force d'essuyer les revers de la vie, meurtri par la déception, la solitude… ou bien miné par la persistance d'un péché (en pensée ou en acte) ?

Il faut du courage pour s'approcher de Dieu et lui demander de mettre le doigt sur nos plaies. En effet, lorsque la blessure est due à nos propres manquements, nous réfugier auprès de Dieu nous amènera inévitablement à regarder nos agissements en face. Si nous venons vers lui en persistant dans un péché particulier, rongés et aveuglés par la rancune et l'amertume, nous aurons de la peine à bénéficier de sa consolation, et nous serons déçus parce que notre trouble demeurera. Or, en nous réfugiant auprès du Tout-Puissant, nous recevons l'espace nécessaire pour nous examiner en toute sécurité ; notre rancœur envers les autres y apparaît sous un autre jour, notre refus de pardonner y est dénoncé. Dans la tendresse du Père, nous rencontrons l'amour inconditionnel, le pardon et la purification de nos péchés.

Immergés dans la miséricorde de Dieu, nos péchés et nos blessures se détachent de nous et nous pouvons repartir libérés. Et transformés. Sous les ailes du Tout-Puissant, nous sommes amenés à poursuivre notre route autrement. Il nous montre un chemin salutaire, un chemin vers la Vie.

Le pardon

Nous avons déjà évoqué le pardon à plusieurs reprises. Nous avons vu que pardonner à ceux qui nous ont blessés est une étape consciente de notre processus de guérison, une étape indispensable à notre libération intérieure, c'en est même la clé. Le pardon n'est pas le thème de ce livre et il nous faudrait trop de temps et d'espace pour approfondir la question.

Néanmoins, j'aimerais insister ici sur le fait que le pardon n'est absolument pas dans notre nature. Nous avons tous été déjà déchirés entre la conviction que nous devions pardonner, et le refus de le faire.

Or, en nous réfugiant dans la grâce de Dieu, nous trouvons un espace suffisant pour offrir cette grâce à l'autre et lui pardonner. Dans un premier temps, la démarche pourrait être incomplète. Notre amertume et notre rancœur font encore obstacle. Il est essentiel d'écarter ces sentiments. J'ai l'impression que le Seigneur nous accorde plus de temps à cet égard que nos semblables. Qu'il console là où d'autres nous ont depuis longtemps jugés (et condamnés). Son amour attendrit notre cœur ; la tendresse dont nous faisons l'objet quand nous nous abritons en Dieu produit en nous le désir d'être cléments envers les autres. La Bible l'exprime ainsi : celui qui a bénéficié d'une grâce abondante est en mesure de manifester beaucoup d'amour.

Peu après la fin de la Seconde Guerre mondiale, l'évangéliste Corrie ten Boom s'est retrouvée en face de l'un de ses bourreaux. Elle venait de délivrer un message d'évangélisation en Allemagne, dans lequel elle avait évoqué le pardon. À l'issue de la rencontre, l'un des gardiens du camp de concentration de Ravensbrück s'est soudain présenté devant elle. En un éclair, tout ce qu'il avait fait subir aux prisonnières lui est revenu en mémoire. Ignorant qu'elle l'avait reconnu et que sa présence lui était insupportable, l'homme a spontanément tendu la main en la remerciant pour son message et en lui affirmant avoir lui-même trouvé le pardon pour les actes commis pendant la guerre. Ensuite, il a demandé à Corrie de lui pardonner. Pendant ce qui sembla une éternité, sa main est restée suspendue dans le vide, attendant qu'elle réponde à son geste. Elle venait tout juste de prononcer un discours qui parlait de victoire, mais c'était trop exiger d'elle, c'était pratiquement inhumain. Une lutte acharnée se livrait en elle. Il a fallu un effort considérable de sa volonté pour tendre la main à l'homme. Mais ce geste apportait la confirmation de son pardon.

À la place de Corrie, beaucoup auraient été incapables de pardonner. Elle se tenait là, face à face avec son bourreau et en lui, elle revoyait toutes les souffrances subies dans les camps. À cet instant poignant, elle aurait pu se détourner ou s'écrouler sous le coup de l'émotion. Au lieu de cela, Corrie a demandé à Dieu de l'aider à pardonner à cet homme qui lui avait fait tant de mal. Autrement dit, elle s'est placée à l'abri sous les ailes de Dieu, elle s'est réfugiée dans sa tendresse et son amour, et elle y a trouvé l'espace nécessaire pour pardonner à son ennemi. En outre, Corrie savait qu'elle était elle-même pécheresse et qu'en cela, elle ne satisfaisait pas non plus aux normes de Dieu ; elle aussi était indigne de son amour. Elle savait qu'un meurtre commis en pensée n'en est pas moins un péché aux yeux de l'Éternel.

Corrie ten Boom a rejoint Dieu depuis longtemps, mais sa vie a porté du fruit et elle reste un exemple pour beaucoup. Aujourd'hui encore, des hommes et des femmes choisissent consciemment de pardonner et de renoncer à la vengeance. En 2007, la lapidation et l'assassinat de trois hommes en Turquie a soulevé une vague d'indignation et de protestation à l'échelle planétaire. Lorsque la veuve de l'un d'eux a déclaré être prête à pardonner aux meurtriers, ses propos ont produit une forte impression dans le monde. C'était comme si les ténèbres étaient transpercées par un rayon de lumière à la fois ténu et puissant. Fait similaire quelques années plus tôt : la veuve d'un missionnaire en Inde a aussi exprimé son pardon envers les assassins de son mari et de leurs deux jeunes enfants. Ils avaient péri, brûlés vifs dans leur voiture après qu'une foule déchaînée y avait bouté le feu. Quel témoignage que cette femme ait pu pardonner et qu'en outre, elle ne se soit pas empressée de quitter le pays après tout ce qu'elle avait subi. Renoncer aux représailles et choisir délibérément de pardonner à l'autre est un acte d'une beauté et d'une force qui nous dépasse. Quelqu'un a dit que l'impact de cette attitude est plus puissant qu'un siècle de travail missionnaire. Sans compter que les bénéfices du pardon sont avant tout pour la personne qui pardonne, car elle est libérée d'un lourd fardeau d'amertume et de colère, des sentiments qui possèdent le potentiel de saper et de détruire notre paix, notre joie et notre vitalité.

Repos et rafraîchissement : des forces renouvelées

Dans les Écritures, le mot « aile » est souvent associé au mot « ombre ». Ce dernier apparaît pour la première fois dans Genèse 19, lorsque deux anges trouvent refuge chez Loth à Sodome. Ils sont menacés par les habitants et Loth les prend sous sa protection « puisqu'ils sont venus à l'ombre de [son] toit » (verset 8, version Nouvelle Bible Segond). La même image est utilisée dans Psaumes 17 où David, injustement poursuivi, demande à Dieu : « Garde-moi comme la prunelle de l'œil, cache-moi à l'ombre de tes ailes ; fais-moi échapper aux méchants qui me frappent, aux ennemis acharnés qui m'encerclent. » (versets 8-9). Et dans Psaumes 57, alors qu'il s'est réfugié dans une grotte pour échapper à Saül, David dit : « C'est en toi que je trouve un abri ; je trouve un abri à l'ombre de tes ailes, jusqu'à ce que les calamités soient passées. » (verset 2).

L'ombre possède une signification très particulière au Moyen-Orient. En Europe, même s'il est beaucoup question du réchauffement climatique, nos régions ne subissent pas une chaleur torride qui pousse les habitants à rechercher la fraîcheur de leur maison à la mi-journée, pour faire une sieste derrière les volets clos. Le nombre d'adorateurs du soleil sur les plages exotiques (majoritairement des Occidentaux) semble indiquer que beaucoup d'individus continuent de préférer le soleil (et une peau brûlée) à la fraîcheur d'un lieu ombragé. Mais dans les pays où les températures atteignent des sommets, les gens ont la sagesse d'adapter leurs habitudes et de chercher l'ombre apaisante à l'heure la plus chaude de la journée, au lieu de se dénuder sous le soleil brûlant. Lorsque le soleil est au zénith, les bergers emmènent leur troupeau dans des endroits ombragés. Dans ces pays chauds, l'ombre désigne une protection contre le soleil, un lieu où l'homme trouve du repos et du rafraîchissement. Elle est indispensable.

Si nous transposons ces remarques sur l'ombre à la protection de l'Éternel, nous constatons des bienfaits similaires. Sous ses ailes, nous sommes protégés contre le mal (la chaleur) et nous trouvons du repos et du rafraîchissement. J'aimerais m'arrêter un instant sur ce dernier point.

Jésus, le bon Berger, a dit : « Venez à moi, vous tous qui êtes accablés sous le poids d'un lourd fardeau, et je vous donnerai du repos. ». En d'autres termes, « quittez la chaleur torride de la vie et venez à l'ombre de mes ailes. Venez, prenez vos distances avec tout le reste. Le repos que je vous donnerai n'est pas tant pour le corps, mais pour l'âme ».

Ce repos-là s'oppose donc davantage à l'inquiétude qu'à la fatigue. En effet, le repos que nous prenons pour notre corps ne nous débarrasse pas de notre agitation intérieure. Celui qui veut trouver le repos de l'âme doit rechercher l'ombre de Dieu.

Dans le Psaume 23, David (un autre bon berger), prend la parole : « L'Éternel est mon berger. Je ne manquerai de rien. Grâce à lui, je me repose dans des prairies verdoyantes, et c'est lui qui me conduit au bord des eaux calmes. Il me rend des forces neuves » (versets 1-2). C'est bien de repos et de rafraîchissement qu'il s'agit. Nous imaginons sans peine les brebis couchées dans un pré vert et ombragé. Elles sont repues et elles ruminent en somnolant. Plus tard, le berger les mènera près d'un point d'eau où elles étancheront leur soif. Rafraîchis, les animaux pourront continuer leur route.

Dans le Psaume 36, David dit : « Que ton amour est précieux, ô Dieu ! Sous tes ailes, les humains se réfugient. Ils savourent les richesses des festins de ta maison. Au torrent de tes délices, tu leur donnes à boire. Car chez toi est la source de la vie. » (versets 8-10).

Le texte original évoque littéralement « la graisse de ta maison », une expression qui montre la qualité de la nourriture offerte par Dieu. Nous vivons à une époque où la graisse est systématiquement supprimée, mais ici elle désigne les meilleurs morceaux. Rappelons-nous la promesse de Dieu dans Ésaïe 25.6 : l'Éternel préparera un festin de mets succulents, pleins de moelle, et de vins vieux et clarifiés. Ces aliments riches ou raffinés figurent les réjouissances, l'abondance, le plaisir et la satiété que l'Éternel veut donner à ses enfants !

Les « bontés » de Dieu sont aussi décrites dans Psaumes 27. David dit qu'il aimerait vivre tous les jours de sa vie dans la maison de l'Éternel pour pouvoir y contempler ces merveilles (verset 4). J'imagine que David songe là à plusieurs facettes de la personnalité divine : sa bonté, sa miséricorde, sa patience, son amour inconditionnel, son pardon, sa force… Toutes ces bénédictions nous sont offertes sous une forme parfaite dans la présence de Dieu.

Combien d'entre nous ont l'habitude de se laisser rafraîchir et restaurer par Dieu ? Nous lui consacrons parfois un court moment, pour lui présenter nos souhaits, prier pour nous-mêmes, notre famille, nos amis et peut-être aussi pour les missions. Mais qui d'entre nous reste assez longtemps en la présence de Dieu pour goûter à sa bonté ? Qui prend le temps de se reposer et de se laisser rafraîchir à l'ombre de ses ailes, de se rassasier de ce que Dieu met devant lui ? « Ouvre largement ta bouche, dit l'Éternel, je la remplirai . »

David dit que l'Éternel est la source de vie et qu'il n'est désaltéré qu'en sa présence. C'est le message que le Seigneur Jésus a adressé à la Samaritaine, près du puits à Sychar (Jean 4) : « Tu puises de l'eau ici tous les jours, lui dit-il en substance, mais cette eau n'étanche ta soif que temporairement et superficiellement. Tu dois chaque fois revenir ici pour en puiser à nouveau. J'aimerais te donner une eau différente ; quand tu y auras goûté, tu ne connaîtras plus jamais la soif.

Cette eau deviendra en toi comme une fontaine d'où jaillira la vie éternelle. » Plus tard, dans Jean 7.37-38, il dit à nouveau : « Si quelqu'un a soif, qu'il vienne à moi, et que celui qui croit en moi boive. Car, comme le dit l'Écriture, des fleuves d'eau vive jailliront de lui. » Et Jean ajoute : « En disant cela, il faisait allusion à l'Esprit que devaient recevoir plus tard ceux qui croiraient en lui. » (verset 39)

Jésus est l'accomplissement des promesses de Dieu. Il devient une réalité dans notre vie par le Saint-Esprit, qui sera à nos côtés et en nous jusque dans l'éternité.

Jésus est la source qui nous désaltère, mais il se réfère aussi constamment à cette autre source de nourriture essentielle : la Parole de Dieu. Nous devons nous en nourrir pour progresser dans notre marche chrétienne. On pourrait dire que la Bible est, elle aussi, pleine de mets succulents et gras et de vins vieux et clarifiés. Tant de bonnes choses nous sont offertes ! Prenons le temps de les découvrir et « consommons » les Écritures pour croître spirituellement.

Élie et Jonas

En songeant à l'ombre que Dieu nous offre pour nous protéger et nous rafraîchir, deux hommes me viennent à l'esprit. Ils ont pu y goûter bien qu'ils ne l'aient pas recherchée. Dieu en personne leur a procuré ce réconfort particulier à un moment de leur vie où ils étaient « déshydratés ». Le premier est le prophète Élie.

Dans 1 Rois 19, Élie est à bout de forces. Il a servi l'Éternel de son mieux et n'a récolté que des ennuis. Il est abandonné de tous et menacé de mort (versets 1-3) car il fuit la reine Jézabel. Une situation qui nous rappelle David pourchassé par Saül. Les deux hommes réagissent cependant de façon totalement différente. Si David cherche constamment la présence de Dieu pour se réfugier en lui, c'est l'Éternel qui cherche Élie dans sa détresse.

Élie a trouvé un genêt dans le désert (de l'ombre !) et alors qu'il s'assied (se réfugie) à son pied en s'apitoyant sur son sort et en tremblant de peur, il n'a plus qu'un seul désir : mourir (verset 4). Il se couche à cet endroit et s'endort. Deux choses se produisent alors. Pour commencer, le Seigneur envoie un ange qui réveille Élie et lui sert à boire et à manger. Il procède ainsi à deux reprises. Élie se redresse, mange et boit, puis, « fortifié par cette nourriture, il marcha quarante jours et quarante nuits jusqu'à la montagne de Dieu, à Horeb » (versets 5-8). Nous avons ici l'exemple percutant d'une rencontre avec Dieu, à l'ombre, où l'homme reçoit fraîcheur et repos, nourriture et boisson. Les forces d'Élie sont renouvelées et il poursuit sa route.

Dieu intervient une seconde fois. Il s'adresse à Élie, qui passe la nuit dans une caverne (un refuge), et lui demande ce qu'il fait là (verset 9). Il répète la question au verset 13. En réponse à la première question, Élie a une réaction plutôt négative. Il se plaint de la situation, adressant en quelque sorte des reproches à Dieu. Avant de reposer sa question, le Seigneur est apparu à Élie en personne, non pas de façon grandiose par le biais de phénomènes naturels violents, mais dans le murmure d'une brise légère (verset 12). L'expression est rendue en des termes qui traduisent une tendresse infinie : « un bruissement doux et léger ». Dans une autre traduction, il est question d'une « voix ténue » (version Nouvelle Bible Segond).

L'Éternel vient lui-même à la rencontre d'Élie. Ce dernier ne peut rien faire d'autre que de couvrir son visage. La question lui est à nouveau posée : « Que fais-tu ici, Élie ? » (verset 13). Une fois encore, Élie se plaint à l'Éternel. Le Seigneur ne réagit pas à ses propos, mais ordonne à son prophète de retourner dans le désert vers Damas (le désert syrien). Son arrivée là-bas marquera le début de grands événements (versets 15-18).

Il y aura des parenthèses arides dans notre vie, des périodes de profond dépouillement, mais l'Éternel veut nous manifester sa grâce et nous rassasier pendant ces moments-là. Dans Ésaïe 58.11, nous lisons : « L'Éternel sera ton guide constamment. Il pourvoira à tes besoins dans les déserts arides, il te fortifiera et tu ressembleras à un jardin bien arrosé, à une source vive aux eaux intarissables. » Si l'un de ses enfants (par déception, par découragement ou autre) ne se réfugie pas en lui, dans sa grâce l'Éternel vient lui-même à sa rencontre et met ses ailes à sa disposition, avec tout ce que cela implique. Dans le cas d'Élie, il s'agissait de rafraîchissement (sommeil, nourriture, boisson), d'un espace pour s'exprimer et d'une nouvelle perspective (à travers une nouvelle mission). Ces bénédictions ont permis au prophète de se relever. Les circonstances adverses n'avaient pas disparu, mais Dieu avait renouvelé ses forces. Après avoir un temps battu de l'aile, Élie a pu à nouveau déployer ses ailes, enrichi en outre d'une rencontre intime avec le Seigneur.

Intéressons-nous à présent à un autre prophète : Jonas. Un livre entier des Écritures lui est consacré et la plupart des gens connaissent son histoire pittoresque. Tout commence par une mission que l'Éternel lui confie et à laquelle il désobéit. Il décide de fuir loin du lieu de sa mission et de Dieu en personne (Jonas 1.3). Cette décision stupide aurait pu le mener à la mort, si le Seigneur n'était pas venu à sa rencontre et ne l'avait pas préservé de la noyade grâce à un grand poisson. C'est dans l'estomac (voir Jonas 2.1) de ce poisson que Jonas remercie Dieu de l'avoir sauvé des eaux. Il finit par le louer et par lui promettre d'obéir. Ce lieu désagréable et nauséabond est donc devenu un refuge et un lieu de rencontre avec l'Éternel ! Le Seigneur n'est lié à aucun lieu ni moment particulier. Il vient à notre rencontre là où nous sommes.

Au chapitre 3 (entre-temps, Jonas a été vomi par le poisson et a retrouvé la terre ferme, 2.11), le prophète reçoit pour la seconde fois la mission de se rendre à Ninive pour y annoncer le jugement de Dieu. Jonas obéit. La ville se repent et Dieu décide de ne pas la détruire. Cette décision ne plaît pas du tout à l'envoyé de l'Éternel. « Je te connais, dit-il furieusement à Dieu. J'aurais dû le savoir. Voilà pourquoi je n'avais aucune envie de remplir cette mission. Tu es un Dieu clément et compatissant, patient et grand par ta fidélité, qui renonce au mal. Je ne le supporte plus, à présent prends ma vie ! ».

Jonas s'installe ensuite à l'est de la ville, où il se construit une cabane qui lui procure de l'ombre (verset 5). Dans une situation où sa désobéissance l'a dépouillé, il cherche lui-même une solution et se retire. Dieu vient alors à sa rencontre. Il commence par lui demander si sa colère est justifiée (verset 4). Ce n'est pas un reproche ; l'amour du Père ne connaît aucune limite. Les circonstances qui suivent ne dépendent pas non plus de la réponse ou de la repentance de Jonas, il s'agit de grâce à l'état pur. Au verset 6, nous lisons: « L'Éternel Dieu fit pousser un ricin qui s'éleva plus haut que Jonas et lui donna de l'ombre sur la tête, afin de le détourner de sa mauvaise humeur. »

Dieu fait cadeau de cette ombre (son ombre) à Jonas pour lui montrer sa bonté, pour le rafraîchir et l'amener à se repentir. Jonas ne comprend toutefois pas le message de la grâce divine. C'est pourquoi l'ombre lui est retirée. En conséquence, il se met à souffrir d'un mal de tête lancinant sous la brûlure du soleil et s'écroule, épuisé, en souhaitant la mort (verset 8). Et c'est là, dans cette chaleur torride, que le Seigneur lui enseigne la leçon qu'il avait d'abord voulu lui transmettre dans la fraîcheur bienfaisante de son ombre. Il arrive qu'un homme, par son attitude, ne soit pas disposé à comprendre le message de Dieu ou à distinguer son amour. Dans notre colère ou notre amertume, nous cherchons parfois notre propre refuge, loin de l'Éternel. Et, comme nous faisons fi de l'abri qu'il nous offre, il doit utiliser la manière forte pour nous apprendre la signification de sa miséricorde et de sa grâce.

Une vigueur nouvelle

Récapitulons: celui qui se réfugie sous les ailes de l'Éternel y trouve 1) de l'attention et de la protection, 2) des soins attentifs et 3) du repos et du rafraîchissement. Et les fruits de cette rencontre sont 1) la croissance, 2) la guérison et le changement et 3) des forces renouvelées. Le croyant qui maintient ce contact avec Dieu continuera à progresser ainsi jusqu'au retour de Jésus.

Une authentique marche avec Dieu est dynamique ; elle s'approfondit et s'enrichit toujours. L'Éternel produit une impression indélébile sur nous et les fruits de notre vie avec lui ne peuvent pas rester cachés.

Peu à peu, l'image de Dieu en son enfant est de plus en plus visible. Ceux qui connaissent l'Éternel et qui marchent avec lui rayonneront de joie, dit David. Lorsque Moïse revint vers le peuple d'Israël après avoir passé quarante jours et quarante nuits auprès de l'Éternel, ils virent que « la peau de son visage était devenue rayonnante pendant qu'il s'entretenait avec l'Éternel. »

Ceux qui connaissent l'Éternel et qui marchent avec lui gagneront aussi en force. Une force comparable à celle de l'aigle, comme le souligne Ésaïe 40.31 (l'aigle représente ici les enfants de Dieu). Ésaïe s'étonne qu'Israël ignore encore que Dieu est l'Éternel, le Tout-Puissant, le Créateur des confins de la terre ; « Il ne se lasse pas, il ne s'épuise pas et son intelligence ne peut être sondée » (verset 28). Puis viennent les paroles suivantes : « Il donne de la force à qui est las et il augmente la vigueur de celui qui est fatigué. Les jeunes gens se lassent et ils s'épuisent, et même de robustes gaillards tombent, mais ceux qui comptent sur l'Éternel renouvellent leur force : ils prennent leur envol comme de jeunes aigles ; sans se lasser, ils courent, ils marchent en avant, et ne s'épuisent pas » (versets 29-31). David le confirme dans Psaumes 138.3 : « [...] tu m'as redonné courage et tu m'as rempli de force. »

Ce rafraîchissement est aussi évoqué dans le Nouveau Testament, dans Hébreux 12, le chapitre qui suit celui qui est consacré aux témoins de la foi. Hébreux 12 nous appelle à la fidélité et à la persévérance. Notre vie y est comparée à une course, que nous ne pourrons achever qu'en laissant nos fardeaux superflus derrière nous (« débarrassons-nous de tout fardeau, et du péché [...] », verset 1)

« Gardons les yeux fixés sur Jésus, qui nous a ouvert le chemin de la foi et qui la porte à la perfection. Parce qu'il avait en vue la joie qui lui était réservée, il a enduré la mort sur la croix, en méprisant la honte attachée à un tel supplice, et désormais il siège à la droite du trône de Dieu. Pensez à celui qui a enduré de la part des hommes pécheurs une telle opposition contre lui, pour que vous ne vous laissiez pas abattre par le découragement. » (versets 2-3)

Aux versets 12 et 13, nous sommes exhortés à relever nos mains qui faiblissent, à raffermir nos genoux qui fléchissent et à faire des pistes droites pour notre course, « afin que le pied qui boite ne se démette pas complètement, mais qu'il guérisse plutôt. » Ce dernier point est un appel à encourager les plus faibles grâce à la force que le Seigneur nous donne, pour qu'ils ne chancellent pas en route. Je songe de nouveau à Ruth qui a choisi personnellement de se réfugier en Dieu et qui a ainsi reçu la force, non seulement de se tenir debout et d'aller de l'avant, mais aussi d'accompagner et de soutenir sa belle-mère, Noémi.

L'Éternel nous promet sa force et il nous la transmet abondamment. David dit à ce propos dans Psaumes 103.3-5 que le Seigneur pardonne tous nos péchés et guérit toutes nos maladies, qu'il nous couronne de tendresse et d'amour et qu'il comble notre âme de bonheur. Alors, notre « jeunesse, comme l'aigle, prend un nouvel essor. »

Chapitre 14

Seigneur, apprends-nous à nous réfugier en toi

Devenir comme un enfant

Pendant l'hiver 1944, alors que la disette régnait aux Pays-Bas, Else Vlug (par la suite connue comme auteure) et d'autres enfants furent temporairement envoyés chez des fermiers dans une autre région du pays pour reprendre des forces. Les petits recouvrèrent une santé physique, mais ce fut pour eux une période de douloureuse nostalgie. Else se sentait loin de chez elle, seule et abandonnée. Elle apprit alors à appliquer une leçon apprise dès son plus jeune âge auprès de ses parents : se réfugier en Dieu. Séparée de tout ce qui lui était familier, elle n'avait pas d'autre choix que de s'abriter en l'Éternel. Elle le fit avec la candeur et la confiance de l'enfant qu'elle était ; elle s'abandonna en Celui dont elle n'avait entendu que du bien. Sa confiance ne fut pas déçue. Elle trouva en Dieu un refuge et un foyer.

Un enfant ne se pose pas encore de grandes questions sur

la façon de rencontrer le Seigneur. Il entre simplement dans sa présence avec confiance, peut-être même « sans frapper ». Jésus souligne cette innocence et cette insouciance lorsqu'il reprend ses disciples qui voulaient renvoyer des enfants parce qu'ils jugeaient leur présence inappropriée : « Celui qui ne reçoit pas le royaume de Dieu comme un petit enfant, n'y entrera pas. » Jésus ne repousse pas les petits. Au lieu de cela, il prend du temps pour eux, il les embrasse et les bénit [1].

Pendant cet hiver rigoureux, Else Vlug n'avait personne vers qui se tourner. Elle a donc choisi de s'abandonner au Seigneur avec une totale confiance. Alors que ses mains étaient vides, elle a appris une leçon qu'elle n'a jamais oubliée. Car Dieu a manifesté sa fidélité envers cette petite fille et il est venu à sa rencontre. Il l'a consolée, il a rempli ses mains de petites choses qui l'ont rendue heureuse et il lui a montré sa grandeur et sa bonté à travers la nature qui bordait la ferme où elle séjournait. Pendant les soixante ans qui ont suivi et jusqu'à aujourd'hui, la confiance et la foi d'Else n'ont pas cessé de grandir, à travers toutes les souffrances et les difficultés inhérentes à la vie d'un être humain. Elle sait par expérience ce que signifie se réfugier en Dieu et elle a appris à connaître sa fidélité. David dit dans le Psaume 25 (des mots repris plus tard par l'apôtre Paul dans sa lettre aux Romains) : « Aucun de ceux qui s'attendent à toi ne connaîtra jamais la honte. » (verset 3). Celui qui se réfugie en Dieu avec confiance ne sera pas déçu, mais il sera émerveillé par sa compassion et son amour.

Il est infiniment dommage que nous ayons, pour la plupart, perdu notre candeur d'enfant. « Échaudés » par la vie, nous abordons généralement les relations avec une certaine réserve. Notre confiance est conditionnelle et prudente. Nous craignons la dépendance, les engagements et la soumission, autant de liens qui nous fragilisent. Notre relation avec Dieu peut pâtir de cette méfiance. Nous nous demandons s'il veut vraiment notre bien. Nous jouons avec l'idée qu'il serait sans doute plus sûr de prendre personnellement en mains notre vie et notre avenir.

Nos limitations nous empêchent de comprendre que l'être humain ne pourra jamais fonctionner en totale indépendance. Il n'a pas été créé pour cela ! Nous avons été créés pour marcher avec Dieu. Dans notre prétendue indépendance, nous commettons des erreurs destructrices. Nous devenons dépendants et esclaves de nos mauvais choix. La dépendance vis-à-vis de l'Éternel, par contre, nous rend libres. La Bible se montre très explicite sur le fait que nos désirs naturels nous portent vers des objets nuisibles et soumis à variations, complètement vains. En suivant docilement Dieu, nous sommes dirigés vers un chemin qui libère et qui donne la vie éternelle.

L'essentiel dans notre vie ici-bas est d'apprendre à connaître Dieu et de le laisser nous façonner. Pour ce faire, nous devons écarter les obstacles qui entravent notre route. L'un des plus gênants est notre propre personne. Nous devons apprendre à ne plus nous appuyer sur nous-mêmes et à ne plus agir seuls. Nous devons nous perdre pour trouver Dieu. Pour mesurer à quel point sa puissance est grande en nous, nous devons d'abord constater que nos propres forces ne suffisent pas. En d'autres termes, nous devons apprendre la dépendance. Cette leçon a souvent besoin d'être assimilée dans la souffrance. Comme pour Ruth et Noémi qui, privées de toutes leurs certitudes humaines, n'avaient plus d'autre ressource que s'appuyer sur Dieu. Léa a dû apprendre à ne pas faire dépendre son bonheur de l'amour de son conjoint. Elle a appris à louer Dieu dans une situation qui restait adverse et douloureuse. Joseph a perdu plusieurs fois ce qui lui était acquis (naturellement ou par son travail). Il a d'abord perdu sa famille, puis sa position privilégiée à la cour. D'abord le puits, puis la prison. À travers ces événements, Joseph a été façonné en homme de Dieu, qui ne puise pas son bonheur dans des choses relatives, mais dans sa relation et sa marche avec Dieu. Il est devenu un homme rempli de l'Esprit de Dieu. David, enfin, pendant les années où il a été pourchassé par Saül, n'a pas eu d'autre point de repère que son Dieu. Il ne pouvait ni changer la situation ni garantir sa propre sécurité ni accéder lui-même au trône. Il y est finalement parvenu par la grâce du Tout-Puissant.

Beaucoup pourraient témoigner avec lui qu'ils ont appris à dépendre du Seigneur dans la souffrance et qu'ils ont découvert ainsi des trésors inestimables dont ils n'imaginaient pas l'existence. La dépendance envers l'Éternel n'appauvrit pas ; elle enrichit !

Dans l'évangile de Marc (1.14-20), nous lisons que les premiers disciples ont tout quitté pour suivre Jésus. L'abnégation est nécessaire pour suivre l'exemple du Christ. Il nous faut renoncer à ce que nous appelons nos droits. Nos désirs ne seront pas forcément comblés. Les projets que nous nourrissons pour notre vie ne deviendront pas forcément réalité. En nous abandonnant à Jésus-Christ, nous ne devenons pas pour autant des esclaves apathiques et sans défense. Le Dieu que nous décidons de suivre est en effet Celui qui déclare : « Je ne vous appelle plus serviteurs, parce qu'un serviteur n'est pas mis au courant des affaires de son maître. Je vous appelle mes amis [2] ». Et cela va plus loin encore ! Paul écrit dans Romains 8.15 : « En effet, vous n'avez pas reçu un Esprit qui fait de vous des esclaves et vous ramène à la crainte : non, vous avez reçu l'Esprit qui fait de vous des fils adoptifs de Dieu. » Pour le contexte culturel de l'époque, nous sommes des esclaves affranchis par leur maître puis adoptés par lui. Cet acte nous a conféré un nouveau statut. Nous sommes « les enfants bien-aimés de Dieu [3] ». Incroyable, mais vrai ! Ainsi, nous apprenons à vivre la dépendance dans le cadre d'une relation d'amour avec le Seigneur, qui nous guide sur le chemin de la vie éternelle. Pour rester sur cette route, nous devons lui obéir et dépendre de lui, sans compromis. « Suis-moi » implique un renoncement absolu et total. La démarche est néanmoins plus aisée si nous comprenons qui nous lance cet appel.

Quand les premiers disciples, Pierre, André, Jacques et Jean, ont déposé leurs filets et abandonné leur entreprise de pêche pour suivre Jésus, ils ont laissé de côté toutes leurs certitudes humaines. Ils ont opté pour une assurance supérieure, que Pierre exprime en ses propres termes dans Jean 6.68. C'est un moment de test car le prix à payer pour suivre le Seigneur Jésus se précise et certains renoncent. Jésus demande aux Douze ce qu'ils comptent faire: «Et vous, ne voulez-vous pas aussi partir?» Pierre répond: «Seigneur, vers qui irions-nous? Tu as les paroles de la vie éternelle. Nous, nous avons mis toute notre confiance en toi et nous savons que tu es le Saint, envoyé de Dieu.» Matthieu 16.16 rapporte l'échange de façon parallèle. Le Seigneur Jésus demande à Pierre qui il est, selon lui, et l'apôtre affirme: «Tu es le Messie, le Fils du Dieu vivant.»

Apprendre à connaître Dieu

Comme nous l'avons déjà dit, il est tout à fait possible d'accumuler des connaissances sur Dieu sans pour autant le connaître! L'homme étant doué d'intellect, il peut connaître les Écritures d'un bout à l'autre, il peut donner des conférences érudites, diriger des études bibliques, mener des débats théologiques approfondis, ou encore manifester pour défendre les valeurs chrétiennes… mais rien de tout cela ne signifie pour autant qu'il connaît Dieu personnellement. On peut accomplir sincèrement beaucoup de choses au nom de Dieu sans le connaître au fond du cœur.

Voici ce qu'en dit Jim Packer, auteur du livre *Connaître Dieu*: «Connaître Dieu un peu vaut mieux que connaître beaucoup de choses sur Dieu[4].» C'est une grande vérité. À l'opposé des érudits sans véritable connaissance de Dieu, j'ai rencontré des gens qui n'ont suivi aucune formation universitaire, dont le savoir est plutôt limité, mais qui possèdent néanmoins une sagesse que seul l'Éternel peut donner. Eux savent ce que signifie passer du temps à ses pieds et entendre sa voix. Ils marchent avec Dieu et sont façonnés par son Esprit.

Packer écrit encore :

> *La question n'est pas de savoir si nous sommes doués en théologie [...] Pouvons-nous dire, en toute simplicité et honnêteté, que nous connaissons Dieu ? Et le dire, non pas parce qu'en tant qu'évangéliques il convient que nous le disions, mais parce que c'est là quelque chose d'évident ? Pouvons-nous le dire ? Et dire aussi que, parce que nous connaissons Dieu, toutes les choses pénibles que nous avons vécues, et toutes les choses agréables qui nous ont été refusées, n'ont jamais eu, pour nous chrétiens, la moindre importance ? Si réellement nous connaissions Dieu, c'est ce que nous dirions*[5].

La connaissance intérieure de Dieu est essentielle mais comment et par où commencer notre exploration ? Tout commence par l'écoute. Écouter, c'est nous tenir devant lui le cœur, les yeux et les oreilles ouverts, tendre la main vers lui, le laisser occuper l'espace de notre vie, abandonner certaines activités pour pouvoir étudier la Bible. Une étude de la Parole de Dieu, non pas strictement « académique » au sens où elle me permet d'amasser du savoir sur Dieu, mais une étude qui nous permettra de sonder ce qu'on peut découvrir sur l'être et le caractère de Dieu.

Nous devons ensuite désirer appliquer la Parole de Dieu dans notre vie, c'est-à-dire conduire notre vie selon ses préceptes. Nous devons aussi prendre du temps pour la prière, silencieuse ou non, passant ainsi alternativement de l'expression à l'écoute ; dans cette conversation, nous pouvons être seuls face à Dieu, puis peut-être aussi avec un ami. Notre vie chrétienne ne se résume donc pas à une parenthèse dominicale. C'est une responsabilité permanente de chercher Dieu et de développer notre amitié avec lui.

Si nous appliquons ces principes, nous constaterons que Dieu récompense ceux qui le cherchent avec sincérité[6]. Jacques 4.8 dit : « Approchez-vous de Dieu, et il s'approchera de vous. » Dieu nous répondra en se dévoilant un peu plus à nos yeux. C'est ainsi que naît cet échange merveilleux : notre rencontre avec le Seigneur stimule notre désir d'en savoir toujours plus en retour. Ce qui a peut-être essentiellement commencé par une décision volontaire devient petit à petit une soif inscrite dans le cœur, semblable à celle de David. Dans Psaumes 27.4, il exprime à quel point ses rencontres avec Dieu sont primordiales pour lui : « J'ai présenté à l'Éternel un seul souhait, mais qui me tient vraiment à cœur : je voudrais habiter dans la maison de l'Éternel tous les jours de ma vie afin d'admirer l'Éternel dans sa beauté, et de chercher à le connaître dans sa demeure. » Ce verset évoque autant la connaissance relationnelle que la connaissance intellectuelle. Il montre aussi un ajustement des priorités dans la vie de l'homme qui a rencontré Dieu. Tout le reste devient soudain moins essentiel (mais pas dépourvu d'importance pour autant !) On peut même dire qu'une vie sans le Seigneur n'est plus envisageable. Nous savions peut-être déjà en théorie qu'un homme ne pouvait pas vivre sans Dieu, mais nous vérifions à présent cette vérité au plus profond de notre être. David dit dans Psaumes 16.2 : « Je dis à l'Éternel : "Tu es mon maître, et tout mon bonheur est en toi." » Par cette déclaration de foi : « Je ne peux vivre sans toi », nous exprimons notre dépendance totale envers le Seigneur.

Dans ma bibliothèque, je possède un petit livre écrit par un moine français du 17e siècle, Frère Laurent. Son idéal était de vivre en permanence dans la présence de Dieu. À cet égard, il se référait au fait que Dieu vit *dans* le croyant et que le croyant est appelé à *demeurer* en lui[7]. Nous devons garder le premier principe constamment à l'esprit et apprendre à mettre en pratique le second. Frère Laurent voulait « pratiquer la présence de Dieu », indiquant par cette expression qu'il n'est pas facile de marcher avec Dieu. La pratique des choses spirituelles va en réalité tellement à l'encontre de notre nature qu'elle nécessite un apprentissage discipliné. Frère Laurent songeait avant tout à la prière, qui consiste à nous entretenir constamment avec Dieu pour nous ancrer solidement dans sa présence. C'est en effet notre vie de prière qui est la plus révélatrice de notre relation avec Dieu et de la connaissance que nous avons de lui.

Il est indispensable que nous transformions ces principes en habitudes. Dans notre formation auprès de l'Éternel, nous devons non seulement suivre les cours d'études bibliques et de prière, mais aussi les matières « transversales » de l'obéissance et de la persévérance, avec tout ce qu'elles impliquent ! Dieu nous impose parfois des exercices ou des stages pratiques, qui peuvent s'avérer lourds et douloureux, mais qui portent du fruit dans notre vie. Sans cesse, il nous surprend par sa présence, sa bonté et ses bénédictions, des trésors qui finissent par nous être si précieux que nous aspirons à nos rencontres avec Dieu. Il n'y a plus d'obligation, mais seulement du plaisir.

Le bonheur

Ce qui n'était peut-être que pure théorie au début deviendra une pratique effective et naturelle, dont les effets seront visibles dans notre vie. Nous découvrirons, en outre, une joie et une paix profondes, engendrées par la vraie connaissance de l'Éternel. Certaines fois, nous serons tellement remplis du Seigneur que, dans notre joie et notre adoration, nous oublierons tout le reste. David « dansait de toutes ses forces devant l'Éternel », lisons-nous dans 2 Samuel 6.14. Sa femme a jugé le spectacle choquant et elle l'a méprisé pour son comportement. Un épisode comparable nous est rapporté dans Luc 7.36-50. Alors que Jésus est à la table d'un chef religieux, une femme aux mœurs dissolues « débarque » au milieu du dîner pour verser du parfum sur les pieds du Seigneur, transgressant toutes les règles de l'étiquette et du savoir-vivre. Et cela ne lui suffit pas :

elle éclate en sanglots, lave les pieds de Jésus avec ses larmes et les sèche avec ses cheveux. Quel spectacle ! Mais Jésus répond vertement aux critiques des convives : « Elle m'a témoigné tant d'amour » (verset 47). Si nous sommes souvent prompts à juger un comportement extravagant ou excessif, le Seigneur, lui, regarde avant tout au cœur. Et si ce cœur est rempli de sa présence, les événements peuvent prendre une tournure inattendue !

Ces réactions sont-elles vraiment si étranges ? Dans les Psaumes 96 et 98, nous lisons que les cieux se réjouiront et que la terre applaudira devant la grandeur de Dieu ; même les arbres jubileront et les fleuves battront des mains. Cela, c'est de l'exubérance ! Ces versets me rappellent une conférence au cours de laquelle il avait beaucoup été question de la joie que les enfants peuvent recevoir de Dieu. Pendant la réunion de clôture, l'orchestre a interprété un chant sur la joie. L'interprétation était plutôt solennelle jusqu'à ce que les portes s'ouvrent largement et qu'un cortège de jeunes en délire déboule dans la salle en battant des mains, avec guitares, saxophone et ballons. Grâce à eux, le cantique solennel s'est transformé en chant joyeux. Certains ont jugé la prestation irrespectueuse. D'autres ont affirmé que ces jeunes avaient compris le message.

La communion des saints

Quand Jésus dit dans Matthieu 11 : « Venez à moi [...] Prenez mon joug sur vous et mettez-vous à mon école » (versets 28-29), il lance un appel à ses disciples. Suivre le Seigneur est un processus d'apprentissage, comme je l'ai déjà indiqué plus haut, mais l'un des aspects essentiels de cette éducation n'a pas encore été abordé : nous ne sommes pas les seuls élèves inscrits. Nous avons des condisciples à nos côtés.

Ne négligeons donc pas le contact régulier avec d'autres croyants. Nous ne pouvons pas nous passer les uns des autres et, dans la mesure du possible, nous devons passer du temps ensemble. À cet égard, les premiers chrétiens nous ont donné l'exemple. L'histoire de l'Église primitive est un hymne à la « communion des saints ». Nous lisons dans Actes 2.42 qu'ils « s'attachaient à écouter assidûment l'enseignement des apôtres, à vivre en communion les uns avec les autres, à rompre le pain et à prier ensemble ». Si les moments de solitude sont indispensables et très précieux pour notre marche personnelle avec Dieu, l'isolement est un danger. Il est possible de croire seul, comme en témoignent les personnes emprisonnées pour leur foi dont la confiance en Dieu est fortifiée, même dans l'isolement de leur cellule. De même, les croyants qui s'isolent des autres pour une raison quelconque ne perdent pas automatiquement la foi ! Mais, loin des autres, nous sommes plus enclins au relâchement. À l'image d'un morceau de charbon retiré du feu : au contact du feu, il continue à rougeoyer, mais une fois isolé, il n'est plus attisé par la chaleur des autres morceaux et il s'éteint. Nous serons, nous aussi, réchauffés et enrichis par le contact avec nos frères et sœurs.

Nous réfugier en Dieu

La connaissance de l'Éternel est-elle un concept semblable à l'idée de se refugier en lui ? La plupart du temps, les deux notions interagissent. Nous avons vu que certaines circonstances attiraient les individus vers Dieu. L'impuissance et le chagrin nous poussent à chercher refuge en lui. Nous découvrons alors à quel point il est bon de s'abriter sous ses ailes lorsque, nichés dans ce lieu privilégié, nous pouvons apprendre à le connaître. Il se peut aussi que le processus de croissance en soi nous pousse à rechercher une communion plus profonde avec lui. En effet, se réfugier en Dieu n'est rien d'autre que se tenir tout contre lui et attendre tout de lui. Car lui seul nous rassasie.

Cesse-t-on un jour de se réfugier en Dieu ? S'il s'agit pour nous d'un moyen de fuir le danger ou de trouver une protection temporaire, nos moments d'intimité avec Dieu se limiteront à une série de parenthèses. De même que si nous prions uniquement en cas de besoin. Ces prières d'urgence doivent s'inscrire dans un mode de vie rythmé par l'intercession. Il est dommage de ne faire appel à Dieu que lorsque nous sommes au bord du gouffre car, alors, nous limitons le Seigneur. Il est impossible d'entretenir une relation d'amour en se parlant épisodiquement. Nous devons maintenir le contact avec l'élu de notre cœur et nos conversations doivent gagner en fréquence et en profondeur. En conséquence, notre amour gagnera aussi en intensité.

Se réfugier en Dieu consiste à lui faire confiance, une attitude qui doit devenir une règle de vie et non rester une exception. L'amitié avec Dieu est un processus dynamique, qui s'inscrit dans la durée et qui gagne constamment en profondeur. Cela signifie concrètement que notre quête et notre dépendance de Dieu ne cessent de croître. Parce que nous l'aimons et que nous ne voulons ni ne pouvons plus vivre sans lui. Dans Psaumes 73.25-26, Asaph dit : « Qui ai-je au ciel, si ce n'est toi ? Et ici-bas que désirer, car je suis avec toi ? Mon corps peut s'épuiser et mon cœur défaillir, Dieu reste mon rocher, et mon bien précieux pour toujours. » Il ajoute : « Tandis que mon bonheur à moi, c'est d'être toujours près de Dieu. Oui, j'ai placé dans le Seigneur, dans l'Éternel, mon sûr refuge, et je raconterai ses œuvres » (verset 28). Mon désir est que ces paroles trouvent un écho dans votre cœur. Et si ce livre y a contribué d'une façon ou d'une autre, j'en suis reconnaissante.

Notes

Chapitre 1

1 Ruth 1.1-5
2 Ruth 1.21
3 Job 2.13
4 Job 19.2
5 Job 22.5, 21
6 Ruth 1.20
7 Ruth 1.19
8 Prière de Sérénité, rédigée par Reinhold Niebuhr : http://soulfoodministry.org/docs/French/Fren_SerenityPrayer.htm

Chapitre 2

1 Jean 10.10
2 voir Ruth 4.5
3 Ruth 1.8-9
4 Ruth 1.8, 14 et 16
5 Ruth 1.15
6 Ruth 1.16
7 Ruth 1.16
8 Ruth 2.12
9 Philippiens 4.7
10 Ruth 2
11 Jean 20.15

Chapitre 3

1 Ruth 4.15
2 Ruth 1.14-17
3 Hébreux 7.25
4 Hébreux 4.16
5 Matthieu 26.36-46 et Marc 14.32-42
6 Romains 8.26
7 voir 1 Pierre 2.9

8 Genèse 12.1
9 1 Rois 19
10 1 Samuel 3
11 Actes 8.26, 29
12 La loi et donc aussi la culture juive voulaient qu'une veuve se réfugie chez le plus proche parent de son mari. Il appartenait à celui-ci de reprendre la terre du mari défunt et d'épouser sa veuve. Les enfants issus de ce mariage devaient perpétuer le nom du défunt (voir Deutéronome 25.5-10). Ruth 4.1-10 fait référence à cette tradition. Le verset 6 indique que cet arrangement n'était pas toujours intéressant pour le proche parent en question.
13 Ruth 3.12
14 Ruth 4.1
15 Ruth 4.5-6
16 Ruth 4.11
17 Ruth 2.17
18 Ruth 2.17-19
19 Ruth 4.13, 17
20 Ruth 4.14-16
21 Ruth 4.15

Chapitre 4

1 voir par exemple Genèse 30.1-2
2 voir Genèse 25.27-28
3 Genèse 37.4-5
4 Une citerne était un réservoir d'eau, généralement piriforme et pourvu d'une petite ouverture au sommet qui pouvait être scellée pour éviter les accidents et les vols. Il existait des citernes privées et publiques. Joseph ne fut pas le seul à être précipité dans une citerne car le prophète Jérémie a connu la même mésaventure. La citerne dans laquelle celui-ci a été jeté ne contenait pas non plus d'eau, mais seulement de la vase dans laquelle le prophète s'est enfoncé. Jérémie serait mort de faim s'il n'avait pas été secouru (Jérémie 38).
5 Romains 12.2
6 Genèse 39.9
7 1 Corinthiens 6.18
8 Genèse 39.20
9 Psaumes 146.3-6
10 Genèse 41
11 Genèse 41.42
12 1 Pierre 4.12-16
13 2 Timothée 3.12
14 1 Pierre 2.20-23
15 voir par exemple Genèse 39.21

Chapitre 5

1 Genèse 41.41-45
2 Genèse 44
3 Ruth 2.12
4 voir Matthieu 1
5 voir Jean 15.4

6 Genèse 37.2

Chapitre 6

1 Genèse 29.16
2 Genèse 29.23
3 Genèse 29.27
4 voir Genèse 49.31
5 Genèse 31.2-3
6 Genèse 34.2
7 Philippiens 4.6
8 John White, *Daring to Draw Near : People in Prayer Are People Open to God* [Oser approcher : les intercesseurs sont ouverts à Dieu], IVP, USA, 1977. Traduction libre de Farel.
9 Psaumes 63.3-7
10 Ésaïe 48.10
11 2 Corinthiens 12.7
12 2 Corinthiens 12.7-10

Chapitre 7

1 propos rapportés par Jean dans Apocalypse 22.16
2 1 Samuel 15.26, 28
3 1 Samuel 22.6-19
4 1 Samuel 20.1
5 voir 1 Samuel 23.14, 23
6 par exemple dans Psaumes 43.5
7 cf. 1 Samuel 18
8 1 Samuel 18.1, 3
9 1 Samuel 18.29
10 cf Psaumes 18.30-31
11 Deutéronome 33.27
12 Psaumes 18.37
13 (5) J. B. Phillips, *Je ne suis pas celui que tu crois,* Éditions Farel, 1987.
14 Osée 2.16
15 Habaquq 3.17-19
16 1 Samuel 24
17 1 Samuel 24.19
18 1 Samuel 24.18-23
19 1 Samuel 27.4

Chapitre 8

1 ces événements sont rapportés dans 2 Samuel 3-5.5
2 2 Samuel 7
3 2 Samuel 7.18-29
4 1 Corinthiens 10.12
5 1 Jean 2.16
6 Matthieu 5.27-29, et 18.9
7 Jacques 1.14-15
8 1 Jean 1.8
9 1 Jean 1.9
10 2 Samuel 12.7-8

11 2 Samuel 7.18-19
12 Psaumes 23.1
13 Ézéchiel 34.11-16

Chapitre 9

1 voir 2 Samuel 12.10-14
2 Romains 4.7-8
3 2 Samuel 17.14
4 2 Samuel 12.24
5 Jean 4
6 voir 1 Jean 1.6
7 Tite 1.15-16
8 Luc 15
9 2 Samuel 12.13

Chapitre 10

1 1 Samuel 18.1
2 1 Samuel 16.14-23
3 Jean 15.12
4 Tite 3.15
5 1 Pierre 1.22
6 Gordon Aeschliman, Cages of Pain, Healing for Disillusioned Christians, Word Publishing, USA, 1972. Traduction libre de Farel.
7 1 Samuel 20.33
8 Jean 15.13
9 2 Samuel 9.1
10 voir 2 Samuel 4.4
11 2 Samuel 9.6-7, 11-12
12 Jean 19.26
13 Jean 19.27
14 2 Timothée 1.15-17
15 1 Samuel 20.41
16 James Houston, Prayer : The Transforming Friendship, Lion Publishing, 1989. Traduction libre de Farel.
17 Psaumes 91.4
18 1 Corinthiens 14.1

Chapitre 11

1 Jean 14.6
2 Jean 14.7
3 Colossiens 1.15
4 Luc 1.26-33
5 Luc 6.12
6 Luc 4.1-12
7 Luc 22.42
8 Jean 14.17
9 Jean 3.8
10 Jean 14.6
11 Jean 10.7

12 Marc 3.14
13 Matthieu 23.37
14 Jean 1.11
15 Exode 33.11 et Deutéronome 34.10
16 voir aussi les versets 22 et 23.
17 Colossiens 1.15
18 Jean 1.18
19 Jean 1.14
20 Ésaïe 61.1-3
21 Jean 10
22 Jean 15.4-5

Chapitre 12

1 Luc 11.2
2 Luc 15.11-32
3 Romains 8.15
4 Ésaïe 30.15
5 Psaumes 138.8
6 Genèse 12.1-4
7 Genèse 12.2
8 par exemple, dans Genèse 14.19-20
9 Psaumes 18.14, 32
10 Psaumes 3.4
11 Psaumes 59.17
12 Jerry Bridges, *Puis-je lui faire confiance ?*, Europresse, 1992.
13 Harold Kushner, *Pourquoi le malheur frappe ceux qui ne le méritent pas*, Sand, 1985 (épuisé). Traduction libre de Farel.
14 Jean 11.33, 35
15 Genèse 30.22
16 Lamentations 3.21, 23
17 Ruth 1.20-21
18 Genèse 3.9
19 Matthieu 27.46
20 Philippiens 3.10
21 2 Corinthiens 4.7-10
22 Psaumes 13.6
23 Ésaïe 55.8-9
24 Romains 11.33-34
25 Actes 4.28
26 1 Corinthiens 2.6-8
27 Jérémie 9.22-23
28 Psaumes 131.1-2
29 Job 42.2-6

Chapitre 13

1 Gordon MacDonald, *Restoring your Spiritual Passion*,, Highland Books. Traduction libre de Farel.
2 Myrna Grant, *Vanya*, Charisma House, 1995.

Chapitre 14

1 Marc 10.13-16
2 Jean 15.15
3 Éphésiens 5.1
4 James Packer, Connaître Dieu, Éditions Grâce et Vérité, 1994, p.24.
5 *Ibid.*, p.25.
6 Hébreux 11.6
7 Jean 15.4

Table des matières

Les Éditions Farel seraient heureuses de recevoir vos remarques et réactions à propos du livre que vous venez de lire. Notre site internet vous réserve un espace à cet effet dans la fiche détaillée de chacun de nos ouvrages.

www.editionsfarel.com

Nos livres sont disponibles à la librairie chrétienne la plus proche de chez vous et sur commande dans toute autre librairie.

Vous pouvez également les commander sur notre site internet très complet où vous découvrirez notre catalogue détaillé, nos nouveautés, interviews, extraits de livre, sujets d'actualité, revues de presse, et bien plus encore.

ÉDITIONS FAREL
19 rue Georges Bidault-Bâtiment F
CROISSY BEAUBOURG
77435 MARNE LA VALLEE CEDEX 2 - FRANCE

☎ (33) 01 64 68 46 44 - 🖷 (33) 01 64 68 39 90
E-mail : lire@editionsfarel.com
Site : www.editionsfarel.com